앙겔라 메르켈

ANGELA MERKEL

앙겔라 메르켈
독일을 바꾼 16년의 기록

우르줄라 바이덴펠트 지음 | 박종대 옮김

⌂ 사람의집

사람의집은 열린책들의 브랜드입니다.
시대의 가치는 변해도 사람의 가치는 변하지 않습니다.
사람의집은 우리가 집중해야 할 사람의 가치를 담습니다.

일러두기
원주는 미주로, 옮긴이주는 각주로 표시하였습니다.

이 책은 실로 꿰매어 제본하는 정통적인 사철 방식으로 만들어졌습니다.
사철 방식으로 제본된 책은 오랫동안 보관해도 손상되지 않습니다.

차례

1
퇴장

독일 정치사에서 앙겔라 메르켈의 특수한 위치를 톺아보려면 끝에서 시작하는 것이 가장 좋다. 그녀의 퇴임 결정에서부터 시작해야 한다는 말이다. 사실 독일 총리가 자발적으로 사임하는 것은 상상할 수 없는 일이었다. 어쨌든 이전에는 없던 일이다. 게다가 정치 경험이 없는 무명인이 정계 입문 15년 만에 정부 수반이 된 것도 이례적이고, 여성이 그 주인공이라는 사실은 더더욱 전례가 없다. 메르켈이 그것을 해냈다. 같은 세대 서독 여성이었다면 불가능했을 일을. 이것 하나만 보더라도 그녀의 정치 역정은 한 시대의 상징이 되기에 충분하다.

거의 마지막 순간에 자발적으로 사임한 것은 그녀의 삶과 총리 임기 중에 보여 준 태도와 일맥상통한다. 메르켈은 누구보다 독립적이고 자유롭지만, 동시에 극한의 고통에 이를 때까지 결정을 미루는 사람이다. 다시 말해, 힘든 일이 있으면 너무 늦지 않을까 싶을 정도로 기다렸다가 결정을 내린다.

통치 원칙으로서 망설임과 신중함

그녀가 조심스럽게 밝힌 어린 시절의 일화가 그런 태도를 잘 보여 준다. 학창 시절 그녀는 3미터 높이의 스프링보드에 서 있다가 체육 시간 종료 종이 울리는 순간에야 뛰어내렸다. 1초도 더 빠르지 않았지만, 능력을 보여 주기에 충분한 순간이었다. 메르켈은 이 이야기를 하면서 내심 하고 싶은 말이 있었다. 자기만의 독특한 통치 원칙, 즉 망설임의 원칙에 대한 자기만의 해석이다. 남들은 이걸 보고 약점이라고 할지 몰라도 메르켈 자신은 그걸 강점으로 여긴다. 기다림의 능력이라는 것이다. 「어떤 일과 관련해서 내 생각이 생기기까지 시간을 허용하면 최소한 나중에 나 자신을 원망하는 일은 생기지 않습니다.」[1]

이로써 메르켈은 사민당(사회 민주당, SPD)의 전임 총리 게르하르트 슈뢰더의 어린 시절 이야기와 분명히 선을 긋는다. 가정 형편이 어려웠던 슈뢰더는 청소년기에 니더작센의 한 소도시 운동장에서 윤택한 가정의 또래 아이들과 축구를 하면서 어떻게든 앞장서서 자신의 능력을 보이고 이기려 애썼다는 일화를 털어놓은 바 있다. 메르켈은 주요 정책 초안과 폭넓은 네트워크, 강한 자신감으로 스스로를 어필하는 같은 당의 서독 경쟁자들에게도 스프링보드 이야기로 맞선다. 끝에 가서 뛰어내리는 사람은 자신이라는 것이다. 그녀는 기자 에벨린 롤과의 인터뷰에서 이렇게 말했다. 「나는 결정적인 순간에 용감하다고 생각합니다.」[2] 1999년 12월 22일, 메르켈은 기민련(기독교 민주 연합, CDU)을 헬무트 콜과 정치 기부금 스캔들에서 해방시켰다. 메르켈은 그날 『프랑크푸르터 알게마이네 차이퉁 *Frankfurter Allgemeine Zeitung, FAZ*』에 실린 기고문에서 자신의 당을 향해, 이제부터 늙은 〈전투마들〉에서 벗어나 스스로 걷는 법을 배우라고 신호를 보냈다.[3] 당시 기민련 당수 볼프강 쇼이블레와 젊은 야수 롤란트 코흐, 페터 뮐러, 프리드리히 메르츠 역시 스프링보드 위에 서 있었지만, 그들은 종이 쳤을 때 뛰어내릴 용기가 없었다.

총리 시절 메르켈은 2008년 9월 금융 위기 초기에 수십억 유로의 경기 부양책을 거부하다가 그해 겨울, 경제가 붕괴되기 직전에야 방향을 틀었다. 난민 사태에서도 마찬가지였다. 2016년까지 기다리다가 터키와 난민 수용 문제를 타결한 뒤에야 난민들의 유입을 막기 위해 독일 국경을 폐쇄했다. 유럽 국가들의 채무를 공동으로 떠안는 문제에서도 코로나 위기 때까지 질질 끌다가 고심 끝에 결정을 내렸다. 심지어 2018년에는 자신의 문제와 관련해서도 똑같은 태도를 취했다. 자진해서 당 대표직을 내려놓기에는 너무 늦었다는 느낌이 드는 순간 대표직을 내려놓았고, 2021년에는 정계에서 은퇴하겠다고 선언했다.

전임자들과 외국 지도자들은 정치적 비전을 서둘러 공식화했다가 나중에 큰 낭패를 보았지만, 메르켈은 정부의 일상적 과제를 다른 방식으로 다루었다. 기다리고 침묵하고 관찰하다가 마지막 순간에 행동한 것이다. 이 원칙은 메르켈 총리의 가장 큰 약점인 동시에 메르켈 집권기의 역사적 전환점이기도 하다.

이것은 마지막에 가서 자신의 소신과 목표를 포기하고 정치적 방향을 변경할 수밖에 없는 상황에 대한 자기만의 보상책이다.

그녀는 시간이 지나면 최소한 과제의 일부라도 저절로 해결되기를 참을성 있게 기다린다. 콜이 그녀에게 준 가르침이다. 메르켈은 시대정신이 정치적 난맥상을 알아서 정리해 주길 기다린다. 즉, 정치적 타협과 해결이 불가피할 정도로 결정에 대한 압력이 사방에서 커질 때까지 기다린다. 그녀는 신중하게 기다리면서 전문가의 의견을 경청하고, 윤리 위원회를 소집하고, 여론을 살핀다. 그것도 남들의 생각과 전략을 인지하고, 공정한 중재자로서 역할을 맡을 수 있을 때까지. 그 과정에서 자신의 의도를 드러내지 않는다. 정치적 면에서 남들이 총리에게 기대하는 것만큼 선뜻 역할을 다하는 경우는 드물다. 그런 태도는 흔히 〈끝에서부터 생각하기〉로 불린다. 여기서 끝은 일이 진행되어야만 채워지는 공백을 가리킨다.

이런 태도엔 기본적으로 정치인의 역할에 대한 비관적인 입장이 깔려 있다. 정치인으로서 미래를 만들 수 있다는 생각은 현재를 관리해야 한다는 의무 뒤로 사라진다.

자신을 내세우지 않는 총리

단색 블레이저, 검은색 바지, 플랫 슈즈, 수수한 목걸이, 은은한 화장, 드라이만 한 헤어스타일. 독일 총리는 거의 늘 제복 같은 재킷만 입었다. 외모만 그런 것이 아니었다. 「나는 독일을 위해 봉사하고 싶습니다.」 2005년 5월 호르스트 쾰러 연방 대통령이 의회 해산과 함께 새로운 총선을 선포했을 때, 메르켈이 기민련과 기사련(기독교 사회 연합, CSU)의 총리 후보로 출마하면서 한 말이다. 평범하면서도 겸손한 이 선거 슬로건에 상대 당의 현직 총리 슈뢰더는 가소로운 미소를 감추지 못했다. 메르켈은 2017년 예기치 않게 다시 네 번째 총리 후보로 나갈 때도 같은 표현을 사용했다. 세계가 당면한 심각한 위기와 격변을 고려할 때 다시 한번 〈나의 모든 능력과 재능을 독일에 봉사하는 데 쓰기 위해 (……) 나 자신을 여러분의 판단 저울에 올려놓겠습니다〉.[4]

그때는 이 말을 듣고 웃는 사람이 없었다. 메르켈의 업무 스타일은 이미 효율적 통치를 위한 청사진으로 자리 잡은 지 오래였다. 총리는 독일과 유럽뿐 아니라 국제 사회 전반에서 안정적인 중심축으로 인정받았다. 2018년 오스트리아 전 총리 크리스티안 케른은 『한델스블라트 Handelsblatt』에 보낸 기고문에서, 메르켈은 자기만의 신중한 스타일로 〈유럽 정치의 무게 중심〉 역할을 했다고 썼다. 물론 그 시각 베를린과 뮌헨, 자르브뤼켄, 뒤셀도르프, 함부르크에서는 메르켈이 스스로 물러나 뒷사람에게 자리를 만들어 주길 간절히 원하는 정치인이 많았다. 하지만 다른 유럽 국가들에서는 오히려 우려가 컸다. 그 뒤에 어떤 사람이 올까? 새 총리가 과연 메르켈만큼 위기에 유연하고 현명하게 대처할 수 있을까? 설사 그런 능력이 있다고 하더라도 그에게 그럴 의지가 있을까?

　당시 국제 사회에는 두 부류의 정치인이 지배적이었다. 일단 소수지만 메르켈처럼 국가를 위해 자신을 드러내지 않는 부류가 있었다. 반대편에는 어떻게든 자신을 강하게 부각해 선거 승리와 정치적 주도권을 잡으려는 카리스마 넘치고, 가끔은 포퓰리즘적인 성향을 보이는 국가수반이 있었다. 전직 미국 대통령 도널드 트럼프가 대표적이고, 블라디미르 푸틴과 에마뉘엘 마크롱이 그 뒤를 잇고, 나중에는 보리스 존슨까지 이 대열에 합류했다. 이 두 번째 부류는 자신을 최대한 드러낼 수 있는 정치적 무대를 눈부시게 밝혀 놓은 뒤 정치적 결정과 상징적 몸짓, 웅장한 연설로 청중의 마음을 사로잡는 것을 좋아했지만, 독일 총리는 그 반대였다. 가장자리에 가만히 서서 관찰하고 조언을 구하고 결정을 내렸다. 물론 이 규칙에도 드물지만 중요한 예외가 있는데, 그것은 나중에 〈7장 실망〉에서 설명하겠다. 아무튼 독일 총리 후보들은 메르켈과 다르게 행동하고 싶은 유혹이 컸다. 영국이나 프랑스 정치인들처럼 하고 싶었다. 그런 유행이 얼마나 거센지는 기사련 대표 마르쿠스 죄더와 기민련 대표 아르민 라셰트 간의 총리 후보 경쟁이 잘 보여 주었다. 메르켈 모델이 로마의 호민관 모델과 일전을 벌인 것이다. 기사련의 선거 구호에는, 지금 바이에른에는 〈따뜻한 가슴의 총리 후보〉가 살고 있다는 내용이 들어 있었다.

평범한 정치인 메르켈

그녀는 16년 동안 독일의 종복으로 일했다. 총리직 수행 과정에서 자신의 고집과 입장, 유머, 의견을 얼마나 철저하게 억눌렀던지, 임기 말에는 많은 사람이 그녀에게 그런 면이 있었나 하고 의아해할 정도였다. 그녀의 첫 부총리인 사민당의 프란츠 뮌테페링은 〈메르켈과 같은 비행기를 타고 가면 어디든 확실하게 도착할 것이다〉라는 농담을 했다. 물론 어디에 도착할지는 모른다.

겉으로 볼 때 독일 총리는 특성이 없는 여자다. 그녀를 보여 주는 영사막에는 온갖 기대와 두려움, 존경과 경멸, 증오와 감탄이 동시에 담겨 있다. 메르켈 속에는 많은 면이 공존한다. 그녀는 유럽의 구원자이자 파괴자이고, 원자력의 확고한 지지자이자 반대자이며, 기후의 구원자이자 산업의 옹호자이고, 경제 개혁가이자 사회 정책에 뿌리를 둔 보수적 정치인이다. 이로써 그녀에게는 모든 형태의 연정이 가능하다. 자민당(자유 민주당, FDP)은 물론이고, 사민당이나 녹색당과도 손을 잡을 수 있다. 하지만 정치적 극단 세력과의 연합만큼은 그녀의 정치적 스펙트럼에 존재하지 않는다.

공개적으로 드러난 메르켈의 모습을 도시에 비유하면 하슬로흐에 가깝다. 라인란트팔츠주의 슈파이어 인근에 위치한 인구 2만 명의 이 작은 공동체는 독일에서 가장 평균적인 도시다. 노인과 독신, 가족, 대학교 졸업자, 외국인, 아동 비율은 독일의 평균치에 해당하고, 구매력도 정확히 중간치와 일치한다. 그런 점에서 하슬로흐는 독일 소비 패턴 연구의 메카로서 독일인이 어느 정도 크기의 초콜릿 바를 원하는지, 아이스크림은 얼마나 단 것을 원하는지 알아보는 시험장이다. 위키피디아에 따르면 이 도시에는 천연기념물도 하나뿐이다. 150년 된 수양버들이 그것이다.

메르켈도 평균적인 정치 스타일을 지향한다. 일반 독일인이 원하는 방식으로 통치한다는 말이다. 그들이 원하는 것은 더블 엑스 라지가 아니라 미디엄이다. 모험이 아닌 연대이고, 걸출함이 아닌 타협 능력이고, 거창한 성공이 아닌 투명한 정보다.

지난 16년을 돌아보면 메르켈은 독일 전체 공인 가운데 아주 희귀한 스타일이다. 그녀를 빼면, 비슷한 스타일로 성공을 거둔 사람은 놀랍게도 또 다른 동독 출신 정치인 하나밖에 없다. 전직 연방 대통령 요아힘 가우크. 이는 아마 서독 출신 정치인들은 해당 지역구의 청년 조직에서부터 정치를 시작하고 그 과정에서 자기만의 지역 네트워크를 구축하는 법을 배운 것과 관련이 있어 보인다. 그러다 보니 그들은 특색 있는 지역 말투를 사용하고, 지역구의 경제 및 과학 진흥을 위해 발 벗고 나서며, 산업 정책 및 이주 정책에 지역의 이해관계를 반영하려고 애쓸 수밖에 없다.

동독과 서독의 상이한 사회적 특징도 그녀에게 영향을 미친 것으로 보인다. 개인보다 집단을 중시하는 동독인들은 어릴 때부터 자신을 드러내지 않고 전체에 순응하는 능력을 키워 왔다면, 서독 정치인들은 1980년대부터 이름을 알리고 자신을 과시하는 개성 마케팅을 정치술의 일환으로 몸에 익혔다.

메르켈과 가우크는 이 두 가지 특성 중 어느 하나를 과도하게 내재화하지 않으면서 다른 하나를 극복했다. 출신에 따른 이런 차이는 사민당의 마누엘라 슈베지히와 케빈 퀴네르트, 자민당의 린다 토이테베르크, 녹색당의 아날레나 베르보크, 기민련의 파울 치미아크와 다니엘 귄터 같은 차세대 정치인들에 이르러서야 서서히 부차적인 문제로 변해 가고 있다.

메르켈의 동독적 특성은 드문 순간에만 발견된다. 예를 들어, 어떤 질문에 즉흥적으로 대답할 때 베를린 사투리가 나오기도 하고, 〈추가 수요Nachholebedarf〉라는 단어를 말할 때 동독식으로 중간에 〈e〉를 집어넣고 지난 시절에 대한 기억처럼 아주 짧게 발음하기도 한다. 또는 독일이 기업 유치 경쟁에서 〈꼴찌 Bummelletzter〉가 될 수 있다고 말할 때는 마치 동독 유치원 교사가 아이들을 데리고 산책할 때의 걱정스러움이 이 단어에 고스란히 배어난다.

이런 경우만 빼면 메르켈은 하슬로흐처럼 평범하다. 그 연령대의 보통 여성들처럼 불어난 체중을 걱정하고 가끔 건강 문제로 고생한다. 또한 나이 든 여성의 평균 헤어스타일을 하고, 주말이면 우케르마르크의 목조 별장에서 잡초를 뽑고, 여름이면 남부 티롤의 산악 지대에서 하이킹을 즐긴다. 집에서도 소박하게 감자수프와 크럼블 케이크, 룰라드를 만들어 먹는다. 리넨 블레이저는 더 이상 입지 않는다. 불편한 데다 쉽게 구겨지기 때문이다.[5] 그녀의 집에 초대받은 사람들의 말에 따르면 메르켈과 두 번째 남편 요아힘 자우어는 〈평범하게〉 산다. 대단하거나 특별하게 꾸며 놓은 것은 없고, 조명도 화려하지 않다. 건물 5층에 위치한 평균적인 크기의 집은 인테리어 전문가의 도움을 받았다기보다 그저 아무렇게나 가구를 비치한 느낌이 든다. 다만 위치만큼은 페르가몬 박물관 맞은편, 베를린에서 가장 좋은 곳에 자리하고 있다.

물리학자 총리

메르켈이 보통 사람과 다른 진짜 총리로서의 면모를 보여 주는 경우도 드물지만 존재한다. 예를 들어, 위기의 순간이 그렇다. 위기가 닥치면 그녀는 침착하다. 남들은 어쩔 줄 몰라 당황하지만 메르켈은 냉정을 유지한다. 함께 일하는 사람들은 하나같이 그녀의 이해력과 지력, 세세한 부분에 대한 기억력, 실수를 되풀이하지 않는 능력에 감탄한다. 목사였던 메르켈의 아버지는 어린 자녀들에게 늘 동독에서 대학에 들어가려면 〈남들보다 더 잘해야〉 한다고 가르쳤다. 그런데 메르켈은 남들보다 자신이 더 낫다는 사실을 잘 드러내지 않는다. 그것은 정치 역정에서 크나큰 장점으로 작용한 그녀만의 습성이다.

많은 전임자와 달리 그녀의 활동 영역은 정치적 범주에만 국한되지 않는다. 집에 돌아오면 그녀는 자연 과학 서적을 읽고 과학적 사색을 즐기며, 정치적 반대파들을 비판할 때 물리학 지식을 활용하기도 한다. 2020년 12월 연방 하원에서 진행된 코로나 정책에 대한 총리의 설명 중에 독일을 위한 대안당(AfD)의 원내 대표 알리스 바이델이 끊임없이 끼어들며 소리치자 이렇게 호통쳤다. 「제가 동독에서 물리학을 공부하기로 마음먹었던 것은 (……) 다른 많은 것은 부정할 수 있어도 중력과 빛의 속도 같은 물리적 사실은 결코 부정될 수 없고 앞으로도 계속 유지될 거라고 확신했기 때문입니다.」[6]

이것은 메르켈의 이례적인 정치 이력을 지탱하고, 의회 내 모든 변호사와 정치학자, 교사, 행정 관료와 구별되는 태도다. 그뿐이 아니다. 그녀는 이런 태도에 발맞추어 코로나 팬데믹과 기후 정책에서 주지사들의 견해보다 과학자들의 견해를 더 신뢰한다. 게다가 전문가들과 동등한 수준에서 의견을 주고받을 수 있는, 몇 안 되는 정치인 중 하나다.

기민련이 메르켈의 10년 단위 생일을 맞아 당 차원의 축하연을 개최할 때면 재치 있는 연설이나 다정한 인사말 대신 학술회의 같은 딱딱한 강연이 열린다. 총리 자신이 그런 강연을 원하기 때문이다. 예를 들어, 그녀의 60회 생일인 2014년에는 콘스탄츠 대학교의 역사가 위르겐 오스터하멜이 〈역사의 시대 지평〉에 대한 강연을 했고, 50회 생일에는 프랑크푸르트의 뇌 연구자 볼프 징거가 〈자기 조직화된 시스템의 예〉로서 뇌에 대한 강연을 했다. 아마 바이에른주의 전 주지사이자 기사련 총리 후보 에드문트 슈토이버였다면 생일 파티가 아니라 여느 베를린 학술회의에 초대받았다고 느껴 그 초대를 걷어차 버렸을 것이다. 아무튼 1천 명 가까운 손님은 7월의 무더운 여름 저녁에 샴페인 잔을 들기 전에 꼼짝없이 한 시간 동안 벌을 서듯 따분한 강연을 들어야 했다.

그러나 메르켈은 주의 깊게 강연을 들었다. 이런 학술의 밤은 그녀의 열정 중 하나다. 2020년 12월 17일 마인츠의 코로나 백신 기업 바이온텍이 온라인 설명회를 열었을 때 그녀는 거기 참석한 세 명의 각료(총리 외에 옌스 슈판 보건부 장관과 아냐 카를리체크 교육부 장관이 있었다) 중에서 마지막까지 조금이라도 더 알고 싶어 이것저것 물어본 유일한 사람이었다.[7] 예를 들면, 이 회사의 설립자 부부가 암 치료 연구를 언제, 어떻게 코로나 백신 개발에 활용할 생각을 하게 되었는지 궁금해했다.

라이프니츠 협회가 전통적으로 주최하는 노벨상 수상자 비공식 만찬 모임에는 총리도 초청되는데, 메르켈은 여기서 자리를 가장 오래 지키는 사람 중 하나다. 참석자들의 말에 따르면 가끔 남편이 그만 가자고 재촉할 정도라고 하는데, 그만큼 전문가들과의 토론을 좋아하는 사람이다.

지극히 독일적인 정치 경력

메르켈은 카리스마를 갈망하고 피와 땀, 눈물이 담긴 명연설을 기대하며, 그게 아니라면 최소한 확고한 신념에 따른 미래

비전이라도 보여 주길 원하는 정치 평론가와 언론 논설위원들에게는 실망 그 자체다. 이는 역설이다. 세계화와 디지털화로 정치권력의 무게 중심이 의회에서 정부로 옮겨 갔다. 내각제인 독일에서도 그사이 정부 수반은 대통령 중심제의 국가 원수와 거의 유사한 권력을 갖게 되었다. 그러나 메르켈은 그 권력을 자신의 정치적 목표를 관철하는 데 사용하지 않는다.

그녀는 공상가나 포퓰리스트와 거리가 먼 사람이다. 그녀와 같은 정치 경력은 사실 독일에서나 가능하다. 메르켈 같은 유형의 정치인이 네 번 연속 총리에 선출될 수 있었던 것은 의회가 정부 수반을 뽑는 정치 체제였기에 가능했다는 말이다. 직접 선거로 총리를 선출하는 나라였다면, 수사적 재능도 원대한 계획도 없는 정치인이 국가수반에 뽑히는 일은 거의 없을 것이다. 수십 년 동안 베를린에서 정치 특파원으로 일해 온 프랑스 언론인 파스칼 위그는 이렇게 분석한다. 「메르켈은 프랑스에서 경탄과 존경을 받는 정치인이지만, 아마 프랑스였다면 총리에 선출되지 못했을 것이다.」

그러나 그녀는 독일에서 집권했다. 뒤스부르크 대학교의 카를루돌프 코르테 같은 정치학자들은 이런 설명을 내놓는다. 메르켈은 21세기 가장 현대적인 정치인 중 하나다. 왜냐하면 메르켈은 원대한 비전을 제시하는 사람도 확고한 신념에 따라 행동하는 사람도 아니고, 일상적인 정치 문제에서 되도록 〈설명을 줄이면서〉 간신히 버티다가 위기의 순간에만 결단력을 보이기 때문이다. 이런 태도는 지루하고 지칠 수 있지만, 정치인들에게 사회학과 정치학, 거기다 자연 과학적 비판력과 수정 능력까지 권고한 영국 철학자 칼 포퍼의 이론을 시대에 맞게 해석한 것으로 볼 수 있다. 포퍼의 주장은 이렇다. 우리는 실험과 오류의 원칙에 따라 조금씩 앞으로 나아가야 한다. 어떤 정책이 오류로 판명되면 수정되어야 하고, 민주 사회에서 이런 수정은 일반적으로 선거를 통해 이루어진다. 그런데 메르켈은 이와 관련해서 교묘한 정치술을 발휘한다. 스스로 수정을 가함으로써 당선의 발판을 마련하는 것이다.

그사이 독일의 전반적인 정치 상황이 너무 복잡해져, 슈뢰더의 〈어젠다 2010〉 같은 중장기적 개혁 프로그램은 오늘날 가늠할 수 없는 위험을 내포하고 있다. 한편으로 고령화 사회에서는 급격한 개혁을 원하는 사람이 거의 없다. 그런 개혁을 부르짖는 정치인은 다음 선거에서 패하거나 사회적 양극화를 심화할 위험이 무척 크다. 다른 한편으로 총체적 개혁에는 고려해야 할 요소가 많다. 예를 들어, 개혁 프로그램이 헌법에 일치하는지, 연방주들의 권리를 침해하지 않는지, 혹은 유럽 연합의 규정이나 국제 협약과 충돌하지 않는지 따져야 한다.

집권을 유지하려는 정치인에게 급진적인 길은 별로 매력적이지 않고 성공을 보장하지도 않는다. 그런 정치인은 갱도에서 일하는 광부처럼 조심스럽게 조금씩 앞으로 나아가야 한다. 한 걸음, 또 한 걸음 신중하게 내딛고는 안정화를 취하고, 그런 다음 다시 한 걸음 내딛는 식이다. 직업 정치인들은 이런 방식을 경로 의존성*이라고 부른다. 그들은 나중에 혹시 퇴각할 때를 대비해 생존에 필요한 것은 절대 부수면 안 된다고 말한다. 그런 측면에서 야심 찬 정치 프로그램을 주창하는 정부 수반은 복잡한 정치적 균형을 깨뜨릴 위험이 있어 위험한 존재다.

자연 과학자인 메르켈은 정권 인수 직후 이런 분위기를 알아차렸다. 그런 까닭에 간발의 차로 총리에 당선된 뒤 사민당과 연정 협상을 진행하면서 2003년 라이프치히 전당 대회에서 자신이 부르짖은 경제 개혁 프로그램을 별 고민 없이 거둬들였다. 감세와 과감한 의료 개혁을 포기하고, 대신 부가 가치세 3퍼센트 인상과 건강 보험 제도의 경미한 개혁을 선택한 것이다.

사실 연정 협상의 출발점은 명확했다. 기민련과 사민당은 의료 개혁에 착수해야 했다. 기민·기사 연합은 선거전에서 시스템 개조, 즉 모든 국민에 대한 균일한 의료 보험 분담금을 약속했다. 반면에 사민당은 민간 보험 가입자도 시스템에 포함시키는 의료 보험 개혁을 원했다. 협상은 처음부터 결과가 확정된 정치 실험이었다. 즉, 시스템 개조가 아닌 최대한 변화가 적은 모델이 선택되었다.

이를 통해 메르켈은 확실하게 배웠다. 2005년 이후에는 총리 후보로 나설 때 유권자들에게 급격한 변화를 요구하는 선거 슬로건을 더 이상 제시하지 않았다. 대신 2013년의 선거 구호는 〈여러분은 나를 압니다!〉였다. 나이 든 유권자들에게 초대 총리 콘라트 아데나워의 선거 캠페인 〈실험은 없다!〉를 연상시키는

---

* 경로가 정해지면 나중에 그것이 비효율적이라는 사실이 밝혀졌는데도 관성과 기존 경로의 기득권 때문에 그것을 바꾸지 못하는 경향성.

구호였다. 당시 메르켈은 아데나워와 마찬가지로 이미 두 번이나 집권한 상태였고, 마찬가지로 권력의 정점에 있었다. 그러나 초대 총리와 달리 그녀 앞에는 규제와 전통, 관습이 마치 거대한 산더미처럼 쌓여 있었다. 그녀는 더 이상 그것들을 건드리지 않았다. 현실 정치에 대한 낙담 속에서도 그 기조를 유지했다. 반드시 해결해야 하는 문제만 해결하자는 것이었다. 이는 일상 정치의 교훈이자, 포퍼의 권고에 대한 겸손하고 통제된 실현이었다. 다만 메르켈은 정치적 예외 상황을 위해 전 영국 총리 윈스턴 처칠의 현대적 주석만 추가했다. 〈위기는 기회다.〉

그렇다면 호황 덕분에 건강 보험 제도가 웬만큼 굴러가고 있는데 굳이 연금 개혁을 시도할 필요가 있을까? 메르켈은 이 시스템이 2025년부터 재정 적자로 돌아서리라는 것을 알고 있었지만, 이를 막기 위해 아무것도 하지 않았다. 각 세대는 자기 시대의 정치적 문제들과 스스로 맞닥뜨려야 한다는 것이었다. 그것이 그녀의 정치적 태도였다. 다만 정치 경력이 끝나갈 때 예외적으로 오직 한 가지 문제에서만 이런 태도를 버렸다. 기후 문제였다.

실패로 끝난 후임자 선택

메르켈은 2021년 가을, 자발적으로 사임하는 최초의 총리가 된다. 은퇴 뒤에는 어떤 공직도 맡을 생각이 없고, 국제기구에서 모종의 역할을 맡을 계획도 없어 보인다. (어쨌든 그녀의 주장이 그렇다.) 이 결정은 이전의 어떤 정치적 활동보다 그녀 자신 및 그녀의 정치 시스템에 대해 더 많은 것을 말해 준다. 예를 들면, 당 대표직과 원내 대표직을 두고 벌어진 싸움, 총리 후보직을 차지하기 위한 경쟁, 유럽 연합 내에서의 충돌, 국제 파트너 및 정치적 라이벌과의 갈등 같은 정치적 활동 말이다. 메르켈은 독립적 인간이다. 그녀의 정치 경력은 20세기에 필수적으로 여겨지던 당내 네트워크와 군건한 동맹에 달려 있지 않았다. 그녀는 콜과 슈뢰더를 보면서 깨달은 덕분에 어차피 덧없이 사라질 사후 명성에 대해 걱정하지 않았다. 다만 이전의 모든 총리에게 운명처럼 주어졌던 초라한 마지막 모습은 피하고 싶었다. 아데나워는 자기 당에 의해 총리직에서 밀려났고, 콜은 패배가 예상되던 마지막 선거에서 패한 뒤 망명하듯 낙향했다.

메르켈은 지쳤다. 각각 14년과 16년 동안 총리를 지낸 아데나워와 콜만큼 기진맥진했다. 그녀의 얼굴에는 기나긴 야간 협상과 끝날 줄 모르는 마라톤 통화, 너무 빡빡한 일정으로 찌든 고단함이 짙게 배어 있다. 그런데 두 전임자는 총리가 아닌 삶을 상상할 수 없었고 누구에게도 자리를 물려줄 생각이 없었다면, 메르켈은 자기 입장을 다음과 같이 간명하게 밝혔다. 「독일은 대단한 성취를 이루고 싶어 하는 사람을 늘 발견해 왔습니다.」[8] 다만 자신은 당 수뇌부와 연방 총리청 내에서 후임자를 물색하는 과정에 개입할 마음이 없었다. 물론 뜻대로 되지는 않았지만.

메르켈은 전 자를란트 주지사 아네그레트 크람프카렌바워(AKK)를 자신의 후계자로 키우기 위해 기민련 사무총장에 임명했다. 크람프카렌바워는 메르켈과 닮은 점이 많은 여성이다. 우선 신중하고, 선뜻 결정을 내리지 못하고 머뭇거렸다. 게다가 의회에 처음 입성할 때 대중에게 거의 무명이나 다름없었던 점도 비슷하다. 그런데 일이 꼬였다. 이전의 메르켈처럼 여당 사무총장에서부터 경력을 쌓으려 했던 크람프카렌바워는 초라하게 실패하고 말았다. 2018년 12월 당 대표가 되었지만 중앙당을 장악하지 못했다. 더구나 공식 석상에서 실수를 연발했고, 지구당 연합체에서도 권위를 인정받지 못했으며, 학습 능력도 떨어졌다. 2020년 1월 튀링겐주의 기민련이 독일을 위한 대안당과 공조해서 새 주지사를 선출한 것은 치명적인 실수였다. 당시 여전히 당에 막강한 영향력을 행사하고 있던 메르켈은 단호하게 대응했다. 튀링겐주의 기민련에 퇴각 신호를 내린 것이다. 물론 이번에도 마지막 순간에.

그사이 국방부 장관이 된 크람프카렌바워는 기민련 튀링겐지구당을 이성적으로 이끌지 못했고, 전체 당내에서도 갈수록 권위가 떨어졌다. 그러자 결국 메르켈이 칼을 뽑아 들었다. 기대에 부응하지 못하는 측근들에게 항상 그래 왔듯이 이번에도 차갑게, 자신의 후계자로 예상한 사람의 사임을 받아들임으로써 최종 결별을 선언했다.

동독 여성이 본에서 출세 가도를 달리다

메르켈은 정계에 처음 진출할 때만 남의 도움을 받았다. 초창기에는 독일 통일의 주역 콜을 비롯해 당의 다른 동지들로부터 관용과 조소가 뒤섞인 의미로 〈콜의 딸〉이라 불렸지만, 실제로 그렇게 산 적은 없었다. 그녀는 동독 해방 초기 핵심적인 위치에 있던 세 남자의 합작품이었다. 거기엔 당연히 콜도 포함된다. 1년도 채 안 되는 짧은 시간에 그녀를 장관과 당 부대표직까지 끌어올려 주었으니 말이다. 그에 못지않게 중요한 사람은 동독의 당비서로서 통일 협상을 주도하고 나중에는 통일 독일의 교통부 장관에 임명된 귄터 크라우제였다. 그는 동독 정부의 부대변인이던 메르켈이 1990년 10월 3일 통일 이후 실직자가 될 것을 염려해 뤼겐 선거구를 마련해 주었다. 세 번째 조력자는 유일하게 민주 선거로 뽑힌 동독 총리이자 나중에 통일 독일의 부총리와 특임 장관을 지낸 로타어 데메지에르였다. 1990년 그가 메르켈을 자기 팀으로 불러들인 것은 전적으로 우연이었다. 당시 동독 정부의 수석 대변인은 여행 다니는 걸 좋아하지 않았기에 그 대신 총리의 해외 순방길을 동행할 호기심 많고 재능 있는 사람이 필요했다. 그때 마침 데메지에르 총리에게 조언을 하며, 기민련 인재 스카우터로서 잠재력 있는 동독 정치인을 물색하던 한스크리스티안 마스가 메르켈을 추천했다.

하늘에서 뚝 떨어진 것처럼 독일 정계에 불쑥 나타난 무명의 여성 메르켈을 통일 독일의 장관으로 만든 것은 우연의 조합이

자, 통일이라는 전환기에 맺어진 인맥 덕분이었다. 데메지에르도 그랬지만, 그녀 역시 처음에는 서독이 동독을 흡수할 때 함께 딸려 온 물고기에 지나지 않았다.

데메지에르는 몇 달 후 국가 비밀 경찰 슈타지와의 연루설 때문에 정계에서 물러났고, 크라우제는 불법적으로 고용한 가정부 때문에 실각했다. 그렇게 해서 메르켈만 남았다. 그녀는 문제가 될 만한 전력도, 공명심에서 비롯된 실수도, 그리고 다른 스캔들도 없었다.

통일 이후 인물난에 시달리면서 콜의 집권기 막바지를 향해 지친 걸음으로 비틀비틀 나아가던 1990년대 노쇠한 기민련에서, 메르켈은 이미 그것만으로도 큰 정치적 자산을 가진 셈이었다. 특히 당시 대부분의 서독 기민련 정치인들이 처한 상황에 비춰 보면 더더욱 그랬다. 그들은 콜의 전체 임기를 함께한 노쇠한 말이었고, 어떤 식으로든 낡은 정치의 관행 및 부조리와 얽혀 있었다. 예를 들어, 쇼이블레 같은 최고위급 정치인은 정당 기부금 스캔들로 치명상을 입었다. 그런 점에서 메르켈은 탁월한 장점을 갖고 있었다. 정치를 시작한 지 겨우 10년밖에 되지 않았을 뿐 아니라 동독에서의 전력도 깨끗해 모든 면에서 부담될 만한 것이 없었다.

덧붙이자면, 이런 상황은 1990년 이후 동독 출신이 출세 가도를 달린 대부분의 다른 정당도 마찬가지였다. 동독 출신 통일 세대 정치인 가운데 국가 고위직에 오른 사람은 메르켈만이 아니었다. 가우크는 연방 대통령에, 사민당의 볼프강 티르제는 연방 하원 의장에, 녹색당의 카트린 괴링에카르트는 비례 대표 1번 후보에, 사민당의 마티아스 플라체크는 당 대표에 올랐다. 그 밖에 슈베지히와 프란치스카 기파이는 오늘날 사민당의 희망이고, 좌파당은 어차피 전통적으로 동독 출신이 최고위층을 차지하고 있었다.

이들 세대는 1989년 이후 정치에 적극 참여했다. 언론에서는 메르켈의 예외적 성공 사례만 집중적으로 조명할 때가 많지만, 사실 동독 출신 가운데 정계 고위직에 오른 사람은 꽤 많다. 이들은 서독의 68세대와 비슷하다. 당시 수천 명의 학생이 정계와 행정부에서 좌파 극단주의를 몰아내려는 〈과격파 공직 금지령〉 반대 시위를 통해 정치화되었다. 그들 가운데 요슈카 피셔와 슈뢰더, 위르겐 트리틴은 30년 동안 제도권 내에서 진격하다가 마침내 정치적 지도권을 인수할 정도로 성장했다. 이들은 메르켈과 가우크, 티르제가 동독의 평화로운 혁명 과정에서 성장했듯이 68혁명 세대의 일원이었다. 다만 메르켈 총리는 이들과 달리 최정상에 오르는 데 30년이 걸리지 않았다.

그녀는 청소년 시절부터 서독의 또래 아이들과 자신을 비교했다. 메르켈이 자란 우커마르크 지방의 템플린에 있는 목사 관저에는 서독인들이 자주 방문했다. 부모는 그녀가 태어날 시점에는 함부르크에 살았지만 몇 주 뒤 동독으로 이주했다. 개신교 목사였던 아버지 호르스트 카스너는 브란덴부르크에서 목회를 했다. 1961년 베를린 장벽이 설치될 때까지는 서독 친척들이 정기적으로 그들을 방문했고, 반대로 카스너 가족은 함부르크나

보덴제 호수에서 휴가를 보내곤 했다. 장벽이 생기자 친척들을 만나기가 점점 힘들어졌다. 대신 동·서독 개신교 내부의 교류는 증가했다. 카스너는 템플린에서 개신교 성직자를 양성하는 목회 학교를 운영했다.

메르켈은 집에 온 손님들을 유심히 관찰하면서 자신도 그들의 대화에 〈동참할〉 수 있음을 확인할 때가 많았다. 이런 감정과 부모의 높은 기대, 물리학자로서의 연구, 그리고 타고난 야망은 그녀가 본 정부에서 처음 몇 년 동안 일할 때 서독인들에게 주눅 들 필요가 없다는 자신감을 안겨 주었다. 「너는 적분도 풀 수 있는 사람이야. 그렇다면 노르베르트 블륌과도 꿇리지 않고 얼마든지 대화를 나눌 수 있어.」[9] 일자리 지원 조치에 동독 여성들을 포함시키는 문제를 두고 막강한 노동부 장관과 협상을 벌일 때 스스로 다독인 말이다.

다른 한편, 그녀는 냉철하고 분석적인 눈으로 콜 정부의 몰락을 관찰했다. 늙은 총리가 비틀거리는 것이 보였다. 그러나 콜은 떠날 생각을 하지 않았다. 총리 집무실이 외부와 완전히 차단된 자기만의 우주로 바뀐 것은 이미 오래전이었다. 잠재적 경쟁자에 대한 콜의 뿌리 깊은 불신은 한때 그 자신이 후계자로 선택한 기민·기사 연합의 원내 대표 쇼이블레를 향했다. 그는 암살 시도로 하반신이 마비된 쇼이블레에게 총리 후보직을 넘기겠다는 약속을 어기고 1998년에 다시 출마했으나 낙선했다.

메르켈은 콜이 서서히 지치고 몰락해 가면서도 총리직을 내려놓지 못하는 모습을 지근거리에서 지켜보았다. 그러면서 자신에게 어떤 기회가 있을지 가늠해 보기 시작했다. 하지만 당의 선거 패배 후 당분간 휴식을 취하고 싶었다. 자신의 지역구 뤼겐을 제대로 파악하고 관리하기 위해서였다. 1998년 선거에서 그녀는 37.3퍼센트의 낮은 지지율로 떨어졌다. 이는 통일 후 8년이 지났는데도 동독 지역에서 여전히 만연한 경제 위기에 대한 경고였을 뿐 아니라, 메클렌부르크포어포메른의 기민련 위원장 자리를 무겁게 받아들이라는 요구이기도 했다.

그 몇 주 동안 메르켈은 심지어 정치판을 떠날 생각까지 했다. 정치인이 되지 않았다면 다른 일을 했을 텐데, 아마 취업 알선 센터를 운영했을지도 모른다. 롤 기자와의 인터뷰에서 밝힌 말이다. 과학계로 돌아가는 일은 없었을 것으로 보인다. 시대가 바뀌었으니까. 그녀는 귄터 가우스와의 대담에서 냉정한 평가를 한다. 「나는 (……) 서구 환경에서는 기초 연구 분야에서 일할 수 없으리라는 사실을 늘 알고 있었죠.」[10]

그녀는 정치를 하지 않아도 살 수 있다고 여러 차례 자신 있게 말했다. 그냥 하는 소리가 아니었던 것으로 보인다. 그녀는 자신의 초기 정치적 후원자들과 다르다는 사실을 몸으로 보여주었다. 선거 후 당 대표에 새로 선출된 쇼이블레는 유능하고 충성스러운 사무총장이 필요했다. 당의 살림을 잘 꾸려 나갈 안주인 같은 사람이어야 했다. 거기에 메르켈이 낙점되었다. 이로써 〈언젠가 적절한 시점에 정계를 떠날 준비를 하고 (……) 그다음엔 반쯤 망가진 난파선이 되고 싶어 하지 않는〉[11] 한 정치인이 탄생했다. 이제부터는 정계에 남기 위해 최선을 다하고, 그러면서도 결코 남들에 의해 정계에서 밀려나고 싶지 않은 정치인이었다.

그녀는 창끝을 내부로 돌렸다. 콜과 라인 파벌로부터 자신과 기민련을 해방시켰다. 콜은 죽을 때까지 이름을 밝히지 않은 기부자들로부터 돈을 받았다. 그의 후임자도 그런 관행을 과감히 떨치지 못하고 몇 달 뒤 스스로 자리에서 물러났다. 그 역시 현금으로 정치 자금을 받은 것이다. 이로써 기민련은 추락했다. 기부금 스캔들에서 자유로운 사람은 메르켈이 유일했다. 그녀는 전임자들로부터 상속받은 권력을 메르츠와 나누기로 합의했다. 자신은 당을 장악하고, 메르츠는 의회를 맡았다. 그러나 동맹은 오래가지 못했다. 메르켈은 떴고 메르츠는 졌다.

이 무렵, 지금껏 메르켈을 과소평가했음을 모두가 똑똑히 알아차렸다. 그전까지는 〈동독에서 온 여성〉이 정계 최고위층을 차지하는 일을 그저 일시적 현상으로 치부한 사람이 많았다.

16년간의 집권 끝에 떠나는 것을 자부심에 찬 조기 퇴진이라고 말할 수는 없다. 다만 메르켈은 권력과 영향력을 잃고 초라하게 총리실을 떠나지는 않을 것이다. 재임 중에도 비장함이 넘치는 행동을 피했듯이 떠날 때도 비극적인 퇴장을 원치 않았다. 독일은 새로운 지도자와, 노도와 같은 정치적 움직임에 비교적 면역이 된 나라다. 이는 더 이상 독일의 과거와 관련이 없다. 오히려 카리스마라고는 없고, 사무적이고, 원대한 비전도 없는 정부 수반의 존재와 관련이 많다. 그런 면에서 메르켈은 콜이나 슈뢰더보다는 헬무트 슈미트의 후계자에 가깝다. 사민당 출신의 전 총리 슈미트는 정치에서 원대한 비전을 내세우는 사람은 〈병원에 가봐야 한다〉는 유명한 말을 남겼다. 그는 임기 동안 냉정한 기술 관료라는 평을 들었고, 메르켈 역시 독일인의 가슴에 감동을 불러일으킨 적이 없다는 비난을 받았다.

우커마르크의 평야 지대에 11월 안개가 자욱하게 깔리듯, 총리는 메르켈 피로감이 온 나라에 퍼져 있던 2018년 가을보다 더 절망적인 상황에 처해 있었다. 헤센주 지방 선거에서의 참담한 패배는 당을 큰 충격으로 몰아넣었다. 난민 수용의 〈상한선〉을 두고 형제당인 기사련과 벌인 격한 갈등이 부른 결과였는데, 보수당의 헤센 주지사 폴커 부피에가 직격탄을 맞았다. 그가 속한 기민련은 이전에 비해 11.3퍼센트의 지지율을 잃었고, 녹색당과의 연정을 통해 간신히 집권을 유지할 수 있었다.

곤혹스러운 상황이었다. 하지만 그리스 원조 문제와 관련해서 자당 의원들과의 충돌보다 더 곤혹스러웠을까? 혹은 자기편의 사람들이 연방 의회 복도에서 보란 듯이 피켓을 들고 메르켈 퇴진을 요구함으로써 총리의 권위를 바닥에 떨어뜨린 것보다 더 참담했을까? 2002년 1월 마그데부르크의 기민련 비공개회의에서 남성 경쟁자들이 그녀의 축출을 도모하는 동안 자신은 바이에른 주지사 슈토이버를 찾아가 아침 식사를 하면서 총리직 후보를 제안한 것보다 더 굴욕적이었을까? 아니면 2015년 11월 기민련 전당 대회에서 기사련 당수 호르스트 제호퍼가 마치 여학생 다루듯 그녀를 공개적으로 꾸짖은 일보다 더 수치스러웠을까?

메르켈은 이러한 모든 공격과 도발을 이겨 내고 반격에 성공했다. 닫힌 물리계 안에서는 에너지의 총합이 바뀌지 않는다는 에너지 보존 법칙이 정계에도 적용된다고 확신하는 사람은 골이 깊으면 산도 높다는 것을 안다. 그것은 거꾸로도 마찬가지다. 메르켈은 『차이트 *Die Zeit*』의 조반니 디 로렌초 기자에게 이렇게 말했다. 「그 말을 원용하자면, 긍정적인 일이 있으면 항상 부정적인 일이 뒤따른다는 것이죠. 반대로도 마찬가지고요. 선거에서 많은 승리를 거두었다면 나중에는 다시 패배할 수밖에 없어요. 패배 뒤에는 다시 승리의 순간들이 찾아오고요.」[12] 그녀는 시련과 난관을 버텨 냈고, 특정 개인에 대한 감정도 가슴에 묻어 두지 않았다.

그런데 2018년은 달랐다. 메르켈의 세계는 더 이상 닫힌 시스템이 아니었고, 에너지는 계속 빠져나갔다. 그녀의 남편 자우어를 필두로 최측근들은 그녀에게 다시 출마하지 말 것을 강력히 권고했다. 사실 난민 위기 이후 그녀에게서는 피로감과 초조함, 환멸이 역력히 드러났다. 정치적 상황도 엉망이었다. 트럼프 대통령은 메르켈을 유럽 내 미국의 주적으로 규정함으로써 유럽의 위대한 노부인이라는 자리에서 끌어내렸고, 영국은 유럽 연합을 떠나기로 결정하면서 그에 대한 일부 책임을 메르켈의 난민 정책에 돌렸다. 게다가 독일 내에서는 극우 정당이 골칫거리였다. 기민·기사 연합 오른편에 있는 극우 세력에 족쇄를 채워야 할까? 메르켈 총리는 당 대표로서 그 문제를 확실히 정리할 수 없었다. 그사이 독일을 위한 대안당은 이미 연방 의회에 요지부동으로 자리를 잡고 있었다.

메르켈은 비상조치를 취했다. 그러나 질서 있는 권력 이양은 성공하지 못했다. 세 남자가 그녀의 뒤를 이어 기민련 당수직과 총리직을 노렸고, 그녀가 찾은 길은 좌절되고 말았다.

그때 일이 터졌다. 2020년 초부터 코로나 바이러스가 전 세계를 강타한 것이다. 총리는 어떻게 했을까? 국민과 당, 국제적 파트너들이 높이 평가하는 그녀의 장점인 현명하고 신중한 대처 능력이 다시 발휘된다. 그녀는 망설임 없이 예전의 확신과 작별하고 위기 속에서 국가와 유럽을 이끈다.

이번에는 주저하지 않는다. 더 이상 잃을 것이 없기 때문이다. 그녀는 처음 몇 달 동안 코로나 바이러스와의 싸움에서 성공을 거둔다.

2
생애

메르켈의 전기를 쓸 때는 본보기가 되어 줄 만한 마땅한 참고 자료가 없다. 티르제나 가우크 같은 인물들의 전기가 있기는 하지만, 비교 기준과 평가 맥락이 존재하지 않는다. 거기엔 메르켈만큼 자신의 직책 뒤로 비밀스럽게 숨은 정치인이 없다는 점도 작용한다.

그녀는 사생활과 일을 완벽하게 분리한다. 따라서 구 동독 출신 중 가장 저명한 인물의 삶을 다루려는 사람은 결국 〈수수께끼〉를 풀 듯이 쓸 수밖에 없다. 그녀의 주변 사람들은 총리를 보호한다는 명분으로 그녀에 대한 사적인 정보 제공을 무척 꺼린다. 그로써 정치인으로서 메르켈의 활동은 설명하기 쉬울 수 있지만, 그녀가 어떻게 지금의 메르켈이 되었는지에 대한 답은 찾기 어렵다.

어려운 접근

메르켈의 생애는 관점에 따라 무척 다르게 묘사된다. 쓰는 사람이 열광적인 지지자인가, 아니면 반대자인가? 판단의 주체가 정치학자인가, 문화 칼럼니스트인가, 언론인인가, 아니면 역사가인가? 게다가 이런 문제도 있다. 어떤 출처를 근거로 썼는가? 메르켈 본인이나 친구, 삶의 동반자, 경쟁자의 말을 얼마만큼 신뢰할 수 있는가? 또는 처음 총리에 당선된 2005년 이전에 썼는가, 총리 재임 초창기에 썼는가, 권력 절정기에 썼는가, 아니면 2015년 가을 난민 정책 위기 뒤에 썼는가? 그것도 아니라면 이 책처럼 그녀의 정치적 황혼기에 썼는가?

가장 중요한 문제는 다른 데 있을 듯하다. 메르켈의 삶은 동독인의 시각으로 봐야 할까, 아니면 서독인의 시각으로 봐야 할까? 둘의 차이는 어디에 있으며, 서독인은 그녀의 삶을 제대로 평가할 수 있을까? 동독의 녹색당 정치인 베르너 슐츠는 2013년 두 명의 서독 언론인이 『앙겔라 메르켈의 첫 생애*Das erste Leben der Angela M.*』라는 책을 출간했을 때 다음과 같은 평가를 내놓았다. 「그들(서독인)은 메르켈이라는 인간에게 올바르게 다가가지 못했다. 그런 성격적 유형을 만들어 낸 동독의 정치 상황을 제대로 모르기 때문이다. 동독 사회의 억압적 현실을 알아야만 훗날 서독에서 적응해 나간 그녀의 삶도 이해할 수 있다.」[1]

이는 메르켈이 동독에서 경험한 삶도 공유해야만 그녀의 진

면목을 알 수 있다는 뜻으로 들린다. 하지만 뒤집어 보면, 그녀 역시 서독에서 정치를 하고 정치적 결정을 내렸다. 그렇다면 서독의 정치 생태계를 정확히 알아야만 총리를 더 깊이 이해할 수 있지 않을까? 어쨌든 인생의 절반 가까이를 서독의 조건과 환경에서 살며 생각해 온 사람이기 때문이다. 한 인물에 대해 적확한 글을 쓰려면 반드시 그의 삶과 일 속으로 들어가야 하고, 가능한 한 그것을 공유해야 할까? 지금까지의 전기는 서독인들이 썼다. 왜 그럴까? 오랫동안 메르켈이라는 인물을 탐구해 온 동독 기자 알렉산더 오장은 말한다. 「당연히 그녀를 가장 잘 이해하는 사람은 동독 기자들일 것이다.」 서독 언론의 편집국장들은 동독 기자들이 정치에 대해 아는 것이 없다고 생각한다. 그런 면에서 메르켈은 운이 좋았다. 「항상 남들이 모르는 세상 한 구석을 자기 속에 품을 수 있었기 때문이다. (……) 그녀는 은신처에 숨어서 기다렸고, 그래서 살아남을 수 있었다.」[2]

결정적인 것은 항상 관점이다. 메르켈의 경우는 그게 다른 사람들보다 더 중요하다. 그녀에 관해 알려진 몇 안 되는 정보는 해석을 통해서만 하나의 삶으로 정리될 수 있기 때문이다. 물론 이는 필자의 월권일 수도 있고 독단의 위험에 빠질 수도 있다. 그녀의 이력을 필자가 이야기하고자 하는 맥락에 끼워 맞출 수 있기 때문이다.

정계 입문 초기에 메르켈은 동독 시절의 아동기와 청소년기, 직장 생활에 대한 몇 가지 이야기 뒤로 숨는다. 그중 많은 것이 반박 가능하고, 옛 친구들과 동료 또는 정치적 동지들에 의해 부정된다. 그러다가 차츰 시간이 지나면서 여학생, 여대생, 자두 케이크 제빵사, 감자수프 요리사로서의 자질을 뛰어넘는 통찰력이 나타났다고 이야기한다. 물론 이 이야기들도 세심하게 선별된 것이다.

메르켈은 자신의 성장 과정에 대한 정보를 표피적으로만 제공하면서 청자가 화자의 의도대로 해석하도록 부추기는 방식으로, 자신의 생애에 대한 관심에 응답한다. 예를 들어, 3미터 스프링보드 위에서 머뭇거리는 소녀의 이야기는 그녀의 삶 전체를 관통하는 핵심 모티브로 보여 주고 싶었던 것 아닐까? 또는 블루베리 가격을 둘러싼 소비자와 생산자 사이의 갈등 이야기는 젊은 메르켈이 사회주의 경제의 오류를 똑똑히 알고 있었다는 것을 보여 주고자 한 것 아닐까? 동독에서 사회적 특성이 되어 버렸다는 불신은 서구 민주주의 세계에서의 정치 활동을 위한 가장 효과적인 보호망이 아닐까? 총리는 자신에 대한 그런 해석을 권장한다. 하지만 그렇지 않을 수도 있지 않을까? 그 사이의 연결 고리는 한결 느슨할 수도 있지 않을까?

동독 출신 정치인, 특히 메르켈 세대 정치인의 경우 거의 모든 전기에 공통적으로 나타나는 패턴이 있다. 그들의 삶은 〈그 전〉과 〈그 후〉로 나뉘는데, 전환점은 동독의 정부 대변인 귄터 샤보브스키가 실수로 모든 동독인에게 여행의 자유를 허용하고, 그로써 장벽이 무너진 1989년 11월 9일이다. 이 사건은 일상적 삶의 모든 궤도를 바꾸었고 많은 동독인을 정치화했다. 메르켈도 그렇지만 그중 일부는 통일 독일의 정계에서 성공을 거둔다. 플라체크와 가톨릭교도 티르제는 사민당 최고위직에 오르고, 슐츠와 괴링에카르트는 동맹 90·녹색당에서 중추적 역할을 맡았으며, 개신교 목사이자 슈타지 사냥꾼 가우크는 연방 대통령이 된다. 또한 그레고르 기지와 자라 바겐크네히트는 몇십 년째 좌파에서 영향력을 행사하고 있다.

그런데 이들 중에서 메르켈과 가우크만 더는 동독 출신으로 인식되지 않는다. 가우크는 과거 동독 시민들에게 매력적인 존재였다. 동독에서부터 이미 저항적 삶을 살아온 인물인지라 서독에서의 정치적 성공도 충분히 납득할 수 있었다. 티르제는 이렇게 말한다. 「가우크는 무엇이 가능한지 우리에게 보여 주었다.」 그렇다면 메르켈은? 「나는 새로운 일자리를 빨리 찾았고, 많은 기회를 얻었으며, 시야를 넓힐 수 있었습니다. 하지만 당시 나보다 나이 많은 사람 중에는 나처럼 자유 사회에 참여하고 싶어도 참여할 수 없는 이가 많았습니다.」[3] 메르켈이 한 인터뷰에서 한 말이다.

그녀의 가파른 출세가 통일 독일에서 패자로 느끼는 사람들에게 호감으로 다가가지 않는 것은 충분히 이해할 만하다. 「그 사람들한테 메르켈은 배신자입니다.」[4] 1980년대 베를린 과학원에서 그녀 옆자리에 앉았던 연극인 미하엘 신트헬름의 진술이다. 메르켈이 난민 캠프를 방문하거나 2015년 이후 선거전에 등장했을 때 동독인들에게서 터져 나온 증오가 그런 감정을 잘 말해 준다. 그들은 메르켈의 말을 들으면서 자신들의 삶에서 거부되거나 놓친 기회를 보았고, 그녀가 자신의 뿌리와 동독인들을 잊었다고 비난한다. 반면에 통일 독일을 긍정적으로 보거나 수혜를 입은 사람들은 총리에게 매료된다. 「그녀는 성공한 오시*들에겐 거울상이었습니다.」[5] 1989년 이후 동독인들의 정체성 문제에 천착해 온 성공한 동독 작가 야나 헨젤의 말이다.

〈소리 없이 사는 법〉을 배우다

앙겔라 도로테아 카스너, 즉 메르켈은 1954년 7월 17일 함부르크에서 태어났다. 부모는 이곳에서 대학을 다녔다. 어머니는 단치히에서 태어나 라틴어와 영어 교사가 되었고, 아버지는 개신교 신학자였다. 딸이 태어난 지 몇 주 만에 부모는 동독으로 이주했다. 베를린이 고향인 아버지 카스너는 서독에서 공부했지만, 베를린 브란덴부르크 교구에 목사가 부족하다는 이야기를 듣고 동독으로 옮겨 서부 브란덴부르크의 한 마을 크비초에서 목회 활동을 시작했다.

그는 당시의 독일 분단 상태에 대해 어떤 환상도 없었다. 서독은 서방 세계에 되돌릴 수 없을 만큼 확연히 기울었고, 동독은 스탈린의 사망과 1953년 6월 17일 봉기 진압 후 1년 만에 확고하게 동구권에 편입되었다. 1950년대 중반에는 독일의 통일

---

* 통일 이후 동독인과 서독인들 사이에서는 서로를 향해 좋지 않은 의미로 쓰이는 신조어가 생겨났다. 베시Wessi는 거드름만 피우고 잘난 척하는 〈서독 놈들〉, 오시Ossi는 게으르고 불평만 늘어놓는 〈동독 놈들〉이라는 뜻이다.

이 이미 비현실적인 일이 되었다. 동독에서 교회는 압력을 받았고, 무엇보다 교회의 청소년 조직은 국가적 탄압에 시달렸다. 기독교인을 자처하는 학생들은 중등학교에서 퇴학당했고, 기독교 가정의 학생들은 훗날 대학에 들어갈 기회조차 없었다. 카스너와 서독의 일부 성직자들이 동독으로 향한 것도 그 때문이었다. 그들은 〈애굽의 고기 가마〉에서 편히 먹고사느니 차라리 고난과 시련의 광야를 택하고자 했다. 「우리는 우리를 필요로 하는 곳으로 가고 싶었습니다.」 카스너가 『슈피겔Der Spiegel』의 기자 오장과 인터뷰하면서 했던 말이다.[6] 이는 온 가족에게 심대한 영향을 끼친 결정이었다.

메르켈은 어렸을 때 이미 가족과 자신의 성장에 결정적 역할을 하는 일을 경험한다. 첫째, 전반적인 흐름에 역행하는 태도다. 그녀의 가족은 1961년 베를린 장벽이 설치되기 전에 3백만 명에 가까운 동독인이 서독으로 탈출한 것과 반대로 가는 길을 선택했다. 카스너는 훗날 그에 관한 질문을 받았을 때, 만일 교회가 원했다면 아프리카라도 갔을 거라고 말했다. 둘째, 목사의 자녀들은 처음부터 기존 사회 질서에 순응하고, 가능한 한 눈에 띄지 않게 살며, 적대적 환경에서도 실용적으로 좋은 삶을 추구하는 법을 배운다. 가톨릭 신자이자 사민당 정치인 티르제는 말한다. 「동조하지 않는 것은 동독 기독교인의 근본적인 특징입니다.」 모두에게 이런 경향이 있었지만, 실제로 공개적 시위에 나선 사람은 소수였다. 나머지는 그저 〈소리 없이 사는 법〉을 익혔다고 티르제는 말한다. 그것은 카스너 가족도 마찬가지였다.

브란덴부르크와 니더작센의 경계에 있는 엘베강 근처의 농촌 마을 크비초에서 교회는 1950년대 중반까지 최소한 나이 든 사람들에게 여전히 중요한 역할을 했다. 도시에서는 탈종교화가 빠른 속도로 진전되었지만, 브란덴부르크의 시골 사람들은 신앙에 좀 더 오래 매달렸다. 집단 농장으로 고통받고, 어차피 베를린 정권과 내적 거리감을 유지하고 있던 농부들이 특히 그랬다.

카스너 가족의 삶은 팍팍했다. 어머니는 동독에서 교사로 일하는 것이 허용되지 않았다. 그들은 붉은 벽돌로 지은 소박한 목사 사택에서 살았다. 1층은 관구 간호사가 썼고, 다락방 몇 개도 나중에 사용하게 되었다. 어머니는 쐐기풀로 수프를 끓였고, 아버지는 교구에 딸린 염소 두 마리의 젖을 짜야 했다. 메르켈이 나중에 사진작가 헤를린데 코엘블에게 밝힌 이야기다.

그들은 3년 동안 독일 북동부의 이 조용한 마을에서 살다가 템플린의 〈발토프〉로 이사했다. 당시 관구 총감독이자 나중에 주(州) 주교가 된 알브레히트 쉰허가 아버지를 눈여겨보고 있다가 위로 끌어올린 것이다. 쉰허는 〈우커마르크 지방의 진주〉라 불리던 템플린의 광활한 부지에 목회자 양성을 위한 신학교를 설립할 계획이었다. 발토프는 19세기 말부터 〈탈선 소년〉을 선도하고 가르칠 목적으로 세워진 교회의 자선 기관이었다. 카스너 가족이 도착했을 때는 지적 장애인들이 수용되어 있었다. 그들은 여기서 정원을 가꾸고, 수리 일을 배우고, 농장에서 일하고, 집안일을 도우며 살았다. 메르켈과 두 동생 마르쿠스, 이레

네는 이런 집에 살면서 처음으로 〈차이〉를 경험했다. 그들이 사는 집은 남들과 달랐다. 반 친구 중 일부는 처음엔 그녀의 집에 놀러 올 엄두를 내지 못했다. 아이와 부모들의 눈에 지적 장애인들은 무서운 존재였기 때문이다.

카스너 가족은 곧 새로운 환경에 뿌리를 내렸다. 목사 사택은 서독에서 온 손님들에게 방을 내줄 수 있을 만큼 널찍했다. 한 다락방에는 앞으로 30년 동안 동독에서는 구할 수 없는, 제한되거나 금지된 문헌들이 보관되었다. 사택에는 아이들도 식물을 심을 수 있는 정원이 있었고, 주변에는 숲과 초원, 들판, 호수가 펼쳐져 있었다. 거기서 수백 미터도 떨어지지 않은 곳에는 중세 성곽에 둘러싸인 템플린의 역사적 중심지가 있었다. 우커마르크 지방에서 가장 아름다운 곳이었다.

메르켈은 잘 걷지 않았다. 카스너의 맏딸은 영리하고 말도 일찍 배우고 조리 있게 했지만 걷는 것을 좋아하지 않았다. 생후 몇 년이 지나서도 계단을 내려갈 일이 있으면 남동생을 보내곤 했다. 언덕을 내려갈 때도 먼저 그 방법을 배워야 내려갈 수 있었다. 그녀는 나중에 불필요한 걸음을 최소화하기 위해 발을 떼기 전에 항상 고민부터 했다고 말했다. 십 대 때는 친구들과 달리 〈음악에 빠지지 못해〉 괴로워했다. 「나는 항상 춤은 안 추고 땅콩만 먹는 아이였어요.」⁷ 여성부 장관 시절 뒤셀도르프 출신의 펑크 뮤지션 캄피노에게 고백한 말이다. 그런 사람이 요즘은 휴가 중에 돌로미티산맥에서 하이킹을 즐길 정도로 체력이 좋아진 것이 놀랍다. 산악인 라인홀트 메스너조차 인정할 정도다.

더 놀라운 것은 〈운동 바보〉였던 그녀의 어릴 적 꿈이 피겨 스케이팅 선수였다는 사실이다.

「어린 시절에는 그늘이 없었습니다.」[8] 메르켈은 훗날 이렇게 말했다. 그렇다고 그녀의 가족이 태평하게 살았다는 말은 결코 아니다. 그녀는 이중생활을 잘 유지했다. 집에서는 약간 서구적인 아이였고, 밖에서는 동독 소녀였으며, 교회에서는 교리와 견진 성사에 충실했고, 학교에서는 〈소년 개척단〉*과 러시아 올림피아드에 열심이었다. 함부르크 친척들은 책을 보내 주었고, 나중에는 청바지와 서구의 옷까지 보내 주었다.

1961년 8월 13일 베를린 장벽이 세워지기 전까지 메르켈의 가족, 특히 어머니는 틈틈이 서독으로 가거나 거꾸로 옛 고향에서 손님이 오기도 했다. 방학 때는 함부르크의 할머니와 함께 보냈다. 카스너 가족은 바이에른에서 여름휴가를 보내고 왔고, 아버지는 숲속 곳곳에 철조망이 설치되는 것을 보면서 무슨 일이 일어나고 있다고 예감했다. 장벽이 설치되기 직전이었다. 마침내 베를린이 폐쇄되자 메르켈의 부모와 교회 신도들은 경악했다. 메르켈은 그 주 일요일에 교회가 눈물바다를 이룬 모습을 기억한다. 어머니는 그 후에도 많이 울었다. 앞으로 어떻게 될지 누구도 알 수 없었다. 이것이 정치적 사건에 대한 일곱 살 아이의 첫 기억이었다.

1968년 8월 카스너 가족은 체코슬로바키아의 크로코노세산 맥으로 휴가를 떠났다. 부모는 〈인간의 얼굴을 한 사회주의〉를

* 아동을 대상으로 한 동독의 대규모 정치 조직.

44

요구하는 시위 행렬을 보려고 며칠 시간을 내어 프라하에 갔다. 카스너는 형제국의 공산당이 가려는 제3의 길에 마음이 끌렸다. 그러나 프라하의 봄은 소련과 폴란드, 헝가리, 불가리아 군대에 폭력적으로 진압되었다. 동독 국가 인민군도 출동 준비 상태에 있었지만, 실제로 투입되지는 않았다.

그 후 카스너는 사회주의 체제와 내적 거리를 유지했다. 메르켈은 훗날, 변화와 개혁에 대한 희망이 산산조각 나면서 〈아버지의 실망감도 커졌다〉[9]고 말한다. 그럼에도 카스너는 1960년 대와 1970년대에 체제와 협력했고, 체제에 우호적인 신학자들의 서클인 〈바이센제 연구 모임〉에 가입했다. 아이들도 소년 개척단에 들어갔고, 동생 마르쿠스는 나중에 심지어 교회의 경악 속에서 청년 입회식*에 참여하기도 했다. 동독 체제에서 어쩔 수 없는 측면이 있었다고 하지만, 이렇게까지 순응한 것을 두고 많은 동료 목사가 너무 과하다며 주교에게 항의하기도 했다.

1968년은 서독과 동독 모두에 큰 역사적 의미가 있는 사건이 일어난 해로 기록된다. 동독의 많은 사람에게 그해는 표현과 집회의 자유 및 정치 개혁과 진보에 대한 희망의 종말을 의미했다. 프라하의 봄이 무참히 짓밟히면서 동구권 국가들에서는 앞으로 수십 년 동안 독자적 사회주의로 가는 길이 완전히 가로막혔고, 유일 정당 외에 어떤 정치적 운동도 엄격한 제재를 받았다.

서독인들에게 이것은 냉전의 긴 역사 속에서 특히 눈에 띄는

---

* 동독에서 종교적 성사(聖事)를 무효화하고 무신론적 입장을 강조하기 위해 마련한 일종의 세속적 성년식.

한 사건이었을 뿐이다. 그들에게는 1968년이 쾰른과 함부르크, 서베를린, 프랑크푸르트에서 일어난 학생 봉기의 해이자, 1950년대의 숨 막힐 듯한 사회 분위기에 대한 반기의 해이며, 부모 및 조부모 세대를 향해 국가 사회주의 체제하에서 개인적 책임과 죄책감을 인정하라는 강력한 요구의 해였다. 이는 한편으론 양성평등과 교육 기회의 확대, 성 혁명의 기폭제 역할을 했고, 다른 한편으론 1970년대부터 1990년대까지 극단적인 적군파 테러로 이어진 우파와 좌파 사이에 극심한 사회적 갈등을 불러오기도 했다. 1968년 이후 동독에서는 정치적 대립이 잠잠했지만, 서독에서는 극심한 사회적 논쟁이 불붙기 시작했다.

그 무렵 템플린의 목사 사택은 독립적 사고를 학습하고 동독의 현실과 거리를 두면서 소수의 사람이 모여 사회주의의 올바른 길에 대해 의견을 주고받는 곳으로 변해 갔다. 믿을 만한 사람이라면 누구나 다락방에서 서방 세계의 서적을 읽고 빌릴 수 있었다. 심지어 복사기도 마련되어 있었다. 「아버지는 위험을 무릅쓰고 사람들에게 자유로운 공간을 마련해 주었고 (……) 그것은 나중에 내 인생에 많은 영향을 주었습니다.」[10] 메르켈이 여성부 장관일 때 가우스 기자에게, 자신이 어린 시절 존경했던 아버지에 대해서 한 말이다. 슈타지는 사택과 집주인을 감시했고, 안드레이 사하로프의 문건을 불법으로 소지했다는 이유로 아버지에게 프락치로 일할 것을 종용했다. 그러나 카스너는 회유 사실을 즉각 교회 지도부에 알렸고, 그와 함께 슈타지의 협조자 파일은 성과 없이 닫혀 버렸다. 저널리스트 롤이 보도한 내용이다.

이런 전력에도 불구하고 아버지와 어머니는 나중에 비사회주의권 국가로 여행을 갈 수 있었고, 메르켈과 마르쿠스는 대학에서 물리학을 공부할 수 있었다.

이런 삶의 전제 조건은 타인에 대한 불신이었다. 그래서 아이들 역시 조심스럽게 키워야 했다. 메르켈은 훗날 자기 내면의 기본 특질이 불신이었다고 설명한다. 정치적 동료들도 이를 확인해 준다. 사실 모든 총리가 상당히 조심스럽고, 선뜻 믿지 않는다. 설사 가장 가까운 측근이라 하더라도. 다만 메르켈의 경우는 믿음에 대한 유보 정도가 남들보다 심하다. 그녀의 정치적 반대자들은 〈스파이 정치〉라는 말까지 사용한다. 총리가 예를 들어, 유로화 안정화 조치나 난민 정책에 대한 당내의 가능한 반란을 조기에 적발해 진압할 수 있도록 기민련에 스파이 망을 구축해 놓았다는 것이다. 그러면서 콜과 슈뢰더가 자당 의원들의 동향 파악을 위해 정보국을 활용한 사실에 대해서는 침묵한다. 유독 메르켈에게만 그런 식으로 수군거린 것은 그야말로 연기만 피우고 흔적을 지우는 옛 슈타지 수법을 연상시킨다. 오장은 논란이 많은 베를린 사업가이자 출판업자인 홀거 프리드리히라는 인물에 대해 쓰면서 서독인들의 무의식적 〈자동 반사〉에 대해 서독인들은 〈동독인들이 출세하면 뭔가 부정한 짓을 해서 그 자리에 올랐다〉[11]고 생각한다고 표현했다.

메르켈의 어린 시절과 청소년기를 보면 그녀의 소통 방식을 알 수 있다. 여기서 특히 중요한 역할을 한 것은 〈과묵함〉이다.

낯선 사람과는 집에서 본 TV 방송에 대해서도 이야기를 나누지 않았다. 메르켈은 어릴 때 이미, 예컨대 교사가 교묘한 방법으로 학부모의 성향을 파악하려고 하면 말을 아끼는 방식으로 방어막을 쳤다. 한번은 학교에서 뉴스에 나오는 시계를 그리라고 했다. 집에서 동독의 공식 뉴스 프로그램 「시사 카메라」를 시청하는 친구들은 선으로 시간을 나눈 시계를 그렸다. 반면에 서독의 방송 프로그램에 나오는 시계는 점으로 이루어져 있었다. 메르켈은 훗날 어린 학생들 앞에서 이렇게 이야기했다. 「그때 우리는 해도 되는 말과 해서는 안 되는 말을 정확히 알고 있었어요.」[12]

메르켈은 부모 중 누구한테 영향을 더 많이 받았느냐는 질문에, 어머니는 항상 집에 있었고 아버지는 기다릴 때가 많았다고 대답한다. 그럼에도 딸에게 아버지는 자기 자신에 대한 평가 기준이었다. 학교에서 어떤 이야기가 필요하면 어머니에게 물었고, 사실에 입각한 토론을 준비할 때는 아버지와 대화했다. 대학을 마치고 베를린 과학원에서 물리학 박사 학위 논문을 쓸 때였다. 한번은 변변찮은 집에 아버지가 찾아와, 아직도 논문을 끝내지 못한 것을 나무랐다.[13] 기록에는 남아 있지 않지만 메르켈은 분명 상처를 받았을 것이다. 어쨌든 아버지의 말에 분발해 그녀는 얼마 뒤 논문을 끝내고 박사 학위를 받았다.

카스너는 브란덴부르크의 개신교 루터 교회 내에선 교회 지도자뿐 아니라 일반 목회자들 사이에서도 무척 유명한 사람이었다. 젊은 목사들치고 발토프 신학교의 목회 프로그램에 한 번 이상 참가하지 않은 사람이 거의 없었다. 그들 모두 권위적으로 보이는 큰 키의 카스너를 존경했지만 다가가기는 어려워했다. 반면에 그의 부인 헤를린트 카스너는 모두가 좋아했다. 그녀는 친절하고 상냥했으며, 세미나에 참석해 참가자들과 대화를 나누기도 했다. 그런데 그녀가 수년 동안 열심히 두드린 교직의 문은 여전히 열릴 생각을 하지 않았다.

그녀는 교회 일에 열심이었고, 신학교에서 영어와 라틴어를 가르쳤으며, 세 자녀를 돌봤다. 목사의 자녀는 나중에 대학에 진학하기 어렵기 때문에 일단 학교에서 최고 성적을 유지하는 것이 중요하다고 매일 아침 아이들을 독려했다. 그러면서 배우고 익히는 즐거움도 가르쳐 주려고 애썼다.

메르켈은 체육만 빼고 늘 최고 성적을 받았다. 동독 학교에서 무척 중요시하던 이 과목은 대학 졸업 때까지도 애를 먹었다. 라이프치히 대학교에서 물리학과 졸업 시험을 칠 때 전 과목을 우수한 성적으로 통과했지만 필수 과목인 체육만 그러지 못했다. 〈단단히 준비하고〉 두 번째 시험에 도전해서야 간신히 과락을 면했다. 그것도 훗날 그녀의 말에 따르면 마음씨 좋은 시험관이 스톱워치를 일찍 눌러 준 덕분이었다.[14]

반면에 언어에 대한 재능은 탁월했다. 그녀는 학창 시절 대부분의 급우와 달리 영어와 러시아어를 좋아했다. 대다수의 동독 학생은 수업 시간 외에는 자발적으로 러시아어를 쓰는 일이 없었지만, 메르켈은 방과 후 그 지역에 주둔 중인 소련 군인들과 대화를 나누곤 했다. 그녀가 보기엔, 여기저기 서성거리는 소련 군인들이 항상 무언가 기다리는 것 같았기 때문이다. 아무튼 그녀가 러시아어로 푸틴과 자유롭게 대화를 나눌 수 있다는 사실은 메르켈의 해외 순방에 동행한 사람들에게서 감탄을 자아냈다. 심지어 1990년대에는 교토 기후 회의를 준비하면서 영어를 상당히 유창하게 구사하는 것을 보면서 많은 사람이 깜짝 놀랐다고 한다. 동독에서 교육받은 사람이 영어를 그렇게 잘하리라고는 생각하지 못했던 것이다.

뛰어난 성적에도 메르켈이 남의 눈에 띄지 않았던 것은 부단한 노력 덕분이었다. 그녀는 가우스와의 TV 대담에서, 자유 독일 청년단(FDJ)에 가입하고 학교에서 순응적으로 생활할 수밖에 없었던 이유에 대해 이렇게 설명했다. 「내가 목표한 대학에 가려면 되도록 눈에 띄지 않으면서 순응적인 태도로 사는 것이 유리했습니다.」[15] 동독의 러시아 올림피아드에서 우승하고 모스크바로 가게 되었을 때 러시아어 교사 에리카 벤은 메르켈의 언어 능력에 대해 걱정하지 않았다. 다만 상대의 얼굴을 똑바로 보고 웃게 만들지 못하는 것에 대해서는 걱정이 컸다. 교사들은 메르켈의 탁월한 지능과 조직력을 높이 평가하고, 반 친구들도 그녀의 협동심과 동료애를 칭찬했다. 하지만 그녀는 학급에서 그렇게 뛰어난 역할을 하지는 않았다. 롤이 인터뷰한 같은 반 친구들의 말에 따르면 메르켈은 있는 듯 없는 듯 사는 아이이자, 〈키스도 해보지 않은 아이〉였다. 그랬으니 친구든 교사든, 목사의 딸이 언젠가 독일에서 가장 중요한 역할을 맡고 가장 저명한 사람이 되리라는 걸 상상이나 했을까? 단언컨대 그런 사람은 없었을 것이다.

그런데 졸업을 앞두고 모든 것을 망칠 뻔한 사건이 일어났다. 사실 별것 아니지만 큰일로 번진 사건이었다. 1973년 4월, 학교 당국은 〈미 제국주의에 맞서 싸우는 베트남 전사들〉을 위한 연대 시간을 개최할 것을 지시했는데, 12학년 b반이 거부했다. 주동자는 메르켈로 지목되었다. 이유는 단순했다. 학생들은 이미 대학 진학이 확정된 터라 더는 학교의 선전 활동에 동참하고 싶은 마음이 없었다. 이 일로 학급은 징계를 받고 부모는 경고를 받았다. 결국 학생들은 마음을 바꿔 지시에 따랐지만, 반항적으로 크리스티안 모르겐슈테른의 시를 낭송했다. 벽 위에 앉아 있는 퍼그 개의 삶을 여섯 줄로 표현한 짧은 시였다. 이 사건은 발토프에서 꾸민 것으로 보인다. 어쨌든 부르주아적이고 풍자적인 시인의 시를 낭송하고, 벽을 언급하고, 거기다 한술 더 떠 「인터내셔널가(歌)」를 영어로 부른 것은 퇴학을 당하고도 남을 일이었고, 대학 진학의 꿈도 물거품이 될 판이었다. 그러나 다행히 조사와 견책은 있었지만 퇴학을 당한 사람은 없었다. 그전에 카스너는 당시 교회법 전문가이자 종교국 관리인 만프레트 슈톨페뿐 아니라 주교까지 찾아가 부탁해야 했다.

목사 자녀들에게 대학 진학이 허용된 것은 독일 사회주의 통일당(SED) 중앙 위원회 의장 발터 울브리히트의 개신교에 대한 데탕트 정책과 깊은 관련이 있었다. 1950년대는 교회와의 투쟁으로 점철된 반면, 1960년대 들어서는 교회와 일종의 휴전 협정을 체결하고자 했다. 단, 목사들이 우호적인 태도로 사회주의 노선에 동행하고, 기독교의 논리로 그것을 정당화한다면 말이다. 이 정책의 정점은 1964년 8월 아이제나흐의 바르트부르크 성에서 이루어진 울브리히트와 튀링겐 주교 모리츠 미첸하임의 상징적 만남이었다. 개혁가 마르틴 루터가 성경을 독일어로 번역한 곳이었다. 그 후 동독의 〈진보적〉 목회자와 그 가족은 사는 게 한결 수월해졌다. 해빙기는 1971년 봄 울브리히트의 실각으로 곧 끝나고 말았지만, 카스너 가족은 어쨌든 이 데탕트 국면으로 혜택을 받았다.

　메르켈은 원래 어머니처럼 교사가 되고 싶었다. 그러나 동독에서 교직 과정을 이수하는 것은 그녀에게 허락되지 않았다. 훗날 그녀는 자신의 전공 선택과 관련해서 이렇게 말했다. 첫눈에 쉽게 느껴지지 않는 과목을 깊이 파고 싶었고, 그러다 아인슈타인의 상대성 이론을 제대로 공부해 보고 싶은 욕심이 생겼다는 것이다. 신학자가 되고 싶은 마음은 추호도 없었다. 기독교적 삶이 그녀에게 큰 영향을 끼친 것은 사실이지만 목회자로서의 삶은 그녀의 열정에 충분하지 않았다. 동독에서는 목사 자녀에게 다른 학문적 진로가 허락되지 않아 자식도 어쩔 수 없이 부모처럼 목사가 되는 것을 너무 자주 보았다. 하지만 그녀는 그런 길을 걷고 싶지 않았다.
　부모를 따라 동독으로 이주할 당시에는 어려서 스스로 결정을 내릴 수 없었지만, 자신의 진로와 관련해선 부모와 독립적으로 생각했다. 비상시엔 언제든 출국 신청을 할 생각도 갖고 있었다. 돌아보면, 어머니도 동독으로 이주하기 전에 할머니에게 허락을 구하지 않았을 것이다. 이렇듯 통일 독일의 최고 정치인 메르켈은 부모와 자신의 관계를, 가깝지만 일정한 거리를 두는 관계로 표현한다.

템플린에서의 경험은 그녀의 삶에 강한 영향을 미쳤다. 그녀는 자신이 자유롭지 못하고, 동독 사회에는 제한이 많고, 동독 경제가 제대로 작동하지 않는다는 사실을 매일 경험했지만, 동독인들이 능력과 지식, 이해력 면에서는 누구에게도 뒤지지 않는다는 사실 또한 알고 있었다. 「서방에서 온 사람들을 만날 때면 나는 정신적으로 그들을 따라갈 수 있는지 확인할 목적으로 늘 나 자신을 테스트했다.」 결론은 〈나도 할 수 있다〉는 것이었다.[16]

이 자신감은 서독이나 비사회주의 경제권에서 온 방문객과 접촉이 없었던 많은 동독인과 그녀를 구분하게 한다. 이것은 본에서의 정치 초년병 시절 자신을 관대한 표정으로 무시하듯이 내려다보던 자기 부처의 공무원들을 견뎌 내는 데도 도움이 되었고, 자당 내 반대파에 대응하고 그들을 추월할 때도 콤플렉스에서 벗어나 당당한 태도를 유지하는 데 유리하게 작용했다. 템플린에서의 숨겨진 삶은 나중에 장점으로 판명된 것이 많았다. 불신과 과묵함, 인내의 조합, 빨리 배우고자 하는 의지와 야망, 눈에 띄지 않게 처신하는 능력과 동료애, 자신의 지능과 적응력에 대한 명확한 인지, 그리고 전진하기 위해 반드시 어딘가에 소속될 필요는 없다는 사실에 대한 통찰력 같은 것들이었다.

순응의 삶

메르켈은 라이프치히 대학교에 입학했다. 학업 기간은 총 5년이었고, 일주일에 두 번 파티를 했다. 실험 물리학 과목에서 어려움을 겪었고, 체육 필수 과목에서는 더 큰 어려움을 겪었다. 그럼에도 최우수로 졸업 시험을 통과하고 베를린 과학원 박사 과정에 입학하기에는 충분한 성적이었다.

그녀는 마찬가지로 물리학자였던 첫 남편을 만나 졸업 직전 교회에서 결혼식을 올렸다. 앙겔라 카스너가 메르켈이 되는 순간이었다. 남편 울리히 메르켈은 내성적이었다. 반면에 그녀가 가장 좋아한 것은 〈수다〉였다.[17] 남편은 집에 있는 것을 좋아했지만, 그녀는 나가고 싶어 했다. 그녀가 열정적으로 조직한 연구소 내 작은 파티에도 남편은 빠질 때가 많았다. 그럼에도 두 사람은 함께 하이킹을 하고 가족을 방문하고 여행을 했다. 몇 년간 순탄하게 흘러갔다. 그러다가 두 사람은 베를린으로 옮겨 갔고, 이사하고 얼마 후 이혼했다. 그녀는 헤어질 때 세탁기를 갖고 갔다.

라이프치히에서 보낸 시기는 위장과 은폐의 시간이었다. 그녀는 스스로 결정을 내리는 성숙한 여성이었다. 이 시기에 메르켈은 자기 속에 있는 목사의 딸을 완전히 지워 버렸다. 이따금 개신교 학생 동아리에 들르기는 했지만, 거기서 부탁한 자원봉사직을 거부했다. 체제 비순응자들 사이에서 그녀는 우호적인 사람으로 여겨졌다. 그들은 그녀 앞에서 터놓고 얘기했을 뿐 아니라 사회주의를 비판하는 사적 토론회에도 그녀를 초대했다. 물론 그녀는 말을 아끼며 어떤 정치적 속내도 내비치지 않았다. 그럼에도 사람들은 그녀를 믿었다. 그 시점에 그녀는 슈타지의 관찰 대상이 되었다. 나중에 베를린 과학원에 있을 때와 마찬가지로.

순응자는 물론이고 비순응자들(그중 일부는 대학 다닐 때 벌써 SED 당원이 되었다) 사이에서도 메르켈은 좋은 평가를 받았다. 그들에게 그녀는 여행과 파티를 좋아하지만 정말 열심히 공부하는 똑똑하고 주량이 센 여학생이었다. 저녁에 학생회 모임이 있으면 이웃의 주스 가게에서 구입한 체리주스에다 독주를 섞어 체리 위스키를 만든 다음 친구들에게 돌렸다. 한마디로 바텐더 역할이었다. 메르켈은 SED 당원이 되지는 않았지만 FDJ에는 계속 남아 있었다. 〈자유 독일 청년단〉은 사회주의 통일당의 전위 조직으로 동독의 중심적 청년 동맹이었다.

대체로 이 지점에서부터 그녀의 순응적 태도가 너무 과도한 것 아니냐는 논쟁이 시작된다. 그전에 그녀의 부친이 사회주의 체제에 너무 성급하게 동조했던 것처럼 말이다. 메르켈은 자신이 FDJ 간부였다는 사실을 숨겼고, 박사 학위 후 마르크스-레닌주의 과목의 졸업 논문을 폐기했으며, 동독을 떠나야 했던 작가 라이너 쿤체에 감격했다고 날조해 낸다. 이런 사실에 비춰 비판가들은 그녀가 통일 이후 주장한 것보다 훨씬 더 정권에 가까웠다고 말한다. 그들의 결론은 분명하다. 메르켈은 동독의 피해자가 아니라 가해자에 가깝다는 것이다.

처음에는 그녀도 자신이 소년 개척단과 자유 독일 청년단에 가입한 시절에 대해 솔직하게 털어놓았다. 예를 들어, 가우스와의 인터뷰에서 이렇게 말한다. 「나는 FDJ에 가는 걸 좋아했습니다.」 1991년 10월 3일 슈베린에서 열린 기민련 청년들과의 대담 자리에서도 동독 시절 당이 조직한 그곳의 좋았던 면을 솔직히 이야기했다. 하지만 돌아온 것은 도저히 이해할 수 없다는 경악스러운 반응이었다. 이후로는 더 이상 그 이야기를 공개적으로 하지 않았다. 〈독일이 통일된 지 1년이 지났지만 동·서독 사람들이 서로에 대해 얼마나 아는 게 적은지〉 알아차린 것이다. 그녀는 가우스 기자에게 이렇게 털어놓는다. 「(서독 사람들은) 우리에게도 삶이 있었다는 사실을 이해하지 못합니다. 동독에서의 삶이 정치적 영역과 사적인 영역으로 나뉘어 있었다는 사실이 간과될 때가 너무 많아요. 물론 정치는 개인에게 여러 가지 제약을 가했지만, 삶의 모든 영역에서 그러지는 않았습니다. 거기에도 우정이 있고 토론의 장이 있었습니다. 사람들은 책을 읽고 사색을 했으며 앎에 대한 욕구가 있었고, 가끔 파티도 열었어요. 하지만 삶의 이런 측면들은 어떤 신문이나 언론에도 보도되지 않아요.」[18]

서독 사람들은 동독에서의 순응적 태도가 자신의 삶뿐 아니라 온 가족의 보호를 위해 꼭 필요했다는 사실도 이해하지 못한다. 메르켈은 나중에 이렇게 말한다. 「무엇보다 최악은 연좌제였습니다.」[19] 이는 국가 안보에 가장 효과적인 무기였다. 체제에 반대하는 사람은 본인뿐 아니라 주변 사람, 특히 가족과 친구들까지 위험에 빠뜨렸다. 메르켈의 두 번째 남편인 양자 화학자 자우어는 2010년 인터뷰에서 사회적 강제 순화 과정을 다음과 같이 설명한다. 「그들이 노린 것은 단순히 심리적 위축에 그치지 않았습니다. 궁극적으로는 자발적 복종과 적극적인 고발, 그리고 〈사회적 참여〉를 노렸죠. 그것은 곧 SED 당원이 아닌 사람들도 사회주의 대중 조직의 일원이라는 사실을 자각하라는 뜻이었습니다. 내가 훔볼트 대학교 조교로 있을 때 교수가 (……) 저한테 와서, 여기 근무하는 사람들은 전부 독일-소련 우호 협회에 가입해 있으니까 회원이 되기 싫으면 다른 일자리를 알아보라고 하더군요. 그 말은 곧 가입하지 않으려면 대학을 떠나라는 뜻이었죠. 결국 저도 협회에 가입할 수밖에 없었습니다.」[20]

메르켈은 동독과 서독 간의 이런 갈라진 인식을 통감하고 있었다. 그래서인지 훗날 동독과 서독 사람들이 더 많은 대화를 나누고 경험을 공유해야 한다고 부르짖는다. 하지만 정작 자신은 그렇게 하지 않았다. 외침과 달리 어린 시절과 젊을 때 배운 것처럼 침묵했다. 이는 과거 동독 때와 다른 침묵으로서 자신이 책임져야 할 침묵이었고, 과거 삶과의 연결 고리를 끊는 침묵이었다.

이런 태도로 인해 옛 친구들뿐 아니라 점점 커지는 의구심을 갖고 그녀의 성장 과정을 추적하는 서독인들도 그녀를 더욱 수상쩍게 여긴다. 이는 그녀의 개인적 순응과 연루를 훨씬 뛰어넘는 침묵이기 때문이다. 마치 정계 진출 초기에 민주적인 서구에서는 어차피 누구도 설득할 수 없고, 설명은 무의미하며, 신념을 위한 투쟁은 무익하다는 것만 배운 듯하다. 그녀의 침묵은 공개적인 침묵이다. 그것은 예외적 감정 상태 혹은 국가적 재난 상황에서나 드물게 깨질 뿐이다.

물론 메르켈이 통일 후 기민련 내에서 동독 반체제 인사로 정치적 입지를 다지기 위해 의도적으로 과거의 전력을 지웠다는 주장은 명백한 사실 왜곡이다. 그녀는 흔적을 지우지 않았다. 다만 메르츠가 자우어란트에서의 젊은 시절에 대해, 혹은 피셔가 혹독했던 자신의 1968년 시기에 대해 그랬던 것처럼 그녀 역시 기억을 현재의 기대치에 맞게 조정했을 뿐이다. 메르켈은 그에 맞는 이야기를 골라내 동독 체제에 대한 내적 거리감을 드러내 줄 이야기로 압축했다.

그렇다면 자신이 서독 방송 중에서도 게르하르트 뢰벤탈이 진행하는 극도로 보수적인 시사 프로그램 「ZDF 모르겐 마가친」을 즐겨 보고, 서독의 책과 서독 사람과의 접촉, 서독에서 온 소포 덕분에 잘못된 국가에서의 삶을 견디며 동독의 붕괴를 갈망한, 일찍부터 정치화된 사람이었다는 이야기는? 지난 30년 동안 메르켈에 대해 질문을 받은 많은 친구와 동료, 교사, 교수들은 다르게 기억한다. 그렇지 않다는 것이다. 2019년, 호엔쇤하우젠 슈타지 기념관의 전 관장이자 호전적이고 논란이 많은 역사가 후베르투스 크나베는 메르켈과 동독 정권의 유착 관계에 대한 시중의 모든 자료를 수집한 뒤 다음과 같이 결론 내린다. 「메르켈은 어쩔 수 없이 시대에 보조를 맞춘 것보다 한 걸음 더 나아갔다. 다만 〈IM 에리카〉라는 가명으로 슈타지를 위해 일했다는 주장은 근거가 없다.」

해결은 의외로 간단할 수 있다. 이제 와서 숨길 필요가 있겠는가? 총리직 은퇴 선언까지 한 마당에 속 시원하게 이야기하면 된다. 그러나 메르켈은 누구도 자신을 이해하지 못할 거라는 생각에 거창한 설명 대신 그냥 서독인들의 정치적 기대만 충족시킨다. 당시와 똑같은 행동이다. 단지 수신자만 다를 뿐이다.

기다림의 시간

졸업 후 메르켈과 그녀의 첫 남편은 튀링겐의 일메나우 공과대학으로 옮기고 싶어 했다. 그녀는 대학에 직접 찾아가 면접을 보았다. 그녀의 기억에 따르면 〈불쾌한 면접 자리였고 대화를 나눈 인사과장은 더 불쾌한 인물이었다〉.[21] 이 남자는 놀랍게도 그녀에 대해 모든 것을 알고 있었다. 늦어도 그때쯤에는 그녀도 자신이 일상적으로 감시를 받아 왔음을 눈치챘을 것으로 보인다. 그러니까 라이프치히 시절 주변 사람 중 누군가가 그녀를 계속 감시하면서 상부에 보고한 것이 틀림없었다. 그런데 여행 경비를 받으러 대학 총무과로 가던 길에 이번에는 슈타지 요원이 직접 접근했다. 메르켈은 그 사람들에게, 자신은 그 일에 맞지 않는 사람이라고 대답했다. 비밀을 지키지 못하는 성격이라면서. 이 말은 당연히 농담이었다. 과묵한 면에선 빼놓을 수 없는 사람이 메르켈이었기 때문이다. 그 무렵 그녀의 아버지도 슈타지로부터 비슷한 제의를 받고 즉시 그 사실을 교회 지도부에 알림으로써 이 일은 유야무야되었다. 그러나 메르켈은 대학에서 일자리를 얻지 못했다.

대신 그녀는 베를린 〈동독 과학원〉의 물리 화학 중앙 연구소에서 새 출발을 했다. 라이프치히 대학교 교수의 추천으로 이루어진 일인데, 그의 형이 중앙 연구소 소장이었다. 저널리스트 휴고 뮐러포크와의 인터뷰에서 메르켈은 이곳을 과학자들 가운데 반항적인 사람만 모아 둔 곳이었다고 말한다. 과학원은 연구만 하고 가르치지는 않았기 때문에 학생들에게까지 저항 의식이 파고드는 일을 막을 수 있었다.

그렇지만 이는 절반의 진실일 뿐이다. 과학원은 최첨단 분야를 연구해 동독의 과학과 경제를 신속하게 자본주의 국가들 수준 이상으로 끌어올려야 한다는 사명을 안고 있었다. 1만 명의 과학자를 포함해 2만 5천 명의 직원이 서베를린 국경과 접한 아들러스호프 지구의 거대한 부지에서 자기들만의 작은 도시를 이루며 일했다. 여기서 연구하는 사람들은 당연히 동독 과학 엘리트에 속했다.

메르켈 총리는 〈단순 결합 파괴에 의한 붕괴 반응 메커니즘 및 양자 화학과 통계학적 방법에 기초한 속도 상수 계산〉이라는 주제로 박사 학위 논문을 썼다. 필수 과목이던 마르크스-레닌주의의 졸업 논문은 제목이 한결 간단하다. 〈사회주의적 삶의 방식이란 무엇인가?〉[22] 박사 학위 논문은 최고 성적을 받았고, 마르크스-레닌주의 논문은 〈중간〉 성적을 받았다. 그녀의

말에 따르면 〈농민에 대해서는 너무 많이 썼고 노동 계급에 대해서는 너무 적게 썼기〉 때문이다.[23]

우리의 젊은 물리학자는 10년 넘게 매일 아침 볼품없는 막사 안으로 사라졌다. 그녀가 속한 부서가 무엇을 위해 무슨 연구를 했는지는 누구도 정확히 모른다. 「사회주의의 계획 목표량은 예측할 수 없는 비전과 전망이라는 상상의 영역에서 길을 잃었다. 우리처럼 외부 세계와 차단된 채 천공 카드로 일하는 사람은 물질적·기술적 기반에 대한 압박을 느끼지 않았다.」 신트헬름이 자신의 실화 소설 『로베르트의 여행Roberts Reise』에서, 메르켈(소설 속에서는 레나테)과 함께 일했던 시절에 대해 이야기하는 대목이다. 「우리 부서의 일곱 신사와 레나테는 세계사를 움직이는 정신에 대해 친밀하고 나직하게 대화를 나누었다.」 소설에서 레나테는 〈몇 년 전부터 꾸준히 박사 학위 논문을 쓰는〉 연구원으로 나온다.[24]

독일 통일 30년 후, 메르켈의 남편 자우어는 훔볼트 대학교와의 영상 인터뷰에서 동독에서 과학자로 일하는 것에 대해 다음과 같이 말한다. 「우리는 성과에 구애받지 않았습니다. 그건 전제 조건이 아니었죠.」[25] 메르켈의 연구소는 지루함 자체였다. 거대한 컴퓨터에 자체 제작한 천공 카드를 끊임없이 집어넣고, 오늘날에는 스마트폰으로 1초도 안 돼 얻을 수 있는 결과를 이따금 하루 종일 기다렸다. 그녀는 논문을 끝내기 위해 몇 주 동안 프라하 여행을 허가받았다. 논문 작업에 도움이 될 IBM 컴퓨터가 거기 있었기 때문이다.

그녀의 사회생활과 지적 생활은 점점 즐거워졌다. 부서 내 유일한 여성이었던 그녀는 처음 몇 달 동안 상당히 외롭게 지냈지만, 그 후 자유 독일 청년단에서 열심히 활동하며 빠르게 친구들을 사귀었다. 그곳 과학자들은 책을 많이 읽었다. 그중에는 소설도 있었다. 과학자 가운데 일부는 동독에서 금지된 소비에트 반체제 인사 사하로프의 글을 몰래 구해 읽었고, 서독 대통령 리하르트 폰 바이츠제커의 연설문에 대해 토론을 벌이기도 했다.

메르켈은 공식적인 학사 일정의 일환으로 연극 관람을 주도하고 토론 프로그램을 주최했으며, 막사의 지하 공간을 파티 룸으로 개조하는 일을 거들었다. 부족한 접시와 유리잔, 수저는 사무실에서 충분히 조달할 수 있었다. 일부 옛 친구와 후원자, 정치적 동료들의 말에 따르면 그녀는 자유 독일 청년단에서 선동 및 선전 책임자 직함을 갖고 있었다고 하는데, 본인은 기억나지 않는다고 말한다.

그녀는 연구실 동료들이 세계 상황에 대해 긴 토론을 벌이는 동안 터키식 커피를 끓여 제공했다. 그러던 어느 날 자우어라는 남자가 그녀의 삶에 갑자기 등장했다. 그것도 주로 점심시간에 구내식당에서 말이다. 이후 그는 그녀의 과학적 멘토이자 친구가 되었고, 1998년에 결혼해 두 번째 남편이자 인생의 반려자가 되었다.

1981년 메르켈은 첫 남편과 헤어졌다. 어느 날 그녀는 밤늦게 연구소 동료의 집을 불쑥 찾아가, 이대로는 도저히 살 수 없다며 며칠 재워 줄 것을 부탁했다. 그 동료가 나중에 롤 기자에게 한 말이다. 그녀의 첫 남편은 베를린에서의 삶과 이사에 넌더리가 나 있었다. 그에겐 대도시 생활이 맞지 않았다. 훔볼트 대학교에 있을 때도 그랬고, 과학원에서 근무할 때도 그랬다. 동료 과학자들과도 잘 지내지 못했다. 내성적이고 〈가정적 성향〉이 강한 사람이었다. 반면에 메르켈은 저녁이면 나가려 하고, 수다를 떨고, 극장에 가고 싶어 했다. 그렇게라도 따분한 직장 생활을 보상받으려 했다.[26]

이때부터 〈메르켈의 집 구하기〉 프로젝트는 그녀 본인과 동료들의 공동 과제가 되었다. 그들은 가난한 프렌츠라우어 베르크 지구의 템플린 거리 뒤편 건물에서 빈집을 발견하고 무단으로 자물쇠를 따고 들어갔다. 이런 식의 점거는 동독에서 불법이지만 흔한 일이었다. 친구들은 집을 대충 손보고 각자 집에 있는 가구들을 기부했으며, 메르켈은 그리로 이사했다. 이후 그녀는 무단 점거를 합법화하는 데 성공하고, 나중에는 운까지 따라 주었다. 그 집이 〈재건축〉 대상이 되면서 깨끗이 수리된 다른 집을 배당받은 것이다.[27]

메르켈은 학술원에서 제공하는 여러 기회를 이용해 폴란드와 체코슬로바키아, 러시아, 우크라이나를 여행한다. 그 과정에서 폴란드의 〈자주 관리 노동조합〉에 호감을 느끼고, 사회주의의 새롭고 다양한 길에 관해 동료들과 토론을 벌인다.

이때쯤 동독이 살아남지 못하리라는 것을 분명히 직감했다고 그녀는 나중에 말한다. 아버지를 포함해 대부분의 친구와 달리, 그 당시 이미 사회주의 사회의 독자적이고 새로운 길을 믿지 않았던 것으로 보인다. 대신 서구 모델의 사회적 시장 경제를 올바른 길로 여겼다. 물론 연구소 내에서는 이런 견해를 드러내지 않았다. 슈타지의 비공식 끄나풀 노릇을 하던 연구소 동료들은 메르켈이 동독 정권에 비판적이지만 건설적인 비판자라고 마지막까지 상부에 보고했다.

독일이 통일된 후 그녀는 자신과 가까운 몇몇 동료가 슈타지에서 일했다는 사실을 알게 되었다. 주변에 프락치가 있었는데도 슈타지로부터 공격을 당하지 않은 것은 몸에 밴 불신과 조심성 덕분에 속내를 잘 드러내지 않았기 때문이다. 예를 들어, 함께 여행까지 간 적 있는 옛 연구소 동료는 메르켈이 교회 일에 얼마나 열심인지는 물론이고 교회에 다니는 사실조차 알지 못했다고 슈타지에 보고했다. 신트헬름도 몇 년 뒤 스스로 밝혔듯이 슈타지 협력자였다. 메르켈은 그에게 상당히 솔직하게 속내를 털어놓았지만 다행히 운이 좋았다. 신트헬름은 성실하지 않은 프락치였다. 그의 보고서는 쓸데없는 내용이 주를 이루었고, 메르켈의 성향이나 신상에 대한 정보는 없었다. 신트헬름의 가해자 파일과 피해자 파일을 확인한 『벨트Welt』의 악셀 브뤼게만 기자가 내린 종합적인 판단이다.

1980년 후반기에 폴란드의 개혁 운동과 미하일 고르바초프의 페레스트로이카로 인해 동독에서도 변화에 대한 희망의 싹이 움텄다. 게다가 동독 경제의 안정을 위해 서독 연방 은행이 10억 마르크를 대출해 준 것에 대한 반대급부로 차단되었던 국경을 통한 이동이 한결 수월해졌다.

덕분에 메르켈도 1986년에 서독을 방문할 수 있었다. 사유는 함부르크에 사는 사촌의 결혼식 참석이었다. 결혼식 뒤에는, 서독으로 이주해 카를스루에에 정착한 옛 동료를 방문했고, 이어 콘스탄츠 호수로 여행을 떠났다. 자신감 넘치던 동독의 이 여성 과학자는 서독의 고속 철도 시스템과 기술에 감탄을 금치 못하지만, 다른 한편으론 가끔 열차 좌석에 발을 올린 채 여행하는 서독 학생들의 예의 없는 태도에 놀랐다.[28]

이 여행은 동독에서 서방의 삶을 바라보는 시선이 얼마나 선택적이고 협소한지 보여 준다. 예를 들어, 콘스탄츠에서 메르켈은 혼자 여행하는 여성이 호텔방을 빌릴 수 있는지, 혹은 그게 너무 위험하지는 않은지 깊이 고민한다. 서독의 범죄 드라마에서 여성들이 주로 살해당하는 곳이 호텔이었기 때문이다.

그런데 이상하게도 서독에 이대로 눌러앉아야 할지는 심각하게 고민하지 않았다. 동독 사회가 무너질 수밖에 없음을 절망적으로 느끼고 이 나라를 떠나는 것만이 유일한 희망으로 보이더라도 결국 그녀는 동독으로 돌아갔다. 사회주의 정권에서 살아가는 사람의 숙명이나 다름없다. 만일 이대로 자신이 도망치면 동독에 있는 가족과 친구들이 위험에 빠진다. 남편은 베를린과 동구권에 갇혀 있고, 1988년에야 국외 여행이 허락된다. 부모와 형제자매 역시 동독에 있다. 그들은 정치적으로나 정신적으로나 점점 동독 체제에서 멀어지고 있지만 공간적으로는 그럴 수가 없다. 템플린의 발토프에서는 이미 오래전부터 사회주의 개혁에 관한 토론이 매우 활발하게 벌어지고 있었고, 거기에는 서독 방문객들도 참여했다. 특히 메르켈의 남동생 마르쿠스는 동독 정권에 아주 뚜렷하게 비판적 입장을 취하고 있었다. 따라서 메르켈로선 돌아갈 수밖에 없었다.

다만 이후부터는 자유 독일 청년단과 거리를 두고 사적 영역으로 칩거했다. 과학원은 필요한 장비 조달을 위한 자금이 부족했고, 모든 연구 부서는 마비되거나 부족한 장비를 자체 제작하느라 바빴다. 동료들은 서방으로 떠나갔지만, 국가와 당 지도부는 사회주의 형제국들이 오래전에 시작한 정치적 각성을 거부하고 있었다.

메르켈은 과학원에서의 10년을 기다림의 시간으로 느꼈고, 스스로 〈고치를 지어〉 그 속으로 숨어 들어갔다. 그녀의 전기 작가 롤이 한 말이다.[29] 이것은 이후의 역사 과정을 통해서야 설득력을 얻게 되는 해석이다. 즉, 1989년 동독이 메르켈과는 아무 상관 없이 무너졌기 때문에 정치인으로의 변태가 가능했다는 말이다. 누에고치의 시간은 그저 지금 관점에서 돌아볼 때만 언급할 수 있을 뿐이다.

〈열린 세계로 가라〉

신트헬름은 메르켈의 주변 사람 가운데 장벽이 무너지기 전에 이전 직장을 떠나 완전히 다른 일을 한 몇 사람 중 하나다. 그는 연구소를 그만두고 처음에는 문학에, 다음에는 연극에 열중하다가 서독으로 넘어갔다. 작별 선물로 메르켈에게 니콜라이 바실리예비치 고골의 소설 『죽은 혼 *Die toten seelen*』을 선물했는데, 프리드리히 횔덜린의 시구를 변형시켜 〈열린 세계로 가라〉는 헌정사를 책에 써주었다.

메르켈은 이 이야기를 새 출발의 계기로 압축하면서 인생 전환점의 상징적 사건으로 삼았다. 이후 〈열린 세계로 가라〉는 말을 거듭 인용하면서 자신은 이 호소에서 무언가 새로운 것을 시작할 용기를 얻었다고 말한다. 게다가 국제적 존경과 명성을 얻었을 때는 다음 세대의 가슴에 대고 이 말을 부르짖었다. 2006년 독일 통일의 날 기념일에는 국민들에게 〈우리 함께 열린 세계로 가자〉고 외쳤고,[30] 2019년 하버드 대학교 엘리트 학생들에게도 〈열린 세계로 가라〉고 격려했다.[31]

이 일화는 위대한 인물들에 의해 삶의 인상적 순간들이 상징화될 때 기억이 얼마나 왜곡될 수 있는지 잘 보여 준다. 처음에는 이야기의 구도 자체가 좀 달랐다. 소설 『로베르트의 여행』에서는 그 책을 선물받는 사람이 로베르트로 나온다. 그러니까 그가 작별 선물로 이 책과 헌정사를 〈레나테〉로부터 받았다는 말이다.[32] 메르켈 본인도 기민련 당수에 도전하던 2000년에는 비슷하게 기억한다.[33]

그녀의 기억에서 이 경험이 서서히 1989년 〈또는 그 이후로〉 밀려나는 것도 주목할 만하다.[34] 그러나 그 일이 일어난 것은 1986년이 틀림없다. 신트헬름이 과학원을 떠나고 메르켈이 서독 여행에서 순순히 돌아온 해이기 때문이다.

이게 왜 중요한가 하면, 초기 버전과 후기 버전의 전달 메시지가 다르기 때문이다. 만일 책을 받은 사람이 메르켈이고 그 일이 1986년에 일어났다면, 그 메시지에는 잠깐 열린 세계로 갔다가 다시 닫힌 세계로 돌아온 젊은 물리학자의 동경과 친구에게 더 나은 길을 바라는 소망이 담겨 있다. 반면에 책을 준 사람이 메르켈이고 그게 1989년 일이라면, 그 헌정사는 위대한 정치적 여정으로 가는 길을 제시한다. 다시 말해, 열린 세계로 들어가는 사람은 위험을 감수해야 하고 그 과정에서 자신과 세상을 바꿀 수 있다는 뜻이다. 이건 하버드 학생들에게 한 말이다. 그렇다면 메르켈이 볼 때 그 메시지의 함축적 의미는 1989년에 더 잘 어울리고 자신이 선물을 받은 사람이 되는 게 더 적절할 수 있다. 이것은 결국 메르켈의 기억을 너무 말 그대로 믿지 말라는 뜻이기도 하다.

소설 속 로베르트와 레나테, 현실의 신트헬름과 메르켈은 열린 세계로 떠나고 거기서 최고의 성공을 거둔다. 바로 이게 그들의 많은 옛 동포와 구분되는 점이다. 이 지점에서 통일 과정에 대한 개인적 기억과 집단적 기억은 와해된다. 메르켈과 신트헬름은 작가 이네스 가이펠이 지칭한 동독의 〈기억 공동체〉로부터 이탈한다. 몇 년 뒤 신트헬름만 아직 이렇게 말한다. 「메르켈은 본질적으로 예전에 내가 알던 사람 그대로 남아 있습니다.」[35]

나머지 사람들은 1989년까지의 메르켈만 알든지, 아니면 그 후의 메르켈만 안다. 대부분의 동독인은 메르켈 총리와 달리 통일 이후 격변기에 좌절과 굴욕을 경험했다. 반면에 총리는 감자수프에 대한 애정과 우커마르크의 집 주소 정도에 대해서만 옛 동독 주민들과 기억을 공유할 뿐 나머지 기억은 거의 없을지 모른다. 서독 사람들은 다른 방식으로 곤혹스러워한다. 하늘에서 뚝 떨어진 것처럼 갑자기 나타나 놀라운 성공을 거둔 정치인을 과거는 모른 채 현재의 경험으로만 평가할 수밖에 없다는 사실이 좀 꺼림칙한 것이다.

〈모든 게 믿을 수 없을 만큼 흥미진진해서 피곤할 겨를이 없었습니다〉

이전까지 난공불락처럼 보이던 한 체제의 붕괴를 경험한 사람은 이제 모든 일이 가능하다고 생각하면서 어떤 것도 더 이상 당연시하지 않는다. 1980년대 중반 소련과 대부분의 사회주의 형제국에서는 정치적 봄이 시작되었지만, 에리히 호네커가 이끄는 동독만 변화를 거부했다. 「이웃이 새로 도배했다고 해서 (……) 당신 집도 반드시 벽지를 갈아야 할까요?」[36] 동독이 글라스노스트와 페레스트로이카, 즉 투명성과 사회 개조의 러시아 모델을 앞으로 얼마나 더 거부할 수 있을 것 같으냐는 『슈테른 *Stern*』 기자의 질문에 SED 이론 지도자 쿠르트 하거가 대답한 말이다.

사실 그때까지 하거는 정치국의 희망이었다. 그런 사람이 이제는 모든 사람의 개혁 열망을 무너뜨리는 희망 파괴자로 떠올랐다. 동독에서 빠르게 퍼진, 앞선 그의 말은 수만 명의 사람에게 마지막 신호로 받아들여졌다. 이제 반체제 인사와 지식인뿐 아니라 지극히 평범한 사람들도 동독 체제에 등을 돌리기 시작했다.

1989년 늦여름, 상황이 급변했다. 헝가리의 오스트리아 쪽 국경이 몇 주 동안 열렸고, 동독 주민 수천 명이 이 길을 따라 가산과 친지를 남겨둔 채 나라를 떠났다. 다른 이들은 사회주의 형제국들의 수도에 있는 서독 대사관을 점거하며 망명을 신청했다. 동독에 남은 사람들은 거리로 뛰쳐나왔다. 9월 초부터 라이프치히에서 열린 월요 평화 기도회는 시위 행렬로 바뀌었고, 참가자 수가 점점 불어나면서 걷잡을 수 없는 성난 파도가 되었다.

평화 혁명에 불이 붙은 것은 9월 30일이었다. 한스디트리히 겐셔 서독 외무부 장관은 동독 사람들로 발 디딜 틈 없는 프라하 주재 서독 대사관에 도착해 최근 독일 역사에서 가장 유명한 말을 남겼다. 「사랑하는 동포 여러분, 제가 여기 온 것은 여러분의 서독 출국이 오늘 바로……」〈이루어질 거라는 사실을 전달하기 위해서입니다〉라는 뒤 문장은 몇 주 전부터 대사관 부지에서 야영을 해온 동독 주민 4천에서 5천 명의 환호에 묻혀 버렸다. 실제로 그날 밤 동독 주민들은 외무부 직원들의 호위를 받으며 서독으로 떠났고, 다음 날 저녁 대사관은 다시 사람들로 가득 찼다. 하지만 동독 지도부는 여전히 현실에 눈을 감았다.

이 사태에도 자신들은 끄떡없음을 보여 주려고, 열차의 동독 영토 통과를 보장했다. 그로써 이 일에는 합법성이 부여되었고, 동시에 난민들은 공식적으로 동독 시민권을 박탈당했다. 그런데 동독 공산당이 노린 것과 완전히 다른 결과가 나타났다. 열차가 드레스덴을 통과할 때 기차역 일대에 모여든 시위대가 폭동을 일으킨 것이다.

그 주에 예정된 동독 건국 40주년 기념식은 아무 일 없었다는 듯 열렸지만, 당시 사태를 되돌릴 수 없는 상태로 몰아갔다. 기념식 행사로 횃불 행렬과 행진, 군사 퍼레이드, 친선 국가들의 국가수반과 당 지도자들의 만찬이 준비되어 있었다. 소련의 행정부 수반이자 당수 고르바초프는 그날 저녁 베를린 중심부의 공화국 궁전에 주빈으로 참석했다. 나중에 그의 회상에 따르면 호네커 동지와 단둘이 있는 자리에서 이렇게 말했다고 한다. 「시대 흐름에 너무 뒤처지는 사람은 삶으로부터 벌을 받기 마련입니다.」 그러나 호네커는 요지부동이었다. 궁전 뒤 슈프레강과 TV 송신탑 사이에 모여 있던 수천 명의 시위자를 내쫓고 구타하고 체포할 것을 지시했다. 당시 〈고르비〉를 연호하고 〈민주주의〉와 〈폭력 타도〉를 외치는 시위대의 함성이 만찬장에까지 들렸다고 한다.

탄압에도 불구하고 시위를 벌이는 동독 주민들은 두려움을 몰랐다. 이런 분위기는 드레스덴, 플라우엔, 마그데부르크, 베를린, 그리고 무엇보다 라이프치히에서 두드러지게 느껴졌다. 동독 지도부도 반격의 고삐를 늦추지 않았다. 경찰과 군대, 슈타지를 동원해 시위대 진압에 나섰다. 하지만 더는 성공하지 못했다. 군인과 경찰관, 소방관이 줄줄이 사직서를 제출하는 상황에서 동독 정부도 더는 명령이 먹힐지 자신할 수 없었다. 10월 9일, 그러니까 베를린에서의 기이한 건국 기념일과 시위 진압 이틀 후, 7만 명의 라이프치히 시민이 월요 기도회를 마치고 시청으로 행진했다. 그런데 믿을 수 없는 일이 일어났다. 중무장한 군대와 슈타지, 경찰이 도시에 집결해 있었지만 아무도 그들을 막아서지 않았다. 명령에 불복할 경우 어떤 대가가 따르는지 지침이 하달되었지만 진압 부대는 저녁이 되어도 병영과 차량에서 나올 생각을 하지 않았다. 그리고 더 이상의 명령은 없었다.

그날 이후 변화의 물결은 멈추지 않았다. 동독의 모든 주요 도시에서 시위가 일어났고, 동독 체제는 숨 가쁜 속도로 붕괴되었다. 한 달 후 호네커는 사임했고, 11월 9일 공보 담당 당비서 샤보브스키는 당의 결정을 제대로 숙지하지 못한 상태에서 성급하게 동독 주민의 여행 자유화를 발표하는 실수를 저질렀다. 이로써 누구나 언제든 서독으로 갈 수 있게 되었다. 이 새 정책이 언제부터 시행되느냐는 기자의 질문에 샤보브스키는 통일 전환기의 또 다른 유명한 문장을 더듬거리며 말했다. 「제가 알기로는…… 오늘 당장…… 이 시간부로 이루어지는 걸로…….」 그날 저녁에 벌써 수천 명이 베를린의 국경 검문소에 몰려들어 장벽을 넘었다.

반면에 메르켈은 매주 목요일의 생활 습관대로 친구와 사우나를 한 뒤 근처에 있는 술집 〈디 알테 가슬라테르네〉에서 맥주를 마셨다. 이것도 훗날 그녀가 자주 입에 올리는 과거 이야기 중 하나다. 심지어 15년 뒤에는 다시 이곳을 찾아 남편과 친구들을 위해 직접 맥주를 따르기도 했다. 이처럼 기쁨이 넘치는 해방의 날, 물리학자 메르켈은 수영복을 챙겨 들고 에른스트텔만 파크의 수영장으로 가 사우나에서 땀을 뺐고, 그 전에 어머니에게 전화를 걸어 가족의 오랜 약속을 상기시켰다. 장벽이 무너지면 서베를린의 켐핀스키 호텔에 가서 굴 요리를 먹자고. 그런데 이건 어차피 지켜지지 않을 약속이었다. 메르켈은 굴을 좋아하지 않았기 때문이다. 다만 빈말에 가까운 이 약속은 카스너 가족에게 독일 분단에 대한 끊임없는 상기이자, 동독 체제에 순응하지도 동의하지도 말자는 내적 다짐이었다.

메르켈은 사우나에서 나온 뒤에야 국경이 열렸다는 소식을 들었다. 곧 인파에 휩쓸려 국경으로 향했고, 검문소를 통과해 서베를린으로 들어갔다. 거기서 어쩌다 서베를린의 한 가족을 만나 그 집에서 잠시 축하 파티를 열고는 곧 헤어졌다. 다음 날 아침 일찍 출근해야 했기 때문이다.

이 일화도 정치인으로서 메르켈의 성격에 어울리는 방식으로 해석된다. 그녀는 감정적으로 흥분하지 않는다. 아무리 혼란스러운 상황에서도 한 걸음 뒤로 물러나 냉정하게 숙고하고, 그런 다음 행동한다. 훗날 인터뷰에서 그녀는, 만사 제쳐 놓고 〈정원에서 일하다 보면〉, 혹은 며칠 푹 쉬다 보면 생각이 차분하게 정리되고 땅에 발을 딛고 있는 게 느껴진다고 말했다.[37] 통일 전환기엔 사우나가 그런 역할을 했다는 말이다.

메르켈은 정치에 일찍 뛰어든 부류가 아니었다. 그전에 야당 인사들과 접촉이 있긴 했지만 민권 운동가도 아니었다. 과학원에서의 일은 여전히 아침 일찍 시작해 오후 늦게 끝났다. 다만 더 이상 일을 많이 하지 않았다. 「사무실에서건 회사에서건 다들 정치 이야기밖에 하지 않았습니다.」[38] 그녀는 학술 교류를 위해 예정된 출장을 준비했다. 하나는 1989년 11월 초에 열린 카를스루에 학술 행사였고, 다른 하나는 11월 13일 폴란드에서의 강연이었다. 그녀는 이 약속을 성실히 지킨 뒤 예전의 유보적 태도를 벗어던졌다. 과학원 안에서건 밖에서건.

그녀는 9월에 이미 처음으로 부모님 집에서 열린 정치 토론회에 참석했다. 참석자들은 메르켈이 그날 별로 말을 하지 않았다고 보고하는데, 그녀 자신은 그 자리에 참석한 사실조차 기억하지 못한다. 아무튼 아버지는 여전히 사회주의의 독자적 노선을 믿고 있었던 데 반해, 그녀는 시장 경제 없이는 제3의 길도 없다는 사실을 오래전부터 깨닫고 있었다고 말한다.

동독 정권의 비판가 로베르트 하베만의 미망인 카트야 하베만은 베르벨 볼라이, 옌스 라이히 등과 함께 9월 9일 시민 단체 〈신(新)포럼〉을 설립했고, 얼마 뒤 정당으로 등록했다. 카스너 가족은 하베만 가족과 수년 전부터 친분을 유지해 왔는데, 메르켈의 아버지와 동생 마르쿠스는 이 새로운 운동에 동조했다. 이 운동의 일부는 나중에 동맹 90으로 넘어가고, 더 나중에는 서독 녹색당과 합쳐졌다. 9월 12일에는 베를린의 개신교 성 바르톨

로메오 교구를 중심으로 〈지금 민주주의〉 운동이 결성되었고, 10월 1일에는 〈민주주의 새 출발(DA)〉이, 10월 7일에는 동독 사민당이 창당되었다. 메르켈의 어머니는 사민당에서 활동했는데, 나중에는 템플린의 풀뿌리 민주주의 운동에 적극 참여했다. 이렇듯 순식간에 새로운 정당과 시민 단체, 운동 단체가 우후죽순으로 생겨났다. 마치 모든 사람이 오직 이 순간만을 위해 메르켈처럼 고치 속에 숨어서 기다리고 있었던 듯했다.

「이런 상황에서 우리가 아무것도 하지 않는다면 훗날 우리의 자식과 손자들이 뭐라고 하겠습니까?」 티르제는 이 물음으로 동독 시절의 기독교인으로서 끊임없는 〈차별의 경험〉을 정치적 자산으로 삼은 사람들을 대변했다. 1999년 기민련 연방 대통령 후보로 나온 다크마어 신판스키의 남편이자 나중에 일름 지역 부지사를 지낸 티크란 신판스키는 〈나를 새로운 삶으로 일깨운 해방의 순간〉[39]에 대해 이야기한다.

많은 사람이 그런 느낌을 갖고 있었고, 메르켈도 그랬을 게 틀림없다. 그녀는 1986년 박사 학위 취득 이후 연구라는 인생의 한 장을 마감한 것으로 보인다. 학문 분야에서 한계에 봉착했기 때문이다. 그녀는 훌륭한 연구자였지만 뛰어나지는 못했고, 우물 안 개구리를 넘어서는 수준이 있음을 알아차렸다. 바로 탁월함이었다. 자신은 과학에서 그 수준에 도달할 수 없을 것 같았다. 그러려면 평생을 연구에 바쳐야 하는데, 자신은 그럴 준비가 되어 있지 않았다. 게다가 긴박한 정치적 사건들이 연이어 일어나면서 그녀의 삶 또한 어차피 개인적 전환기에 서 있었다.

　도처에서 시국 토론회와 집회가 잇따라 열렸다. 메르켈은 당시 상황을 이렇게 말한다. 「모든 게 믿을 수 없을 만큼 흥미진진해서 피곤할 겨를이 없었습니다.」[40] 그녀는 그런 자리에 단순히 참석만 한 것이 아니라 공개적으로 단호한 개혁을 요구했다. 그전까지 과학원에서 언동을 조심하던 사람의 새로운 모습에 동료들은 깜짝 놀랐다고 한다.

　10월에 메르켈은 평화 혁명의 물결 속에서 처음으로 외부에 모습을 드러냈다. 평화 혁명의 초창기 남자들 가운데 한 사람이 나중에 보고한 바에 따르면, 그녀는 베를린 겟세마네 교회에서 기부금 관리를 맡았다. 겟세마네 교회는 오래전부터 동독의 민권 운동에서 중요한 역할을 해왔고, 1980년대 중반부터는 반체제 대중 단체들의 중심지로 자리 잡았다. 메르켈은 여기서 개최되는 저녁 토론회에 이미 참석한 바 있는, 얼굴이 제법 알려진 인물이었다. 이 교회는 베를린 시위자들에게 피난처이자 야전 병원이었다. 동독 건국 기념일 시위에 참여했다가 부상당한 사람들이 여기서 치료를 받았고, 치안 당국의 탄압을 받는 사람들도 이리로 피신했다. 「개인적 무기력함이 집단적 행동력으로 바뀌는 데는 무언가 도취의 힘이 작용한다. (……) 지금까지는 모든 것이 경직되고 미리 결정되어 있었다면 이제는 그런 돌처럼 굳은 상황들이, 마르크스의 표현을 빌리자면 갑자기 춤을 추기 시작했다.」[41] 사회학자 슈테펜 마우가 동독 사회를 분석하면서 한 말이다. 그런 측면에서 보면 메르켈도 춤을 추었다.

10월 중순에 그녀는 〈민주주의 새 출발〉의 활동가이자 나중에 당 대표에 선출된 변호사 볼프강 슈누르(얼마 뒤 비공식 슈타지 협력자로 확인되었다)의 사무실에서 일을 거들었다. 지도부가 아니라 운동 조직의 자원봉사자 신분이었다. 슈누르는 교회 대의원회의 일원으로 메르켈의 아버지와 아는 사이였고, 시민권 운동가들에게는 정치적 희망이었다. 그것은 라이너 에펠만 목사나 프리드리히 쇼를레머 같은 다른 창당 멤버도 마찬가지였다. 메르켈의 남동생과 가까운 친구이자 나중엔 기민련 정치인으로 활동하게 될 귄터 노케도 처음에는 이 조직에 몸담았다.

　그러나 메르켈은 꽤 오랫동안 어느 단체에도 마음을 두지 못했다. 일단 상사 클라우스 울브리히트를 따라 다양한 정치 단체의 행사에 참석했다. 서독 기민련의 위성 정당인 동독 기민련은 애초에 그녀의 선택지에 없었다. 동독 사민당은 〈동지〉라는 호칭이 영 거슬렸고, 신포럼과 다른 조직들은 풀뿌리 민주주의적 색채가 너무 강해 말만 난무하는 것이 취향에 맞지 않았다. 계속 말만 나불거리는 것은 비생산적이었다. 「중요한 것은 현실에 도움이 되는 실현 가능한 것을 찾는 일이었다.」[42]

　울브리히트는 마침내 동독 사민당을 선택하고 나중에 베를린 쾨페니크 구청장이 되었다. 반면에 메르켈의 선택은 〈민주주의 새 출발〉이었다. 이것은 신념에 따른 선택이 아니었다. 시간이 다르고 장소가 다르고 사람이 다르고 기회가 달랐다면 얼마든지 다른 당도 선택할 수 있었을 것이다.

〈민주주의 새 출발〉과 기민련의 통합 뒤에도, 그러니까 메르켈이 당원으로 30년, 당 대표로 18년을 지낸 뒤에도 그녀와 기민련이 한 몸처럼 유기적으로 돌아가지 못한 원인 가운데 하나가 바로 여기에 있다. 그녀는 기민련의 다른 총리들이나 대다수 지도부와 달리 반드시 기민련이어야 해서 이 당을 선택한 것이 아니었다. 이는 처음부터 그녀를 따라다닌 끈질긴 비난이었다. 이 비난은 그녀가 당의 노선을 새로 결정할 때마다 항상 새롭게 충전되었다. 기독교 민주주의자 중에도 보수적인 이들은 총리가 우연히 이 당을 선택한 사람이라는 자괴감을 안고 살았다. 메르켈이 가족 문제에서 실용주의 노선을 택할 때면 그런 비일체감은 더욱 커졌다. 게다가 개신교 총리가 독일계 교황을 비판하거나, 동성애자 결혼 같은 보수의 상징적 문제를 별 고민 없이 논의 테이블에서 치워 버릴 때면 상처는 다시 곪아 터졌다.

메르켈은 인생의 첫 35년 동안 아무런 정치 활동을 하지 않았고, 기민련 정치인들과 공유하는 게 전혀 없었다. 물론 많은 기독교 민주주의자가 그녀에게 거리감을 느끼는 것은 그 때문만이 아니었다. 그녀가 어느 정도 우연히 기민련에 입당했다는 사실은 그들에게 훨씬 더 나쁘게 작용했다. 그런데도 메르켈은 거리를 좁히려는 노력을 전혀 하지 않았다.

동독 주민들은 자신들이 지금까지의 정치 체제를 얼마나 빠른 속도로 평화롭게 무너뜨렸는지 충격과 경악 속에서 알아차렸다. 그중 많은 사람은 방향이 아직 결정되지 않은 새로운 시작을 향해 환호성을 올리며 달려갔다. 모두가 토론에 빠졌고,

모두가 나름의 아이디어를 갖고 있었으며, 많은 사람이 어딘가에서 활동했다. 메르켈에게 이런 상황은 남들과 다른 결과로 나타났다. 대다수는 얼마 뒤 다시 예전의 일상, 아니 예전과 상당히 달라진 일상으로 돌아갔지만, 그녀는 그러지 않았다.

전환기 처음 몇 주에 이미 동독에서는 큰 변화가 시작되었다. 민권 운동가들은 불의의 기습으로 느끼고, 회의론자들은 자신의 말이 맞지 않느냐며 비아냥거리고, 반면에 실용주의자들은 그 덕을 본 변화였다. 즉, 서독이 동독으로 밀고 들어온 것이다. 서독 정당들은 동독의 혼란 상태를 정돈하는 걸 도와주러 라이프치히와 베를린으로 향했고, 기업들은 비즈니스 파트너와 시장을 찾아 동쪽으로 서둘러 걸음을 옮겼으며, 학자와 행정 관료들은 협력의 기회를 찾아 동독으로 떠났다. 그러나 그들이 맞닥뜨린 것은 준비되지 않은 사회였다. 「동독에서 민주주의의 첫 경험은 거리 시위를 통해 자신들의 목소리를 듣게 하고 그로써 권력자들에게 양보를 받아낸 것이었지, 폭넓은 시민 사회의 참여도, 정치적 자기 조직화도, 집단적 의지 형성도 아니었다. 그것들은 어디서 와야 했을까?」[43] 마우가 묻는 말이다. 이런 분위기에서 동독을 새롭게 조직화하고 정치 영역에서 입지를 다진 이들은 실용주의자였고, 그 점에서 메르켈은 무척 뛰어났다.

〈민주주의 새 출발〉의 대표 슈누르는 11월에 한 서독 대표단의 방문을 받았다. 기사련 소속의 개발 지원 장관 위르겐 바른케는 독일 개신교 상임 위원회 위원 자격으로 혁명적인 동독에 대해 자세히 알고 싶어 했다. 여기서 어떤 대화가 오갔는지는 알려진 게 많지 않다. 다만 메르켈이 서독 사람들에게 처음으로 눈에 띈 순간이었다. 바르케 대표단의 마스 기자는 동독 출신의 목사 아들로서 대학생 때 저항 운동을 하다가 1974년에 동독 국적을 박탈당한 인물이었는데, 메르켈과 짧게 대화를 나누고는 그녀를 놀라울 만큼 냉정하고 약간 거만한 사람으로 인지했다. 물론 그렇게 느낀 것은 메르켈 입장에서도 마찬가지였다. 아무튼 이 만남을 통해 메르켈은 그의 머릿속에 남았고, 이는 몇 달 뒤 중요한 요소로 작용했다. 그 무렵 마스는 정치적 재능이 있는 동독인을 물색하고 있었기 때문이다.

1990년 2월 1일, 메르켈은 과학원에 휴직원을 내고 정치를 선택했다. 물론 처음에는 돌아갈 티켓이 주머니에 있었다. 3월에 실시되는 첫 자유선거에서 떨어지면 옛 직장으로 복귀할 생각이었다.

훗날 그녀는 자신의 정치 인생 첫해를 우연과 행운, 숙명의 놀라운 조합으로 설명한다. 물론 이것도 한 측면이다. 다른 한 측면은 차분한 계획과 목표 의식, 과감함이다. 1989년 12월, 메르켈은 여전히 무명이었고 자신의 작은 정당 안에서도 모두가 아는 사람이 아니었다. 하지만 거의 정확히 1년 뒤 서독의 거대 여당인 기민련 소속으로 연방 하원에 입성하고, 이어 콜 총리는 그녀를 내각으로 불러들여 장관 자리에 앉힌다.

1989년과 1990년 가을과 겨울에 그녀를 처음 알게 된 사람들은 무엇보다 사무실 내에서 그녀의 조직화 능력을 높이 평가한다. 전화나 복사기 같은 기본적인 통신 설비도 제대로 갖춰지지 않고, 그래서 잠재적 유권자는 고사하고 당원들과도 제대로 소통할 수 없는 상황에서 포괄적 정치 설계만으로는 꼭 필요한 사람으로 여겨질 수 없었다. 하지만 메르켈은 그런 사람으로 여겨졌다. 왜냐하면 컴퓨터를 분해하고 조립할 줄 알고, 유별나지 않고, 유머가 있고, 누구와도 대화할 수 있고, 심지어 가끔 커피도 직접 끓이는 사람이었기 때문이다. 물론 늘 갈색 코르덴 바지만 입고 다니는 이 젊은 여성이 장차 최고 정치인이 될 거라고는 아무도 예상하지 못했다.

당시 〈민주주의 새 출발〉은 자신의 짧은 역사에서 노선 선택이라는 아주 힘든 결정을 앞두고 있었다. 그런데도 메르켈은 정치적으로 여전히 자신의 입장을 명확히 표명하지 않았다. 어떤 이들은 사회적 시장 경제와 통일에 미래가 있다고 보았고, 다른 이들은 동독 국가를 유지하면서 사회주의와 시장 경제 사이의 독자적인 새 길을 모색하자고 주장했다. 메르켈은 첫 번째 그룹에 속했다. 그러나 입을 다물었다. 영향력을 행사하지도 않았고, 행사할 수도 없는 위치였다. 신생 정당의 지도부에 속하지도 않았고, 사회적으로도 저명한 당원이 아니었기 때문이다.

결국 당은 분열되었고, 그에 실망해 공동 설립자 노케와 쇼를레머는 당을 〈잡탕 정당〉[44]이라 부르며 떠나 버렸다. 이후 공동 대표 슈누르와 에펠만은 기민련과 협력 관계를 맺었고, 〈민주주의 새 출발〉과 동독 기민련, 그리고 당시 바이에른 기사련과 가까운 독일 사회 연합(DSU)은 〈독일을 위한 동맹〉이라는 이름하에 총선에서 공동 전선을 펼치기로 했다. 이로써 정치 신인 메르켈은 자기 의지와 관계없이 하룻밤 사이 보수주의자가 되었다. 불과 몇 주 전만 해도 서독의 위성 정당 참여에 대해 상상하는 것만으로도 치를 떨었는데. 그녀는 1990년 가을에야 기민련 당원이 되었고, 그녀의 변신에 라이프치히와 과학원의 옛 지인들은 깜짝 놀랐다. 그것도 완곡하게 표현해서 그렇다.

〈민주주의 새 출발〉의 당수 슈누르는 질서가 없는 사람이었을 뿐 아니라 점점 거세지는 슈타지 전력에 대한 비난 때문에 동맹에 부담이 되었다. 그는 항상 너무 늦었고, 약속도 두세 개씩 잡기 일쑤였으며, 압박에 시달렸다. 1990년 2월 콘라트 아데나워 재단 관계자들이 그를 예방하겠다고 했을 때 시간이 없어 메르켈에게 대신 만나라고 했다. 그녀가 자신에게는 외부 대표단과 회담을 나눌 권한이 없다고 대답하자, 그는 이렇게 말했다.「오늘부로 당신은 우리 당 대변인입니다.」[45]

이 대변인직은 그대로 유지되었다. 어차피 당내에는 민주주의를 경험한 사람이 없었고, 동독 출신 중에서 누가 언론을 제대로 상대할 수 있을지는 직접 시켜 봐야 알 수 있었다. 메르켈은 〈생각보다 일을 잘해 나갔다〉고 자신을 냉정하게 평가한다.[46] 그것은 무엇보다 개별 이슈에 대한 당의 생각이 무엇인지 누군가 자신에게 알려 줄 때까지 기다리지 않았기 때문이다. 게다가 사실 당에는 어떤 견고한 당론도 없는 상태였다. 그녀는 스스로 생각했고, 토론 중에 오가는 내용을 정확히 요약했다. 이렇게 해서 얼마 지나지 않아 기자들에게 메르켈은 언제든 접근 가능하고 무엇이든 물어볼 수 있는, 몇 안 되는 믿을 만한 대화 상대 중 하나가 되었다. 그녀는 밤이면 집에서 전단지와 슬로건을 작성하고, 낮에는 지도부의 연설문을 썼으며, 그 와중에 틈틈이 자신의 정치적 의견을 정리했다. 그러다가 2월 10일 벌써 『베를린 차이퉁*Berliner Zeitung*』에 〈앙겔라 메르켈〉이라는 필자 이름으로 객원 칼럼을 실었다. 그녀는 칼럼에서 왜 기민련에 기대는 것이 옳은지 그 근거를 밝혔고, 서독의 제2대 총리 루트비히 에르하르트를 거론하며 정치인은 국민의 봉사자가 되어야 한다고 요구했다. 이것은 어쨌든 그녀가 한동안 천착한 정치적 이슈였다.[47]

3월 총선에는 스무 개가 넘는 정당과 단체가 출마했다. 동독 주민들이 첫 자유선거에서 어떤 결정을 내릴지 누구도 예상할 수 없는 상황이었다. 다만 데메지에르를 새로운 민주적 대표로 내세우고, 선거전에서 콜이라는 탁월한 원군을 보유한 동독 기민련이 승리를 거머쥐리라는 예상은 충분히 가능했다. 결국 〈독일을 위한 동맹〉은 50퍼센트에 가까운 득표율로 과반을 아깝게 놓친 대승을 거두었다. 선거 결과, 비올라 연주자이자 변호사인 데메지에르가 동독에서 자유선거로 뽑힌 최초의 총리가 되었다. 반면에 〈민주주의 새 출발〉은 참패했다. 원인은 당 대표였다. 선거를 불과 며칠 앞둔 시점에 슈누르는 자신이 수십 년 동안 슈타지를 위해 비공식적으로 일한 것을 시인할 수밖에 없었다. 그것은 민권 운동가와 건설병,* 예술가 같은 자당의 지지자

* 동독에는 무기를 들고 싸우는 것을 면제해 주는 대신 건설 현장에서 몇 년간

들뿐 아니라 가까운 친구이자 공동 대표인 에펠만에 대한 배신이었다. 동독의 미래를 이런 정당에 맡기고 싶은 유권자는 1퍼센트도 되지 않았다.

〈민주주의 새 출발〉의 대변인은 선거 참패에 따른 슬픔에 오래 머물지 않았다. 선거 당일 밤, 광란과도 같은 기민련의 들뜬 승리 축하 파티를 마치고 늦은 시각에 〈민주주의 새 출발〉을 찾은 데메지에르를 만났다. 이 무렵 메르켈은 음지에서 나와, 자당의 참담한 선거 결과에도 불구하고 자신의 이름을 데메지에르의 뇌리에 새기는 데 성공했다. 이로써 〈민주주의 새 출발〉은 졌고, 메르켈은 별처럼 떠올랐다. 새 내각에서 정부 부대변인직을 맡은 것이다.

데메지에르와 그의 서독 참모 마스, 그리고 토마스 데메지에르가 깊은 인상을 받은 메르켈만의 특별한 점은 허영기 없는 겸손함과 자신감, 이지력, 적절한 순간에 대한 동물적 촉수였다. 몇 개월 뒤에는 콜도 그녀의 이런 모습을 알아보았다. 영어와 러시아를 할 줄 아는 메르켈은 데메지에르 총리의 해외 순방길에 동행했고, 정치적 언어와 메시지에 대한 감각이 예리했으며, 총리의 공개 석상에 대한 사전 준비도 철저했다. 그녀는 언제든 연락이 가능하고 개방적이어서 동베를린 기자들에겐 이상적인 접촉 상대였다.

노동을 하게 하는 대체 복무 제도가 있었는데, 이들을 건설병이라고 한다. 건설병으로 복무한 사람은 직장과 사회에서 차별을 받았는데, 비폭력 원칙 때문에 동독의 반체제 운동에 기여하고 평화 혁명의 개척자 역할을 했다.

이전에 〈민주주의 새 출발〉에서 없어선 안 될 존재였던 메르켈은 이제 동독 새 정부에서 그런 존재로 자리 잡았다. 정치를 계속하기로 확고하게 마음먹은 것도 그즈음이었다. 그녀는 정부 부대변인으로서 처음엔 총리의 이너 서클이 아니었지만, 그것이 오히려 내각의 다른 구성원들과 좋은 관계를 맺는 데 도움이 되었다.

그녀만의 전략적인 접근 방식이 있었다. 당시 가장 주목받는 인물은 인민 의회에서 원내 대표로 기민련을 이끄는 동시에 동독 대표로 통독 협상을 주도한 크라우제였다. 메르켈은 통일 협정을 위한 협상 팀에 대변인으로 합류했고, 업무적인 면에서 그와 좋은 관계를 맺었다. 크라우제와 데메지에르는 메르켈이 정치를 계속하고 빠르게 부상하는 데 큰 도움을 주었다. 이 세 사람은 대다수 각료나 인민 의회 의원들의 예상보다 독일 통일이 훨씬 더 빨리 찾아오리라는 것을 분명히 깨닫고 있었다. 메클렌부르크포어포메른주의 기민련 의장이었던 크라우제는 메르켈이 여전히 〈민주주의 새 출발〉 소속임에도 그녀에게 슈트랄준트뤼겐 선거구를 마련해 주었다. 그는 대변인으로서 그녀의 능력을 높이 샀고, 나중에 자신이 통일 공화국에서 장관이 되면 그녀를 같은 직에 배치할 생각을 갖고 있었다.

정치 활동 1년 만에 메르켈은 나중에 본에서의 정치에 도움이 될 모든 것을 습득했다. 그중에서도 당뿐 아니라 언론인과 접촉하는 법을 익힌 것은 특히 큰 성과였다. 그로써 연방 하원 의원 출마에 필요한 확고한 토대를 확보했다. 그녀는 앞으로 거물이 될 것 같은 인물들의 눈에 띄었고, 맡은 바 직무에 충실했다.

1990년대 서독에서는 똑똑하고 야심 찬 여성 정치인이 남성이라면 문제 될 것 없는 행동을 하면 안 좋게 보았다. 메르켈은 이런 분위기를 재빨리 파악했다. 사람들이 자신의 헤어스타일과 촌스러운 코르덴 바지, 헐렁한 재킷, 손으로 뜬 양말, 예수 샌들을 보고 한심하다는 듯이 바라봤을 때 서구에서는 여성을 보는 기준이 다름을 알아차렸다. 그와 함께 삶의 첫 35년 동안 몸에 밴 강한 성취욕과 야망을 숨기기 시작했다. 그러면서 정치인으로서의 비상이 어떻게든 찾아올 거라고 자신을 계속 일깨웠고, 그것이 본의 정치 활동에 도움이 된다는 사실도 깨달았다. 서독의 직업 정치인들에게는, 템플린 출신의 강인하고 지적이고 목표 의식이 뚜렷한 목사 딸보다는 중앙 정치 무대에서 몽유병 환자처럼 비틀거리다 번번이 돌부리에 걸려 넘어지는 동독 출신의 촌뜨기 여성이 훨씬 견디기 쉬웠을 것이다. 이렇게 해서 메르켈은 앞으로 몇 년 동안 발톱을 숨긴 채 계속 위장해 나갔다.

3
남자들

검은 미망인[*]

메르켈은 바지 정장을 입는 독일 정치의 모권주의자이자 마키아벨리즘 신봉자로 여겨진다. 충성스러운 여성들로 이루어진 걸 그룹으로 나라를 지배하면서 남성 경쟁자들을 하나씩 제압해 나가는 여성이라는 것이다. 그렇다면 메르켈은 과연 정치에서 성 대결을 새로운 차원으로 끌어올렸을까?

그와 관련해서 확인된 사실만 말하면 이렇다. 첫째, 메르켈의 정치 이력에서 중요한 역할을 한 사람은 남자들이었다. 둘째, 널리 퍼진 이 신화와 달리 그녀는 남성 경쟁자들을 모두 제거하지는 않았다.

우선 메르켈이 정치에 입문할 때부터 인연을 맺었고, 일부 실

---

[*] 검은색은 기민련의 상징색이고, 미망인은 남성 경쟁자들을 제거하고 정치적 모권주의를 세운 메르켈을 가리킨다.

망한 점이 있음에도 충성을 유지한 남성 정치인 부대가 있다. 페터 알트마이어, 헬게 브라운, 데메지에르, 로날트 포팔라, 헤르만 그뢰에, 폴커 카우더 같은 사람들이다. 지금은 고인이 된 페터 힌체도 메르켈의 남성 측근에 속한다. 아니, 가장 중요한 측근이라고 해도 무방하다.

그 밖에 메르켈 총리의 품에서 도저히 빠져나오지 못했고, 그녀 자신도 떼어 놓고 싶어 하지 않은 동지와 회의주의자, 경쟁자가 있다. 이 범주에서 가장 저명한 대표자로는 쇼이블레를 꼽을 수 있는데, 노르베르트 라메르트와 제호퍼도 여기에 속한다.

마지막으로, 자신을 메르켈 집권기의 희생자라고 생각하는 남자들이 있다. 그녀와의 권력 투쟁에서 패한 사람들이다. 이 부류엔 메르츠, 코흐, 노르베르트 뢰트겐이 속한다. 메르츠와 뢰트겐이 2021년 1월 또다시 그것을 확인하고 싶어 포스트 메르켈 시대의 당 대표에 출마한 것은 메르켈에게 일정 부분 책임 있는 그들의 정치 이력과 관련이 있다.

이런 정치인들 외에 변두리에서는 매력적이고 활달한 정치 신인들이 뛰논다. 카를테오도어 추 구텐베르크 같은 신예들이다. 이들은 메르켈의 우주 반대편 끝에서 빛을 발하고, 총리는 그들에게 뛰어놀 공간을 충분히 제공한다. 일이 순탄하게 흘러가는 동안에는 말이다.

정권 교체는 언제나 세대교체다. 여왕벌이 죽으면 수벌과 대다수 늙은 일꾼도 함께 조용히 죽음을 맞이한다. 2021년 9월 총선에서 새 총리가 다시 메르켈 세대에서 나올 수는 있지만 장관과 수석 비서관, 고위 관료 중 상당수는 더 이상 그 세대에서 나오지 않을 것이다. 대신 죄더, 퀴네르트, 베르보크, 기파이, 귄터, 로베르트 하베크, 마르코 부슈만, 치미아크 같은 정치인이 새 시대의 정치를 이끌 것이다. 그들은 해묵은 과제와 새로운 도전을 이전과 다른 방식으로 다뤄야 하고, 더 나아가 메르켈이 이끈 12년의 대연정과 4년의 흑황 연정(기민·기사 연합과 자민당의 연정)에서 생겨난 부담스러운 유산도 청산해야 한다.

한 가지는 상당히 분명해 보인다. 기민련과 총리청, 내각에서 여성 파워 시대는 끝날 것이다. 20년 넘게 여성이 우세했다면 그 뒤에는 반작용이 따르기 마련이다. 의회에서 여성의 비율은 정체되거나 감소하고 있다. 이제는 기민련 수장도 다시 남자가 차지했다. 메르켈 정책의 수호자를 자처하는 라셰트이기는 하지만.

그럼에도 남성들의 반혁명은 일어나지 않을 것이다. 그러기엔 메르켈 시대가 너무 큰 성공을 거뒀고, 사회 해방이 너무 멀리까지 진척되었으며, 정치에서도 그사이 야망을 숨기지 않는 여성이 너무 많이 등장했다. 심지어 녹색당은 베르보크를 총리 후보로 지명했다. 메르켈 총리가 여성부 장관일 때는 거부했던 경제계와 행정계의 고위직 여성 할당제가 이제는 주류가 되었다. 메르켈이 이 제도에 찬성 쪽으로 돌아선 것은 총리의 또 다른 뒤늦은 전환점이다.

남성 위주의 가부장적 제도를 좀 더 다양한 제도로 바꾸는 데 꼬박 한 세대, 즉 30년이 걸렸다. 통독 이후 위대한 〈우리〉는 사실 기독교적 색채와 상당히 획일적인 생활 방식을 가진 서독 남자들만의 〈우리〉였다. 오늘날 대다수 독일인은 각양각색의 범주에서 생각하고 느낀다. 이제는 공공 부문과 경제 및 정치 영역에서 여성이 적절한 비율로 진출했는지에 대한 문제만 중요한 것이 아니다. 오늘날 시민들은 남성과 여성, 또는 완전히 다른 성으로 이루어져 있고, 자신의 인종적 배경을 정체성의 특징으로 느낀다. 게다가 라이프 스타일이 종교적 소속감을 대신하고, 교육은 핵심 특징이 되었다. 이제 도시나 시골에서 살든, 아니면 동독이나 서독에서 살든 중요한 것은 출신이나 성이 아니라 사회적 지위와 정치적 입장, 삶의 태도다.

이러한 발전의 이면은 얼마 전에야 드러났다. 다른 많은 나라처럼 독일에서도 새로운 사회적 재편이 파편화를 낳고, 손실과 희생자를 요구할 수 있다는 사실이 밝혀진 것이다. 국민이 더 이상 스스로를 하나의 통일체로 인식하지 않으면 민족 국가의 응집력은 사라진다. 이런 상황에서 정치인의 임무는 분명하다. 분열된 다양한 사회 집단들 사이에서 균형을 유지하고, 우리를 하나로 묶을 수 있는 유대감을 강화하며, 소외된 사람들의 목소리에 진지하게 귀를 기울이고, 변화와 보존 사이에서 적절하게 균형을 찾는 일이다. 사회학자 안드레아스 레크비츠는 그러려면 〈일단 보편적인 것을 (……) 다시 찾아 나서야 한다〉고 말한다.[1]

동구권의 개혁 국가들처럼 동독의 많은 사람도 평화 혁명의 경험을 통해 분명히 느낀 것이 있었다. 〈모든 정치적 조건은 언제든 무너질 수 있다〉는 것이다.[2] 사회학자 이반 크라스테프의 말이다. 동독의 옛 주들에서 정치권을 향해, 자기들만의 전통적 생활 환경을 지켜 달라는 목소리가 특히 두드러지게 튀어나왔다. 그런데 메르켈은 16년 동안 정부 수반을 지내면서 그런 요구를 묵살하고 대도시 환경이 동독 지역으로 그대로 스며들게 했다는 비난을 받는다. 이런 비난은 주로 자당 내에서 나온다.

1980년대 이후 전 세계적으로 도시와 시골 지역은 삶과 교육의 기회 면에서 점점 격차가 벌어졌다. 레크비츠는 〈어떤 면에서 세계의 대도시들은 이제 자기들끼리 무척 비슷해졌다. 같은 나라 안의 시골 지역들보다 말이다〉라고 언급했다.[3] 한쪽은 세계화가 확산됨에 따라 여러모로 혜택을 입은 반면에, 다른 쪽은 점점 더 소외되고 있다.

메르켈은 이 문제로 고민하는 것을 좋아하지 않는다. 그녀는 끊임없는 변화의 옹호자로서 활기 넘치는 도시 중심의 문화를 좋아한다. 반면에 21세기에도 충분히 존재 가치가 있는 전통과 생활 방식을 지키는 문제에 대해서는 특별히 관심이 없다. 그것은 오히려 그녀가 자기 주변에서 몰아낸 남자들의 몫이다. 독일 하원 의장 쇼이블레나 그의 전임자이자 지금은 당과 가까운 콘라트 아데나워 재단 의장을 맡고 있는 라메르트 같은 정치인들이 이 문제에 신경을 쓴다. 콘라트 아데나워 재단 관계자들의 말에 따르면 메르켈은 재단 이사회에 놀랄 정도로 자주 모습을 드러내지만 정작 이 보수적인 싱크 탱크의 정책과 활동에는 별 관심이 없다.

물론 콜 같은 가부장적 인물도 오늘날에는 기민련 내 보수주의자들에게조차 통하지 않을 것이고, 슈뢰더처럼 카리스마 넘치는 총리도 사민당 내에서 갈등 조정자 역할을 하지 못할 것이다. 힘든 정치적 결단은 그것을 내리는 인물에 대한 신뢰와 불신에 따라 쉽게 받아들여지거나 거부되는 시대이기에 인물의 됨됨이가 점점 중요해지고 있다.

세계화는 소수의 정계 거물들에게도 표면적으로는 유리하게 작용하는 것처럼 보인다. 위기의 순간이 닥치면 정파 보스들은 전략을 합의해 의회에 어떻게 투표해야 할지 전달한다. 다시 말해, 압도적인 지배권을 누리는 듯하다. 그러나 속을 들여다보면 꼭 그렇지만은 않다. 그들의 힘은 줄어들고 있다. 이제는 그들이 그 자리에 설 수 있도록 도운 집단의 의사를 거스르면서 통치할 수 없다. 또한 자국의 국경을 단단히 봉쇄하고, 글로벌 기업을 길들이며, 삶의 토대를 마련하는 일에 필요한 규칙을 마음대로 결정하는 것은 불가능에 가깝다.

그 때문에 지난 세기 정치인들의 영웅적인 포즈는 오늘날 희화화될 때가 많다. 2020년 코로나 위기 때처럼 말이다. 당시 마크롱 프랑스 대통령은 극적인 연출로 바이러스를 향해 공개적으로 선전 포고를 한 반면, 메르켈 총리는 완화와 간곡한 당부에 방점을 찍었다. 마크롱은 전쟁에 사용할 무기가 자신에게 없다는 사실을 아직 깨닫지 못한 장군처럼 보였고, 〈진지하게 받아들이라〉[4]는 메르켈의 호소는 난민 위기 때 〈우리는 할 수 있다〉[5]는 말처럼 무력하게 느껴졌다.

주목할 것은 파리와 베를린의 지도자가 함께 등장할 때 가장 설득력 있어 보인다는 사실이다. 예를 들어, 2020년 5월에 두 사람이 화상 회의에서 전염병의 파국적 결과에 대처하기 위해 부채로 조달된 유럽 연합 원조 기금을 사용하자고 공동으로 제안했을 때처럼 말이다. 그런데 이 일로 프랑스 환상가와 독일의 착실한 재정 전문가는 갑자기 각자 나라에서 더 이상 협력자를 찾을 수 없는 외로운 공생 관계로 들어갔다. 의회에서 과반의 지지 없이 총리가 된 메르켈로서는 2008년 금융 위기 당시 재무부 장관과 함께 그랬던 것처럼, 이번에는 보건부 장관과 함께 국민에게 직접 호소해야 했다. 자국 내 정치적 동료들에 대한 불신이 너무 강해 그들을 자발적으로 자기편으로 끌어들일 수 없다고 생각했다면 주권자인 국민이라도 믿어야 했다. 하지만 이번에도 불신이 발목을 잡았다. 신뢰는 그녀의 일이 아니다. 지금까지 늘 그래 왔듯이.

아버지 살해범

메르켈과 그녀의 남자 정치인들에 관한 일반적인 이야기는 간단하다. 그녀는 정치적 아버지 콜을 살해했고, 이어 그의 후계자인 당 대표 쇼이블레마저 처치했다는 것이다. 쇼이블레는 콜과 치열한 정치적 대결을 벌였고, 그 와중에 자신도 자당의 기부금 스캔들에 휘말려 검찰 수사를 받았다. 그 틈에 메르켈은 사무총장에서 당 대표로 치고 올라갔다.

이후 그녀는 중간 세대의 전도유망한 정치인들도 몰아냈다. 헤센 주지사 코흐, 자를란트 주지사 뮐러, 니더작센 주지사이자 훗날 연방 대통령에 오른 크리스티안 불프, 바덴뷔르템베르크 주지사 귄터 외팅거, 외교 분야 전문 정치인 프리트베르트 플뤼거, 그리고 나중에는 뢰트겐과 원내 대표 메르츠까지.

이렇게 해서 그녀는 훗날 총리실에서 나와 석양 속으로 말을 타고 달려가는 〈라스트 우먼 스탠딩〉, 즉 살아남은 최후의 여성이 된다.

단순하면서도 삐딱한 이야기가 있다. 모든 삶이 그렇듯 정치에도 상시적으로 좌절의 위험이 따른다는 것이다. 자기 자신에 대한 좌절에서부터 야망의 좌절, 타인에 의한 좌절, 그리고 가장 중요한 유권자의 선택에 따른 좌절까지. 정상으로 가는 마지막 발걸음은 대부분의 사람에게 허락되지 않는다. 총리는 단 한 사람뿐이다. 민주 사회의 정치에서 성공 가능성이 오직 유권자에게만 주어져 있다고 믿는 것은 환상이다. 정당 민주주의 이전에는 경쟁과 권모술수, 축출의 무자비한 과정이 있었다. 메르켈의 전기 작가 게르트 랑구트는 〈권력에의 무한 의지〉가 없는 사람은 패할 수밖에 없다고 말한다.[6]

총리직을 맡을 능력은 충분하지만 전투 의지가 부족해서 실패한 정치인은 많다. 그들은 고비 때마다 경쟁자들에게 졌다. 주요 패인으로는 〈반드시 그 자리를 차지하겠다〉는 의지 결여를 꼽을 수 있다. 바이에른 주지사 프란츠 요제프 슈트라우스조차, 그의 오랜 친구 프리드리히 치머만에 따르면 권력에 대한 무한 의지가 부족했다. 반면에 콜은 망설임 없는 태도로 결국 총리직을 거머쥐었다. 만일 로타어 슈페트가 1989년 브레멘 전당 대회에서 콜에게 도전장을 내밀고 당 대표에 출마할 용기를 냈더라면, 1990년에 어쩌면 총리 후보가 되었을지도 모른다. 쇼이블레와 크람프카렌바워는 메르켈을 상대로 쿠데타를 일으킬 순간들이 있었고 성공할 가능성도 없지 않았지만, 결정적인 순간에 의지와 용기가 부족했다.

만일 메르켈이 남자였다면, 한 세대 남성 정치인들의 종말에 관한 이야기가 나왔을까? 그녀가 동독이 아닌 서독 출신이었다면, 또 그렇게 순박하게 생기지 않았더라면 과연 그런 이야기가 나왔을까? 메르켈은 총리로서 전임자들도 그렇게 했고, 후임자들도 그렇게 할 일을 했을 뿐이다. 그녀는 주변 인사들을 몇 가지 부류로 추린다. 아군, 곁에 두고 싶은 전문 지식을 갖춘 정치인, 그리고 맞서 싸워야 하고 의심스러울 경우에는 직접 손에 피를 묻히는 것도 마다하지 않아야 할 적군으로 말이다. 다른 사람들도 그렇게 했다. 콜은 자신의 적수 하이너 가이슬러, 쿠르트 비덴코프, 슈페트, 리타 쥐스무트를 내쳤고, 사민당의 슈뢰더는 오스카어 라퐁텐과 루돌프 샤르핑을 정치적 변두리로 몰아냈다. 이는 자신에게 충성하고 갈등의 순간에도 안정적인 국정 운영에 필요한 사람들로 정부 팀을 꾸리기 위한, 어쩔 수 없는 무자비한 선택이었다.

메르켈이 주로 남성을 제거한 것은 페미니즘적 악의에서 비롯되었다기보다 기민련의 일방적인 성비 때문이었다. 그러니까 여성보다 남성 경쟁자가 월등히 많았던 것이다. 1980년대 서독 학교 안에는 마초적인 생각을 노골적으로 드러내는 정치 동아리가 많았다. 콘라트 아데나워 재단에서 조직한 〈청년 동맹〉의 전설적인 해외 체험 여행은 근본적으로 순수 남성들만의 여행이었다. 1970년대 말 남아메리카로 떠난 그런 여행에서 전설적이고 비밀스러운 〈안데스 협약〉이 체결되었다. 여기에 서명한 사람들은 앞으로 서로를 지원하고 결코 공격하지 않겠다는 엄숙한 맹세였다. 훗날 메르켈 총리의 가장 위험한 적들이 바로 이 모임 출신이었다. 서독의 이 젊은 보수 정치인들은 같은 또래의 메르켈을 자신들과 혈통 자체가 완전히 다른 주변인으로 보았다. 〈그들은 뼛속 깊이 기민련의 성골〉이라면 메르켈은 〈기민련의 정신을 머리로 습득한〉 얼치기였다. 새천년 초 『슈피겔』이 당시 상황을 정리한 말이다.[7]

안데스 협약의 사모임은 매년 열렸고, 여성들도 즐겨 참석했다. 하지만 모두 연인과 배우자의 자격이었다. 젊은 여성 정치인이 거기에 지원하거나 참석하는 일은 없었다. 당시 그 모임과 가까운 학생과 여자 대학생 중에는 정치적 야망이 있는 사람이 드물었다. 설사 있다고 해도 여자에게 맡겨진 역할은 서기 정도였다. 그렇다 보니 1986년 마인츠에서 열린 기민련 지역 협의회에서 유일한 여성이던 마리아 뵈머가 회의록 작성을 거부했을 때 큰 파란이 일었다. 라인란트팔츠의 기민련 정치인들은 그런 배은망덕한 일에 익숙지 않았다. 나중에 뵈머는 메르켈 정권

에서 장관에 임명되었고, 이제 회의록은 다른 사람들이 쓰고
있다.

영원한 2인자

2020년 9월, 독일 연방 하원 의장 쇼이블레는 다시 한번 차기
총선에 나서기로 결심한다. 당선 가능성이 무척 높아 보였다.
이번에 당선되면 하원 의원 생활이 50년을 넘기면서, 이전 독일
사민당의 공동 설립자 아우구스트 베벨이 보유하고 있던 19세
기부터 20세기 초까지 총 43년이라는 기록을 훌쩍 뛰어넘는다.
쇼이블레는 야당 지도자였고, 장관이었고, 콜의 좌절한 후계자
였고, 예비 총리였고, 당 대표였다. 지금은 연방 하원 의장이며
앞으로도 당분간 그 자리를 지킬 듯하다. 그런데 그는 사회적
위험을 단순히 인식하는 데 그치지 않고 정치적 계획과 신념으
로 그에 맞서려고 할 때 어떤 정치를 해야 하는지 끊임없이 일
깨워 주는 반면교사이기도 하다. 기민련 의원, 하원 의원, 장관
으로서 그는 전후 독일 정치의 화신이다. 전반적으로 효율적이
고, 대체로 똑똑하고, 가끔은 상처를 주고, 무엇보다 위험을 기
피하는 인물이라는 말이다. 그는 단호한 구석이 있음에도 항상
온갖 측면에서 자신에 대한 보호책을 마련하면서 신중하게 정
책을 제안했다.

쇼이블레는 어쩌면 독일 역사상 최고의 총리가 되었을지 모

른다. 메르켈 입장에서 보면, 정치적으로 자신에게 없는 장점을 가진 사람이었다. 물론 거꾸로 보면, 그녀 역시 쇼이블레의 정치 원칙에서 결정적인 위험 요소를 꿰뚫고 있었다. 즉, 고수해야 할 근본적인 것들이 통제할 수 없는 역동성의 영역으로 빨려 들어갈 때 그는 그 과정을 순순히 받아들인다. 반면에 그녀는 브레이크를 밟았다. 예를 들어, 금융 위기 때 그는 유로존에서 그리스를 축출하는 정책을 준비했는데, 마지막 가능한 순간에 메르켈이 그를 막아섰다.

쇼이블레는 메르켈이 정치에 입문하기 오래전부터 이미 정치판에 있던 사람이다. 그런 사람이 이제 4년 더 그 판에 머물려고 한다. 마치 메르켈은 떠나도 자신은 건재하다는 것을 보여 주려는 듯하다.

쇼이블레만큼 정치적 삶의 영욕을 극적으로 경험한 사람은 거의 없을 것이다. 법률가 출신인 그는 50년 가까이 의정 생활을 했음에도 여전히 합의의 중요성을 강조한다. 반면에 콜과 메르켈은 합의만큼 그때그때의 상황도 중요하다는 사실을 잘 안다. 따라서 위기의 순간에는 합의와 약속 또는 우정을 헌신짝처럼 무시해 버린다. 그들은 그렇게 해서 총리가 되었고, 그렇지 못한 사람은 장관으로 남았다. 쇼이블레처럼.

쇼이블레는 1972년 법학 박사 학위를 받자마자 재무 관료로 직장 생활을 시작했다. 그러다가 같은 해 가을 바로 연방 하원에 입성했고, 빠르게 출세 가도를 달렸다. 기민·기사 연합 사무총장과 연방 총리청장, 통독 협상에서 서독 쪽 수석대표를 차례로 맡은 것이다. 그의 정치 경로는 훗날 메르켈과 비슷하게 수직 상승 과정이었다. 장차 내각의 총리 자리에 앉는 것은 시간 문제처럼 보였고, 많은 사람이 그렇게 확신했다. 물론 본인은 대놓고 그런 말을 하지 않았지만 속마음은 그와 달라 보이지 않았다. 그는 자신의 전기 작가 한스 페터 쉬츠가 〈콜의 왕세자〉라는 제목으로 『슈테른』에 글을 쓸 생각이라고 했을 때 겉으로는 손사래를 쳤지만[8] 속으로는 나쁘게 생각하지 않은 게 분명하다.

테러로 하반신 마비라는 중대한 장애를 입었음에도 그는 최대한 빨리 중앙 정치 무대에 복귀해 원내 대표라는 중책을 맡았다. 본에서 두 번째로 강력한 자리였다. 그 무렵 메르켈은 정치 없는 삶도 얼마든 상상할 수 있을 것 같다는 말을 거듭 밝힌 반면, 쇼이블레는 이제 정치 없이는 살 수 없는 사람이라는 인식이 모두의 머리에 단단히 각인되었다. 메르켈의 과시적 독립성과 쇼이블레의 포기할 수 없는 집념은 둘을 마지막까지 갈라놓으면서도 번번이 하나로 묶는 대립과 같았다.

메르켈이 여성부 장관으로 있을 때였다. 당시 내각에서 가장 힘이 없는 자리였다. 그녀는 각료 회의에서 여성의 권익과 관련해 자신의 정치적 프로젝트를 설명하기 위해 단 몇 분간의 발언 시간을 얻는 데도 총리에게 특별히 부탁해야 했다. 또한 그사이 원내 대표에 오른 쇼이블레에게는 기민련 여성 동지회의 지원을 등에 업고, 〈믿을 만한 여성 정책의 관심 속에서〉 여성 해방법과 형법 218조 개정안을 의제로 올려 줄 것을 끈질기게 부탁했다.[9] 그런데 쇼이블레는 스스로를 기민·기사 연합 내 최초의 현대적 친여성주의 정치인이라고 여겼기에, 굳이 젊은 여성부 장관과 그녀의 소수 지지자로부터 〈여성의 권익을 현실적으로 개선해〉 달라는 부탁을 받을 필요가 없다고 생각했다. 그러나 메르켈은 그것을 알 리 없었다. 그녀는 굴러온 돌이었고 당에 몸담은 지도 얼마 되지 않아 당의 속사정을 알지 못했다.

그런데 원내 대표는 하필 그 무렵 공적 영역에서 여성의 평등 권을 돌볼 여유가 없었다. 그보다 더 시급한 문제들이 발목을 잡았다. 경제는 통일의 짐에 눌려 신음했고, 처음의 벅찬 희열 은 세금 인상과 대량 실업, 사회 보장 제도의 위기에 대한 걱정 으로 잦아들었다.

메르켈의 첫 입법 기간은 굴욕의 연습기였다. 그런 굴욕을 안 긴 사람은 바로 쇼이블레였다. 이로써 〈그녀의 모든 대형 프로 젝트는 개점 휴업 상태에 들어갔다〉. 1년 뒤 『슈피겔』의 총평이 다.[10] 그러나 메르켈은 주저앉지 않았다. 쓰러지면 다시 일어났 고, 실패하면 다시 시작했다. 그러다가 가끔 승점도 거두었다.

원내 대표와 총리 같은 중요한 남성 정치인들은 정치라는 냉 소적인 게임을 한다. 신진들 가운데 누가 쓸모 있고, 누구를 올 리고 누구를 내칠지 살핀다. 그들은 저녁에 총리실에 모여 〈그 소녀〉(메르켈의 별칭)는 아직 잘해 나가고 있다며 고개를 끄덕 였다. 『하노버셰 알게마이네 차이퉁 *Hannoversche Allgemeine Zeitung*』은 메르켈의 편집국을 방문한 뒤 〈그녀는 내각에서도 나름 인정을 받고 있는 것 같다〉라고 썼다.[11] 그렇다면 메르켈은 남성들의 눈에 아직 쓸모가 있었다.

「그녀는 예를 들어 후임자하고만 비교해도 확실히 다른 부류의 사람이었습니다.」남성들만의 총리청 내부 회의에 참석한 사람의 전언이다. 메르켈의 후임자인 튀링겐 출신의 클라우디아 놀테 역시 동독 인재 개발 프로젝트로 선발된 젊은 여성이었다. 그녀는 1990년부터 기민련 여성 정책 대변인을 맡았고 1994년부터 연방 여성부 장관을 지냈지만, 곧 그런 직책을 감당하기에는 너무 유약한 것으로 여겨졌다. 결국 의회 뒷자리로 밀려났다가 2005년 정계에서 완전히 사라졌다.

반면에 메르켈 총리는 차기 총선이 끝나고 환경부 장관에 임명되었다. 전임자 클라우스 퇴퍼가 내각의 중심으로 끌어올린 부처였다. 체르노빌 원전 사고 이후 머리로는 환경 친화적으로 생각하고 가슴으로는 기독교 민주주의적으로 느끼는 사람들이 기민련에 점점 더 많이 모여들었다. 쇼이블레와 메르켈의 관계에도 변화가 생겼다. 업무 영역에서는 원만한 협력이 이루어졌고, 개인적 존중도 긍정적으로 바뀌었다. 「나는 장관으로서 그녀의 업무 능력뿐 아니라 당 부대표로서의 자질도 (……) 점점 더 높이 평가하게 되었죠.」훗날 쇼이블레가 회상한 말이다.[12] 당시 메르켈은 『프랑크푸르터 알게마이네 차이퉁』의 1면에 실릴 정도로 굵직한 정치적 이슈를 여럿 가지고 있었다. 예를 들면, 1995년에 예정된 온실가스 감축을 위한 첫 국제 환경 정상 회담, 고어레벤으로의 핵폐기물 운송, 여름 스모그 규제안, 환경세 같은 이슈였다.

메르켈은 성공을 거두었다. 교토 환경 회의의 기후 목표 협상에 필요한 〈전권〉을 마침내 베를린으로부터 받아낸 것은 온전히 그녀의 공이었다.

그녀는 시대를 앞서가는 제안을 했다. 「오늘날 에너지 가격은 너무 쌉니다.」 그녀는 『프랑크푸르터 룬터샤우*Frankfurter Rundschau*』와의 인터뷰에서 이렇게 말하면서 휘발유와 디젤, 난방유에 붙는 세금을 올리자고 했다.[13] 물론 이 견해는 예상되던 역풍을 맞고 빠르게 수정되었다. 심지어 1998년 총선에서 기민련이 야당으로 물러나고, 슈뢰더의 적록 정부(사민당과 녹색당의 연정)가 환경세를 도입하고자 했을 때는 이 세금 인상에 격하게 반대하기도 했다.

그럼에도 메르켈은 진보적인 환경 정치인으로서 이미 오래전 콜의 그림자에서 벗어났고, 이제는 다른 문제들로 눈을 돌렸다. 게다가 기민련 내에서 누구도 무시할 수 없는 강자로 자리 잡은 원내 대표 쇼이블레의 신임도 두터웠다. 두 사람은 콜이 1998년 총선에서 패배하리라는 것을 일찍이 예상했고, 그럼에도 콜이 쇼이블레를 후계자로 삼겠다는 약속을 깨뜨리고 자신이 총리 후보로 출마하리라는 것 또한 알고 있었다. 하지만 쇼이블레는 콜에 대해 쿠데타를 일으키지 않았다. 그것은 이후에도 마찬가지다. 여러 번 그럴 기회가 있었지만. 「나는 신의를 중히 여기는 사람입니다.」 그가 거듭 밝힌 말이다. 그것은 메르켈과의 관계에서도 마찬가지였다.[14] 그는 자연스럽게 자리가 주어지길 기다리는 사람이었다. 하지만 정치에서는 그런 사람이 국가 최고직에 오른 적이 없다.

1998년 선거 패배 후 당수가 된 쇼이블레는 메르켈을 사무총장에 앉혔다. 혁명적인 결정이었다. 이제 야당 신분으로 돌아가야 하는 과거 여당에는 자리를 구하는 능력 있는 사람이 많지만 불행히도 그들에게 돌아갈 자리가 턱없이 부족했기 때문이다. 정권을 빼앗긴 뒤 신속하게 새로운 상황에 적응하는 대신 누가 자신에게 자리를 주기만 기다리는 사람은 금방 외면당하고 만다.

야당이 된 상황에서 중요한 것은 의회에서 누가 가장 큰 사무실을 차지하고, 누가 가장 많은 직원을 거느리고, 누가 가장 좋은 자리를 차지하느냐가 아니라 자기 이미지와 사심 없는 마음이다. 자신을 금융 전문 정치인이라고 생각하는 사람은 선거 패배 후 자리를 잃거나 한직인 청원 위원회로 밀려나더라도 국가 재정의 미래를 걱정하는 마음이 변치 않아야 한다. 최소한 이미지 관리만큼이라도.

쇼이블레는 자당의 영향력 있는 의원들에게 그런 처신을 요구했다. 기민련이 대중 정당으로서 앞으로도 국민의 선택을 받으려면 스스로 변해야 하는 것은 분명했다. 그는 옛 총리의 늙은 베테랑 참모진과는 함께 가고 싶지 않았다. 콜의 총리 프리미엄이 얼마나 빠르게 사라지는지 이미 두 눈으로 똑똑히 보았다. 쇼이블레는 많은 국민의 눈에, 기민련이 감히 디스코텍에 가지 말라고 조언하지 못하는 방탕한 늙은 이모처럼 보인다는 사실을 알고 있었다. 기민련은 이제 분위기 쇄신이 필요했고,

젊은 얼굴이 필요했다. 또한 여성을 당의 전면에 배치해야 했고, 좀 더 중도 쪽으로 가야 했다. 그래서 쇼이블레는 야심만만한 아네테 샤반에게 사무총장직을 제안했다. 그러나 당시 많은 사람이 슈투트가르트의 차기 주지사감으로 점찍고 있던 그녀는 그 제안을 거부했다. 다음 주자였던 메르켈은 당 대표의 손을 잡았다. 훗날 쇼이블레는 이것을 〈자기 임기 중 최고의 결정〉 가운데 하나라고 말했다.[15]

기민련 인사들은 선거 참패 후 자신들의 핵심 지지층이 얼마나 빨리 쪼그라들고, 자신들이 새로운 유권자를 끌어들이는 데 얼마나 실패했는지 여실히 깨달았다. 더 많은 학생이 대학에 진학할수록, 더 많은 여성이 사회에 진출할수록, 더 많은 사람이 자유주의적으로 생각할수록, 더 많은 사람이 교회에 가지 않을수록 슈뢰더와 피셔에게는 유리했고, 쇼이블레와 기민련에는 불리했다.

이런 추세를 한동안은 늦출 수 있을지 몰라도, 장기적으로는 결코 막을 수 없어 보였다. 최소한 새 당수는 그렇게 생각했다. 그렇다면 기민련은 노선을 바꿔야 했고, 당을 냉철하게 분석하면서 변화를 추진할 사람이 필요했다. 그것도 이런저런 조직 및 수뇌부와 연이 없고, 당내 기독교적 사회주의자들과 중산층 대표, 여성주의자들과 국수주의자들 사이에서 끊임없이 줄타기를 하면서 뼈가 굵은 남자가 아닌 여성이 필요했다. 게다가 수십 년 동안 누구에게도 상처를 주거나 정치적 빚을 지거나 나쁜 기억이 없는 사람이어야 했다. 메르켈이 적임자임을 확신한 쇼이블레는 보수적인 당 지도부에 그녀야말로 현대적 마케팅의 수장에 어울린다는 점을 강조했다.

하지만 1998년 11월 당시만 해도, 당내의 그런 역할 분담과 메르켈의 자질이 1년 뒤 콜뿐 아니라 쇼이블레까지 몰락으로 몰아넣을 거라고는 누구도 예상하지 못했다.

그런데 새로운 적록 정권이 계파 싸움과 어설픈 개혁으로 치명적 실수를 저지르면서 출발하는 바람에, 기민련은 6개 주 지방 선거에서 다시 승리를 거뒀다. 그로써 기민련 내에서는 벌써부터 재집권의 꿈이 모락모락 피어올랐다. 하지만 1999년 11월에 누구도 예상하지 못한 일이 터졌다. 전 재무국장 발터 라이슬러 키프가 탈세 혐의로 검찰에 체포된 것이다. 아우크스부르크 검찰은 그가 1990년대 초 수백만 마르크 규모의 정당 기부금을 받고도 세무 당국에 제대로 신고하지 않았다고 의심했다.

그는 단순히 일개 당원이 아니었다. 기민련에서 도덕성의 간판이었다. 헤센의 최고 기업가 가문 출신, 보험 회사 경영자와 기업의 투명 경영 감시 위원회 경력, 그리고 완벽한 처신과 국제적 감각은 기민련을 더 한층 빛나게 했다. 하필 그런 사람이, 그렇게 성공적이고 흠 하나 없던 사람이 비난과 조롱의 대상이 되자 당은 큰 충격에 휩싸였다.

그 돈은 캐나다에서 체포된 사업가 카를하인츠 슈라이버에게서 나왔다. 기업가이자 무기 로비스트이고, 기사련 회원이자 전 바이에른 주지사 슈트라우스의 측근인 그는 독일에서 이미 탈세 혐의로 수배된 상태였다. 그가 체포되고 정당 기부금 게이 트가 시작되었고, 그와 함께 쇼이블레와 콜은 파멸 위기에 빠졌 다. 아니, 서독의 기민련 전체가 두려움에 떨었다. 1980년대와 1990년대에 그 수백만 마르크의 돈에 대해 어떤 경로로든 알고 있으면서 혜택을 본 사람은 많았다. 슈라이버 같은 사람들이 정 당 기부금 형태나, 정당과 관련된 재단에 희사하는 방식 혹은 그냥 현금으로 당 지도부에 제공한 돈이었다. 검찰 수사가 시작 되면서 비자금과 허위로 운영되던 재단들의 전모가 서서히 드 러났다. 만성적인 자금 압박에 시달리던 당은 그 돈으로 부족한 곳을 채웠고, 당시 당 대표 콜은 시장과 자치 단체장, 기민련 사 무처 인사들에게 선심을 썼다. 슈라이버는 많은 기증자 중 한 명일 뿐이지만, 그중 가장 위험한 사람이었다.

한 방에 두 명의 왕을 죽이다

메르켈은 이 스캔들에서 두 가지 결론을 내렸다. 그 자체로 매력적인 논리이자 자신의 경력에도 굉장히 유익한 결론이었 다. 첫째, 이 순간 이후 과거의 서독 기민련에 뿌리를 둔 것은 더 이상 당의 비상에 도움이 되지 않고 오히려 방해가 된다. 기부 금 스캔들로 도덕적 이미지가 바닥을 찍은 지금 기민련에 시급 한 것은 과거의 범죄적 관행으로부터 최대한 자유로운 지도 부다.

당시 사무총장이던 메르켈은 겉으로 드러날 정도로 분명하게 자신의 정치적 아버지 콜과 빠르게 거리를 두었다. 그러면서 책임자들에게 해명을 요구했고, 앞으로는 당을 투명하게 운영하겠다고 약속했으며, 관련자들에게는 아는 사실을 솔직하게 고백하라고 호소했다. 12월 22일, 그녀는 『프랑크푸르터 알게마이네 차이퉁』에 유명한 기고문을 게재했다. 당을 향해, 이제부터는 콜과 결연히 단절하고 스스로 떨치고 일어날 것을 호소하는 내용이었다.

둘째, 그녀는 당시 소수 내부자만 알고 있던 정보를 갖고 있었다. 오늘날까지도 공개적으로 알려져 있지 않은 사실이다. 메르켈이 『프랑크푸르터 알게마이네 차이퉁』에 기고문을 발표하기 몇 주 전 쇼이블레는 기민련 최고 위원회에서 자기도 슈라이버의 기부금을 받았다고 털어놓았다. 전임 총리와 사무총장은 그 사실을 이미 오래전에 알고 있었다. 그렇다면 기민련 지도부는 전 대표뿐 아니라 현 대표도 지금까지 알려진 것보다 이 스캔들에 더 깊이 연루되어 있음을 알았을 것이다.[16] 그런데도 이 사실을 묻어 두었다. 당이 처한 고강도의 위기 속에서도 이 정보를 심각하게 받아들이지 않았던 것이다.

당 지도부 회의에서는 2000년 1월 기부금 스캔들과 관련해서 회계 법인 〈언스트 앤 영〉의 감사 보고서를 포함해 새로 밝혀진 내용을 공표하기로 의견을 모았다. 당시 회의에 참석했던 한 사람의 전언이다. 메르켈도 그때까지 입을 다물었다. 하지만 다른 한편으로는 신문에 기고문을 실어, 당이 콜을 내쳐야 하는 상황이라면 현 대표인 쇼이블레와도 거리를 둘 수밖에 없다는 논리를 개진했다. 다시 말해, 당이 큰 도둑과 결별해야 하는 마당에 작은 도둑을 그냥 둘 수 있겠느냐는 것이었다. 기부금 스캔들에서 이런 결론을 끄집어낸 사람은 메르켈이 유일했다. 그녀는 기고문에 이렇게 썼다. 「미래는 진실한 토대 위에서만 건설될 수 있다. (……) 그래야만 당은 (……) 기부금과 관련해서 새로운 소식이 터져 나올 때마다 공격을 받지 않을 수 있다.」[17] 그녀는 2000년 1월에도 쇼이블레의 사퇴를 만류했지만, 속으로는 그가 더는 버티지 못할 것임을 오래전부터 알고 있었다.

그녀의 미래 경쟁자들도 이 정보를 알고 있었다. 하지만 그들은 메르켈을 이해하지 못했거나, 아니면 이 문제를 끝까지 생각하지 못했다. 만일 메르켈이 정치판에서 〈마키아벨리즘적으로〉 행동한 적이 있다면 바로 이때였다. 한 방의 총알로 옛 왕과 새 왕을 동시에 제거한 것이다.

물론 메르켈은 쇼이블레를 직접 타도하지 않았다. 다만 상사의 몰락으로 자신이 개인적으로 최대 이익을 얻을 수 있는 상황을 만들었다. 그 과정에서 감수해야 할 위험은 크지 않았다. 당일 아침 그녀의 기고문을 읽은 쇼이블레는 당 최고 위원회의 회의가 시작하기 전에 대변인실에 전화를 걸어 이렇게 말했다. 「당장이라도 메르켈을 내치고 싶지만, 사실 신문에 쓴 내용 중 틀린 말은 없어요.」[18]

앞으로 어떤 일이 전개될지 그 누구도 알 수 없었다. 메르켈의 행동은 불충이나 정치적 계산으로 비칠 수도 있었다. 그러나 정치인들은 늘 그런 식으로 최고직에 올랐다. 대중은 배신자를 좋아하지 않는다. 다만 불의한 상관에 맞서 진실의 횃불을 든 사람에게는 지지를 보낸다. 비록 그들이 아는 것을 항상 대중에게 모두 털어놓지 않더라도.

기부금 스캔들이 기민련에는 가능할 수 없는 위험이었지만, 메르켈 개인에게는 두 번 다시 오지 않을 기회였다. 그녀는 과거 관행에서 자유로웠고, 단절해야 할 과거에 어떤 역할도 하지 않았기에 스스럼없이 최대한 솔직하게 말할 수 있었다. 이제 노쇠한 콜과 연을 끊으라고 기민련에 요구할 수 있는 사람은 그녀뿐이었다.

그 무렵 쇼이블레와 메르켈의 권력관계는 빠르게 변하기 시작했다. 형식적으로는 여전히 쇼이블레가 그녀의 상사였지만, 그녀가 더 많은 해명과 투명성을 요구할수록 그는 점점 더 수세에 몰렸다. 쇼이블레는 그녀의 정치적 스승이었지만, 이제부터 조건을 규정하는 사람은 그녀였다.

민주주의적 독일에서 정치학을 창시한 사회학자 막스 베버는 1919년 뮌헨에서 〈직업으로서의 정치〉라는 제목으로 강연을 하면서 이렇게 말했다. 정치인은 〈불가능한 것〉을 추구하더라도 〈가능한 것〉만 성취할 수 있다. 더 나아가 〈그렇게 할 수 있는 사람이 지도자다. 아니, 그를 넘어 소박한 의미에서 영웅이다〉. 1999년 12월 갈등이 극적으로 첨예화된 이후, 기민련 내 개혁자들은 메르켈을 베버가 말한 영웅으로 치켜세웠고, 콜 측근들은 메르켈을 배신자로 몰아세웠다. 그녀는 모든 비난을 참아 냈다. 이렇게 해서 남성 정치인들을 일단 유인한 뒤 죽여 버리는 〈검은 미망인〉의 신화가 만들어졌고, 정치적 목표를 위해서라면 큰 위험도 마다하지 않는 사람이라는 명성이 바로 여기서 비롯되었다.

메르켈은 자신의 가장 중요한 후원자이자 지지자인 기민련의 두 아이콘, 즉 전임 총리와 현직 당 대표의 몰락을 감수했다. 콜은 여전히 당의 명예 총재였고, 쇼이블레는 차기 총리 자리를 예약해 놓은 실력자였다. 기민련의 다른 거물들은 어이없는 표정으로 경기장 가장자리에 서서, 콜과 쇼이블레가 서로를 갈기갈기 물어뜯는 모습을 무력하게 지켜보기만 했다. 그들에게는 이 문제를 냉정하게 관찰하는 사무총장처럼 분석적 힘과 거리감이 없었다.

그럼에도 메르켈의 돌격은 실패할 뻔했다. 기고문은 정확한 날짜에 싣는 것이 중요했는데, 하마터면 꼬일 뻔한 것이다. 12월 21일, 메르켈은『프랑크푸르터 알게마이네 차이퉁』정치부 기자 카를 펠트마이어에게 팩스로 원고를 보냈다. 그런데 기자는 원고를 일단 보류시켰다. 그보다 더 중요한 기삿거리가 있었기 때문이다. 슈뢰더 총리와 재무부 장관 한스 아이헬이 그 주 화요일에 대대적인 세제 개편을 예고한 상태였고, 경제 단체와 경제 전문가들은 기대에 차서 그 발표만 기다리고 있었다. 적록 정부가 이제야 제대로 통치하는 법을 이해한 듯했다. 분위기가 이렇다 보니, 기자 입장에선 〈상당히 흥미롭지만 그렇게 특별하지는 않은〉 야당 사무총장의 기고문을 잊어 버릴 수도 있었다. 메르켈이 독촉하고 신문사 경영진이 개입하고 나서야 기고문은 인쇄에 들어갔다. 메르켈에게 절대적으로 중요한 것은 기사가 적시에 실리는 것이었다. 당 대표와 최고 위원회는 12월 22일 오전에 또 한 차례 위기 대응 회의를 열기로 약속했기에, 사무총장은 그전에 논의 방향을 결정하고 싶었다. 「사실 무척 빡빡했습니다. 펠트마이어 기자는 점심을 먹고 있었죠. (……) 일이 꼬이자, 이 시점에 이게 정말 그렇게 중요한 기고문인가 하는 의심이 들기 시작하면서 온몸에 땀이 삐질삐질 나기 시작했습니다.」[19] 메르켈이 20년 뒤에 밝힌 말이다.

쇼이블레와 콜은 신문에 기사가 실리고 나서야 이 특종에 대해 알게 되었다. 쇼이블레는 사무총장을 불러 해명을 요구했고 그녀의 해명은 명확했다. 만일 사전에 알렸다면, 당에 고통스럽지만 꼭 필요한 이 기사가 실릴 수 있었겠냐는 것이었다.[20] 결국 쇼이블레도 해명을 받아들였다. 아마 늦어도 그날쯤에는 자신이 대표직을 더는 유지할 수 없음을 알아차렸을 것이다.

이렇게 해서 메르켈은 아주 자연스럽고도 분명하게 쇼이블레에게서 해방되었다. 이제 향후 몇 달 동안 과거의 기민련을 해체하고 새로운 당을 재건시킬 칼자루가 그녀에게 주어졌다. 이 사건의 파급력은 여기서 그치지 않았다. 그러잖아도 파탄 난 쇼이블레와 콜의 관계에 기고문이 마지막 독약을 떨어뜨린 것이다. 이 기사를 후임자의 음모로 여긴 전임 총리는 쇼이블레를 정치적으로 제거하기 위해 어떤 짓도 마다하지 않았다. 반면에 정작 기고문의 당사자인 메르켈은 전임 총리의 격노에서 무사히 벗어났다.

쇼이블레는 슈라이버에게서 돈을 받았다는 사실을 1월에 공개적으로 시인해야 했다. 나중에는 그 남자와의 두 번째 만남도 시인했다. 슈라이버는 캐나다에서 일주일에 한 번꼴로 전화해, 〈바닥에 쿵 하고 떨어지는 소리가 들리지 않을 만큼〉 깊은 나락으로 떨어뜨려 버리겠다고 협박했다고 한다.[21]

반면에 메르켈은 당 대표가 되었다. 이로써 메르켈은 쇼이블레의 측근으로 원내 대표를 맡은 메르츠, 기사련의 수장 슈토이버와 함께 기민·기사 연합의 새로운 강자로 떠올랐다. 그와 대조적으로 쇼이블레는 이제 메르켈에게 의존하는 신세가 되었다.

쇼이블레는 뒤바뀐 상황을 3년 뒤 연방 대통령 자리를 두고 경쟁이 벌어졌을 때 처음 느꼈다. 사람들은 가장 유력한 후보로 그를 꼽았다. 그 또한 기부금 스캔들의 오명을 뒤로하고 대외적으로 자신의 건재와 명예 회복을 갈망했다. 쇼이블레는 당의 대표적 지식인 중 한 명이었다. 책을 많이 읽고, 과학자 및 철학자들과 의견을 교환하고, 사회 변화를 민감하게 감지할 줄 아는 정치인이었다. 기민련, 특히 기사련의 주류 세력은 그를 대통령으로 만들고 싶어 했다. 그로써 기부금 스캔들 때 그들이 쇼이블레에게 갖고 있던 미안함을 갚고, 동시에 메르켈의 입지도 약화시키고자 했다.

하필 당 대표의 강력한 비판자인 코흐와 메르츠가 차기 연방 대통령으로 쇼이블레를 민다는 사실은 당연히 그에게 도움이 되지 않았다. 게다가 메르켈은 자민당도 쇼이블레를 원하지 않는다는 점을 주의 깊게 인지했다. 연방 하원에서 자당의 후보를 관철시키려면 자민당의 표가 반드시 필요한 상황이었다. 결국 그녀는 2004년 3월 쇼이블레를 두 번째로 희생시켰다. 그는 여전히 자신이 독일에서 명목상 가장 높은 직위를 제안받을 거라 예상하고 있었지만, 메르켈이 협상을 벌이는 후보자 명단에서 그의 이름은 마법처럼 사라져 버렸다. 대신 정치 경험이 없는 국제 통화 기금(IMF) 총재 쾰러가 갑자기 등장했다. 그 밖에 전 연방 환경부 장관 퇴퍼와 바덴뷔르템베르크 교육부 장관 샤반도 거론되었다. 그런데 두 사람은 들러리에 지나지 않았다. 자민당은 퇴퍼에게 시큰둥했고, 기사련은 샤반에 반대했다. 결국 첫 투표에서 이미 쾰러가 승자가 되었다. 메르켈이 베를린 정치 무대에서 거둔 첫 번째 승리였다. 이것으로 그녀는 당에서 누가 발언권이 가장 센지 보여 주었을 뿐 아니라, 슈뢰더의 적록 연정에도 고통스러운 패배를 안겼다.

이 시점부터 메르켈과 쇼이블레는 베를린 중앙 무대에서 아마 가장 복잡한 정치적 관계를 맺게 된다. 그는 메르켈의 가장 영향력 있는 지지자인 동시에 그녀의 가장 집요한 비판가였다. 그녀는 정부의 일인자였고, 그는 당의 영웅이었다. 쇼이블레는 이후 몇 년 동안 여러 차례 그녀를 실각시킬 기회가 있었지만 그렇게 하지 않았다.

2005년 9월 선거에서 가까스로 승리를 거둔 메르켈은 그에게 내무부 장관직을 제안했다. 그는 당시 자신과 메르켈의 정치적 유대 관계를 훗날 〈불편하지만 신의 있는〉 관계로 묘사했다.[22] 상당히 미묘한 표현이다. 그는 메르켈의 통치 기간 중 줄곧 외로운 거목으로 남아 있었다. 내무부 장관, 재무부 장관, 연방 하원 의장으로서 그는 총리의 찔리는 양심이자, 포기할 수 없는 동반자이자, 그러면서도 늘 견디기 힘든 불편한 존재였다. 그는 이후 16년 동안 많은 사람이 머릿속으로만 생각할 뿐 감히 입 밖으로 꺼내지 못하는 말들을 뱉어 낸다.

적수들

쇼이블레의 우군은 분노했다. 그런 가운데 대통령직을 둘러싼 이 음험한 정치적 게임을 통해 마침내 깨달은 것이 있었다. 메르켈이 권력 게임을 최소한 자기들만큼, 아니 자기들보다 훨씬 잘한다는 사실을 알아차린 것이다. 그들은 메르켈이 끊임없는 기브 앤 테이크로 이루어진 기민련의 옛 게임 법칙을 아직 숙지하지 못했거나, 아니면 그냥 무시해 버리는 것에 경악했다. 하지만 그보다 더 당혹스러운 것은 그녀가 그들보다 전략적으로 더 뛰어나다는 사실이었다.

그녀는 경쟁자를 따돌리는 법을 알고 있었다. 쇼이블레는 영원한 라이벌이지만 얼마든지 가늠할 수 있는 상대였다. 그런데 메르켈은 패배를 승리로 바꾸어 버림으로써 슈토이버를 닭 쫓던 개 신세로 만들었고, 가장 확실한 적수 메르츠의 최대 약점인 조바심과 감정적인 성격은 인내심과 합리적 냉철함으로 대응해 물리쳤다.

연방 대통령 선거가 끝나고 불과 몇 개월 뒤, 메르츠는 〈친애하는 당 대표 메르켈에게〉 짧은 서신을 보내 기민련 재정 정책 위원직에서 물러나겠다는 뜻을 밝혔다.[23] 이유는 분명했다. 무엇보다 그 무렵에는 당 대표이자 원내 대표가 그의 〈단순하고도 공정한 조세 제도〉를 받아들이지 않으리라는 것이 명백했기 때문이다. 메르켈은 쇼이블레에게 그 자리를 맡아 줄 것을 부탁했다. 하지만 거절당했다. 쇼이블레 입장에서는 메르츠의 자리에 앉아 메르켈을 궁지에서 구해 주는 것이 별 의미 없는 일이라고 생각했기 때문이다. 어쨌든 아직은 아니었다. 게다가 다른 사람도 아니고 하필 자신이 키운 사람의 자리를 대신하는 것이 부적절하게 느껴졌다.

메르츠와 메르켈의 관계는 처음부터 정치적 성공과 개인적 실패에 관한 교과서적 이야기에 가깝다. 둘 다 정치적 재능이 있었다. 한 사람은 이지력과 적응력으로 정상에 올랐다면, 다른 사람은 동물적 육감이 뛰어난 달변가였다.

남의 눈에 띄지 않게 처신하고 분석적 능력이 돋보이는 우등생 메르켈은 위기 상황에서 냉정해진다. 모든 가능성을 면밀히 검토한 다음 가장 덜 나쁜 것을 선택한다. 정계 생활을 시작하고 처음 몇 년 동안에는 감정을 분출하는 경우가 몇 차례 있었다. 예를 들어, 제출한 법안이 내각에서 가결되지 않거나, 교토 기후 정상 회담을 앞두고 기나긴 협상을 벌이는 과정에서 모든 것이 좌절될 위기에 처했을 때 눈물을 보였다. 메르켈은 이 경험들에서 올바른 결론을 끄집어냈다. 다시는 이런 일이 일어나서는 안 된다는 것이었다. 이후에 무척 힘든 상황에서도 침착함을 유지하며 때를 기다리는 법을 익혔고, 이는 나중에 극복해야 할 모든 위기 상황에서 그녀만의 강점이 되었다. 정치 경력 초기에는 일이 너무 느리게 진행되면 직원들에게 호통을 치기도 했지만 이제는 그런 일이 일어나지 않았다.[24] 나중에는 긴 야간 회의를 마치고 나면 대기 중인 공무원들을 위해 남은 샌드위치나 간식거리를 챙길 정도로 여유를 찾았다.

반면에 학창 시절 반항아였던 메르츠는 8학년 때 유급을 했고, 전통 있는 김나지움을 떠나 다른 학교에서 괜찮은 성적으로 졸업 시험을 통과했다. 그러나 의과 대학에 들어가기에는 성적이 부족해 법학을 공부했다. 어차피 법률가 집안이었다. 학창 시절 교장과 교사를 즐겨 도발했던 그는 본에서 대학을 다닐 때 정치적 좌파들을 도발했다. 젊은 시절부터 그가 가슴에 새긴 좌우명이 있었다. 가이슬러의 다음 구호였다. 「수세에 몰린 사람은 싸워야 한다. 스스로에게 감동하지 못하는 사람은 남도 감동시킬 수 없다.」[25] 모든 사람과 싸웠던 메르츠는 말솜씨가 뛰어났고, 종잡을 수 없을 만큼 감정적이고 논쟁적이었다.

메르켈의 연설을 듣는 사람은 그 시간을 견디기 힘들어했다. 반면에 메르츠의 연설은 무척 즐거웠다. 타의 추종을 불허하는 재능처럼 보였다. 그러나 겉으로만 그렇게 보일 뿐이었다. 청중을 즐겁게 하는 것보다 훨씬 더 중요한 것은 정치적 논쟁에서 정곡을 찌르고 사안의 본질을 꿰뚫는 능력이기 때문이다. 메르츠에게는 모든 전투가 곧 전쟁이었다. 이기면 스스로를 무적이라 느끼지만, 지면 거칠게 전장을 떠났다. 반면에 메르켈은 전쟁이 끝나고 최종적으로 패배가 확인된 뒤에야 전장을 떠났다.

정치에 재능 있는 메르츠가 1994년 유럽 의회에서 의원직 임기를 마치고 독일 국내 정치에 입문했을 때 쇼이블레는 그의 체면에 맞는 첫 번째 자리를 마련해 주었다. 기민·기사 연합 수석 재무 위원 자리였다. 이로써 그는 쇼이블레의 주요 보좌진으로 급부상했고, 지속적으로 중요한 특별 임무를 맡았다. 메르츠는 서독 보수 정치인의 이상형으로 자리매김할 정도로 훌륭한 조건을 갖추고 있었다. 큰 키에 호리호리한 몸매, 원만한 가정, 자랑스러운 가장, 진정한 유럽인, 자신감 넘치는 독일인, 대학 시절 유서 깊은 가톨릭 대학생 연합회 〈바바리아〉에서의 활동 등 보수 정치인으로서 무엇 하나 부족한 것이 없었다. 게다가 나이 든 여성과 기술자, 중산층 기업가, 또래와 연상의 자당 동지들로부터도 호감과 인정을 받았다. 메르츠와 그의 아내 샤를로테 메르츠는 대규모 저녁 파티 모임에서 다들 초대하고 싶어 하는 손님이었고, 연방 언론 무도회에서는 멋들어지게 춤을 췄으며, 테게른제 호숫가에서 여유롭게 파티를 열기도 했다. 한마디로 보수 상류층의 표본이었다.

반면에 메르켈은 보여 줄 게 많지 않았다. 여전히 당과는 서먹서먹했고, 친구와 측근은 몇 명 안 되었으며, 자식도 없었고, 1998년에야 재혼해서 가정을 꾸린 이혼 여성이었다. 남편과 함께 오페라와 연극을 자주 보러 가지만, 베를린 경영자 단체가 주최하는 대규모 만찬장에는 혼자 와서 일찍 일어났다. 기민련 당 대표가 된 뒤에는 더 이상 그런 곳에 참석하지 않았다. 따라서 영향력 있는 살롱들에서는 다들 장차 총리가 될 사람은 메르츠밖에 없다고 생각했다.

서독 남성적 색채가 강한 메르츠 또래의 기민련 세대는 당시 정치적으로나 사회적으로 무척 잘나갔다. 그들은 장관이 될 만한 연령대였고, 앞으로 오랫동안 당과 독일을 이끌 마음의 준비가 되어 있었다. 물론 그럴 기회가 주어진다면.

중앙당의 이 엘리트 그룹은 지역의 일반 당원에게서 폭넓은 지지를 받는 메르켈을 보며 관대하게 미소만 지어 주었다. 지방 사람들에게 지지를 받는 것은 동독 출신의 메르켈에게 따라붙을 수밖에 없는 촌스러움의 상징으로 여겨졌다. 서독 엘리트들의 눈에는 그녀가 여전히 동쪽에서 와 잠시 머물다 곧 지평선 너머로 사라질 카라반의 후위대 정도로밖에 비치지 않았다.

그에 반해 일반 당원들은 메르켈에게 상당히 열광했다. 선거전이 아닌데도 중앙당 출신의 누군가에게 관심을 보인 것은 오랜만이었다.

2002년 가을, 기민·기사 연합은 1998년의 수치를 갚고 슈뢰더 총리(사민당)를 집으로 돌려보낼 총리 후보를 찾고 있었다. 메르츠는 자신이 후보가 될 거라는 희망을 갖고 있었다. 그것은 바이에른 주지사 슈토이버도 마찬가지였다. 그 외 자주 이름이 거론되는 코흐는 이제 막 헤센 주지사가 되었을 뿐 아니라 당의 기부금 스캔들에서 벗어난 지 얼마 되지 않아 빨라야 차차기나 노릴 수 있었다. 총리 후보감을 두고 벌어진 이런 사고의 유희에서 걸리는 사람이 하나 있었다. 당 대표였다. 메르켈은 자신이 총리직을 맡기에 충분한 자질을 갖고 있다고 노골적으로 이야기했다.

마침내 슈토이버와 메르켈은, 〈총리 후보 선정 문제〉는 당 대표가 주도적으로 해결할 사안임을 선언했다. 메르츠 세대는 한 방 제대로 먹었다. 기민련의 다른 지도자들도 화가 났다. 하지만 머릿속으로는 주판알을 튀겼다. 만일 예순한 살의 슈토이버가 총리가 된다면 어쨌든 4년 또는 8년 뒤에는 그들 중 한 명이 후임자가 될 수 있었다. 반면에 젊은 메르켈이 승리한다면 남은 사람들에게는 영영 기회가 없을 것이었다.

2001년 크리스마스와 2002년 주현절 사이, 당 대표실 전화기에 불이 났다. 하나같이 당 대표에게 총리 후보 출마를 포기하라고 설득하는 전화였다. 심지어 자를란트 주지사 뮐러와 메르켈은 전화기에 대고 맞고함까지 쳤다. 게다가 원래 그녀와 사이가 안 좋은 것으로 유명한 헤센 주지사 코흐는 휴가 중인 스키장에서 전화를 걸어, 당 대표는 총리 후보직에서 절대 당내 과반수를 차지할 수 없을 거라고 크게 소리 지르고는 휴가를 중단한 채 돌아와 버렸다.[26] 메르켈은 그 말의 뒤에 깔린 위협을 결코 흘려들을 수 없었다. 만일 메르켈이 경선에서 형제당의 총리 후보에게 패배한다면 기민련 당수 자리도 유지하기 어려울 거라는 이야기였다.

겉으로는 여전히 어떤 설득에도 넘어가지 않을 것처럼 완고한 입장을 보이던 메르켈은 마그데부르크의 헤렌크루크 호텔에서 열릴 예정인 당 지도부 비공개회의를 하루 앞두고 마침내 패배를 인정했다. 대표실에서는 즉시 뮌헨행 항공편을 준비했다. 기민련 당수는 2002년 1월 11일 아침 뮌헨의 기사련 당수 집에 불쑥 들러 아침 식사를 같이 했다. 브뢰첸과 주스를 먹으면서 메르켈은 자신과 자신의 측근 베아테 바우만이 〈한발 앞지르기〉라고 부르는 행동에 나섰다. 즉, 단순히 방어와 반응 태세에서 벗어나 남들보다 한발 앞서 움직이면서 상황을 적극적으로 먼저 결정하려고 했던 것이다. 뮌헨의 슈토이버 집에서 그녀는 집주인에게 총리 후보직을 제안했고, 그로써 자신은 기민련 당 대표직과 권위를 지켰다. 〈수세에 몰렸을 때 꼭 싸우는 것만이 능사일까?〉 메르켈은 메르츠와 정반대의 길을 선택했다. 몰리는 상황에서는 순리에 따라 패배도 인정할 수 있다는 것이다. 그녀는 뒤로 물러남으로써 자신의 입지를 지키고 다음을 준비했다.

기습 쿠데타는 성공했다. 마그데부르크의 호텔에서 당 대표에게 반란을 준비하던 기민련 지도부는 완전히 한 방 먹은 느낌이었다. 오후에 메르켈은 그들에게 충성 서약을 강요했다. 이후 〈전제적 여성〉의 권위는 강화되었다. 나중에 튀링겐 주지사 베른하르트 포겔이 당시 상황을 평한 말이다.[27] 이 표현 속에는 당시 메르켈의 비상을 지켜보던 기민련 지도부 남자들의 의식에 깔려 있던 반감과 교만이 섞여 있다. 그럼에도 메르켈의 충성 서약에 반기를 든 사람은 없었다.

하지만 그 후 메르켈은 당 지도부에서는 더 이상 기대할 것이 없다는 사실을 분명히 깨달았다. 또한 헤렌크루크 호텔에서의 힘겨루기와 〈전제적 여성〉이라는 표현을 보면서 더는 협의와 배려에 연연하지 않겠다고 다짐했다. 메르츠와 슈토이버는 이런 변화를 곧 느꼈고, 코흐는 나중에야 느꼈다.

기민·기사 연합 총리 후보 슈토이버의 그림자 내각*과 관련해 흥미로운 이야기가 있다. 메르켈의 반대파들이 그녀의 전술 능력 및 권력 의지를 정말 이상하리만큼 까맣게 모르고 있음을 똑똑히 보여 주는 이야기다. 메르츠는 선거 당일까지도, 당은 그녀가 이끌고 자신은 원내 대표 자리를 유지한다는 합의가 계속 지켜질 거라고 믿었다. 그런데 그사이 그림자 내각의 재무부 장관에 임명된 메르츠는 슈토이버의 참모에게서 만일 이번 선거에서 지면 원내 대표 자리를 당 대표에게 내줘야 할 거라는 경고를 들었다. 메르켈과 슈토이버가 그렇게 합의했다는 것이다. 메르츠는 처음엔 반신반의했지만, 곧 망연자실했고 이어 격분했다.

선거 당일 저녁 슈토이버와 메르켈은 메르츠에게, 앞으로 메르켈이 기민·기사 연합의 원내 대표를 맡을 거라고 털어놓았다. 원한다면 연방 하원 의장으로 밀어주겠다고 하면서. 머리 꼭대기까지 화가 치민 메르츠는 그때부터 메르켈을 〈동독에서

* 야당에서 정권을 잡았을 때를 대비해서 조직하는 내각.

온 여성〉이라 지칭하기 시작했다. 자신은 그녀에게 정치적으로 빚진 게 없고, 둘 사이에 연결 고리도 없었기 때문이다. 메르츠 는 그녀가 당을 책임지고 있는 이상 돌아오지 않으리라 마음먹 었다. 그것은 기민련에 몸담고 있는 사람이라면 누구나 곧 알게 되었다. 결국 그를 당으로 불러들이려면 먼저 메르켈을 타도해 야 했다. 이후 16년 동안 그의 복귀를 희망한 사람은 많았지만, 실제로 총리를 끌어내릴 방법이 없었다. 그러다가 마침내 그녀 가 자발적으로 은퇴 선언을 했을 때는 메르츠 스스로 자기 발에 걸려 넘어졌다.

선거에서 패배하고 몇 개월 뒤, 이제는 슈토이버 차례였다. 그 는 자신이 여전히 기민·기사 연합의 그림자 총리라는 믿음을 갖 고 있었으나 그것을 버릴 때가 된 것이다. 2003년 12월 초, 그는 라이프치히에서 열린 형제당의 전당 대회에 참석했다. 강령을 개정하는 중요한 자리였다. 슈토이버는 여전히 자신이 양당에 서 전국적인 지지를 받는 핵심 인물이 될 거라 확신하고 있었다. 물론 개정된 강령만 유심히 봤더라도 사정이 다르게 돌아가고 있음을 알아차렸을지 모른다.

그해 봄 메르켈은 경제 및 사회 분야의 당 강령을 개정하는 작업을 위한 개혁 위원회 수장으로 전 연방 대통령 로만 헤어초 크를 영입했다. 기사련에서는 제호퍼가 대표로 참여해 개정 작 업을 함께했지만, 몇 주 뒤 거세게 항의하면서 위원회를 박차고 떠났다. 〈독일은 더 많은 것을 할 수 있다!〉 메르켈은 이 구호 아래 라이프치히 전당 대회에서 사회 시스템의 급진적 구조 조정을 제안했다. 기사련으로서는 도저히 받아들일 수 없는 내용이었다. 게다가 사전에 바이에른 형제당과의 공통분모를 찾으려는 노력조차 없었다.

기민련의 개정안은 밀레니엄 전환기의 시대정신이 숨 쉬는 신자유주의적 강령이었다. 그 무렵 서방의 거의 모든 국가가 세금을 낮추고, 복지를 축소하고, 경제 규제를 완화하고, 노동 시장을 자유화하고 있었다. 또한 좌파든 우파든 자국의 경제를 활성화하고 세계화의 도전에 대처하고자 애썼다. 기민련도 예외가 아니었다. 다만 시대적 흐름에서 다른 정당들보다 좀 더 빠르고 힘차게 움직였을 뿐이다.

반면에 기사련은 그리 빠르지 않았다. 당시 기민·기사 연합에서 메르켈의 대리인이자 연합당의 보건 전문가였던 제호퍼는 형제당의 〈마구잡이식 민영화〉에 반기를 들었다.[28] 결국 슈토이버와 메르켈은 그를 포기했고, 2004년 11월 제호퍼는 씁쓰레하게 물러났다. 그 뒤부터 그는 이 두 사람, 즉 기사련 주지사와 베를린 야당 지도자에게 부단한 시험과 골칫거리로 돌변했다. 어떤 때는 보건 정책에서, 나중에는 난민 정책의 상한선 문제에서. 모두 슈토이버와 메르켈에게서 받은 깊은 심적인 상처 때문이었다. 제호퍼는 틈만 나면 사임하겠다고 위협하면서도 자리를 안정적으로 지켰다. 「내 덕분에 총리가 된 사람에게 해임당하고 싶지는 않습니다.」[29] 제호퍼가 내무부 장관일 때 한 말인데, 그는 그 직전에 모든 것을 던져 버리겠다고 위협했다. 아무튼 2003년부터 시작해 결코 봉합된 적이 없는 이 갈등의 종착점은 난민 정책에 관한 논쟁이었다.

2003년 12월, 당 대표는 현재 연합당을 이끄는 사람이 누구인지 똑똑히 보여 주었다. 전당 대회 첫날 기조연설에서 메르켈의 어조가 날카로웠다. 평소 메르켈의 연설은 열광적인 환호를 불러일으키는 스타일이 아니었다. 하지만 그날은 달랐다. 기민련 당원들은 불같이 환호했다. 충분히 들뜰 만한 정치적 분위기였다. 3월에 있었던 헤센주 선거에서 코흐는 눈부신 승리를 거두었고, 니더작센에서는 불프가 지그마어 가브리엘이 이끄는 사민당 주 정부를 교체했다. 바이에른에서는 슈토이버가 3분의 2에 아깝게 못 미치는 득표율을 기록하며 대승을 거두었다. 반면에 슈뢰더의 적록 연정은 두 번째 임기가 시작된 지 불과 몇 개월 만에 벌써 종말이 보였다.

라이프치히 전당 대회에 참석한 기민련 대의원들은 연합당이 전진의 길로 나아가고 있다고 여겼고, 그에 대한 최대 공을 메르켈에게 돌릴 준비가 되어 있었다. 당 대표가 연설 마지막에 〈더 큰 시장과 더 큰 개인의 책임과 더 적은 국가〉를 부르짖었을 때 대의원들은 모두 자리에서 일어나 몇 분간 우렁찬 박수를 보냈다. 이제야 드디어 메르켈과 당의 궁합이 맞아떨어지는 것 같았다.

둘째 날에는 슈토이버의 연설이 이어졌다. 그런데 인사말 뒤에 많은 사람이 자리를 떴고, 몇몇 대의원만 힘겹게 자리를 지켰으며, 박수 소리는 금방 가라앉았다. 슈토이버는 이 신호를 재빨리 알아차렸다. 다음 선거에서 총리 후보로 나갈 가능성이 두 번 다시 오지 않으리라는 의미였다. 두 번째 기회를 잡기에는 그의 기사련과 기민련의 공통분모가 하루아침에 너무 적어져 버렸다.

메르켈이 개혁 프로그램을 진심으로 추진할 생각이었는지에 대해서는 오늘날까지도 정치학자와 역사가들 사이에서 논쟁이 뜨겁다. 라이프치히 전당 대회가 열린 지 1년 후 괴팅겐의 정치학자 프란츠 발터는 이렇게 썼다. 「대중 정당의 경험 많은 지도자들은 (……) 자신들의 기본 계획이 얽히고설킨 무수한 이해관계 속에서 잘게 부서지고 으깨지리라는 것을 이미 알고 있었다. 실제로 2003년 말부터 기민련은 메르켈-헤어초크-메르츠의 개혁 프로그램과 관련해서 그런 일을 겪었다.」[30] 발터는 메르켈이 자연 과학자였기에 그런 정치적 감각이 부족했을 거라고 추측한다. 반면에 정치학자이자 기민련의 핵심 내부인 랑구트는 이렇게 분석한다. 「유권자들은 무자비한 개혁을 원하지 않는다.」 이를 무시하는 바람에 메르켈은 2005년 선거에서 〈하마터면 총리직을 놓칠 뻔했다〉[31]는 것이다.

두 사람의 진단 모두 틀렸을지도 모른다. 기민련 당 대표는 개혁 프로그램을 추진할 때부터 이미 정확한 손익 계산서를 갖고 있었기 때문이다. 어쨌든 기사련 사람들은 그때 일을 돌아보면서 모든 것이 마술 같은 연출이었다고 믿는다. 2003년 겨울, 메르켈은 여러모로 큰 성공을 거두었음에도 여전히 경쟁자들 사이에 끼여 있었다. 결국 슈토이버와 메르츠에게 손을 내밀 수밖에 없었다. 그런데 앞으로 확 치고 나가려면 이런 권력 전술만으로 부족했다. 내용적으로 강력한 프로그램, 그러니까 경제 및 사회 정책적으로 〈한발 앞지를〉 수 있는 정치적 설계가 필요했다. 「그녀로서는 정상에 오르려면 스스로 기민련뿐 아니라 경제 및 사회 혁신의 선구자가 될 수밖에 없었다. 다만 목표가 달성되자 그것은 더 이상 그렇게 중요하지 않았다.」 슈토이버 최측근의 분석이다.

아무튼 이런저런 분석이 있지만, 라이프치히 전당 대회 이후 메르켈이 장차 총리로서 나라를 어떻게 다스릴지 미리 보여 주었다고 생각하는 것은 착각이다. 메르켈은 독일이 세계적 경쟁에서 우위를 점하려면 더 빨리 움직이고 발전해야 한다고 확신했다. 물론 국민과 기사련이 너무 급격한 변화를 원치 않는다는 사실도 재빨리 깨달으면서 속도 조절에 나섰다.

다만 보건 정책만큼은 개혁을 실제로 밀어붙이면서 〈근본적 오류〉를 범했다.[32] 사민당과의 제1기 대연정 때 총리로서 그녀는 건강 보험 회사들 간 급여 상한선과 구조적 균형을 몇 날 며칠 동안 계산했다. 그런데 그녀의 이런 노력을 고마워하는 사람은 없었다. 아니, 다들 반대했다. 그녀가 새로운 시도를 할 때마다 무산시키려는 사람은 제호퍼만이 아니었다. 그녀는 총리직을 제대로 이해하지 못한다는 비판에 휩싸였다. 한 나라의 총리라면 정책의 큰 틀만 제시해야지 세세한 부분까지 직접 관여해선 안 된다는 것이 정치학자들의 고언이었다.

라이프치히 전당 대회에서 메르켈의 주 관심사는 당내 입지를 공고히 하는 것이었다. 메르츠는 이 전당 대회에서 생에 남을 연설을 했다. 독일을 건강하게 재건할 새로운 세제를 제안한 것이다. 대의원들은 아낌없는 박수를 보냈다. 그러나 그것은 야단스러운 작별 인사일 뿐이었다. 누진 세율을 없애고, 세제를 세 가지 고정 세율로 통합하며, 수많은 예외와 공제 가능성을 삭제하자는 그의 대담한 아이디어는 치과 서비스의 민영화나 건강 보험의 단일 보험료 제안처럼 기민련 개혁안의 쓰레기통 속으로 재빨리 던져졌다.

메르켈에게는 사람도 그렇지만 개혁안도 특정 시기에 특정 목적에 이용되는 서류일 뿐이었다. 개혁안은 유용할 때까지만 사용되었다. 만일 그것이 자신의 입지를 더는 강화하지 않거나 심지어 자신에게 해가 된다면 즉시 변경하거나 밀쳐 두었다.

복사들

총리로서 그녀는 이제 자기 사람을 찾아 나섰다. 자신의 짧은 당 경력을 보완해 주고 눈에 띄지 않게 자신을 도와줄 정치인이 필요했다. 가톨릭 색채가 강한 본의 정치 무대에서는 이런 남자들을 약간 폄하하는 의미로 〈복사(服事)〉라고 불렀다. 사제를 섬기듯 주군을 따르고 시중드는 정치인이라는 말이다. 메르켈의 복사로는 힌체, 데메지에르, 그뢰에를 꼽을 수 있는데, 이들은 메르츠나 코흐와 다른 부류였다. 다시 말해, 스스로 최정상이 될 생각이 없는 사람들이었다.

메르켈은 과거 기민련과 연결 고리가 없는 까닭에 당의 전통에 무지한 자신의 선천적 결함을 처음부터 비주류 정치인들로 이루어진 참모와 측근들로 메우려 했다. 그들은 그녀와 닮았다. 모두 성실하고 자제력이 강했다. 다만 자기만의 명확한 정치적 소신이나 의제가 없었다. 특히 이들의 두드러진 특징은 어떤 문제에서건 메르켈이 자신들보다 훨씬 낫다고 인정한다는 점이었다. 그들은 메르켈이 마술을 부릴 수 있도록 물과 포도주를 들고 따라다니는 복사였다.

나중에는 그 무리에 몇 사람이 더 추가되었고, 2015년 이후로는 더 이상 추가되지 않았다. 총리 임기 말년에는 떠나는 사람들을 다른 이들로 대체했지만, 더는 과거와 같은 깊은 신뢰 관계가 구축되지 않았다. 총리청은 1990년대 후반처럼 측근들의 장막으로 둘러싸였다. 당시 메르켈은 콜 밑에서 기나긴 통치의 후유증으로 최측근 그룹에서도 아이디어가 고갈되고 변화의 의지가 얼마나 쉽게 쇠퇴하는지 직접 경험했는데, 난민 위기 이후에는 자신이 그러고 있었다. 그녀는 항상 같은 사람들에 둘러싸여 자신이 이미 알고 있는 조언만 들었다. 이제 총리청 위에 황혼이 깔리고 있었다.

막판에 코로나 팬데믹이 관성과 피곤에 찌든 메르켈을 일시적으로 깨움으로써, 총리 임기 말년이 사람들에게 재임기의 유일한 정체기로 각인되는 것을 막았다. 그녀는 본래 모습을 되찾았다. 그녀에게는 코로나 환자의 증가가 무엇을 의미하는지 설명해 줄 필요가 없었다. 게다가 어디서 올바른 조언을 얻을 수 있는지도 정확히 알고 있었다. 베를린 샤리테 연구소, 함부르크 에펜도르프 대학교 병원 연구소, 레오폴디나 연구소, 라이프니츠 협회, 헬름홀츠 센터, 로베르트 코흐 연구소 같은 곳이었다. 〈과학의 말을 들어라!〉 스웨덴의 환경 운동가 그레타 툰베리의 이 슬로건은 어쩌면 메르켈 총리에게서 따온 것일지도 모른다.

힌체와 메르켈은 1990년 통독 후 첫 연방 의회가 열렸을 때 처음 만났다. 그로부터 몇 주 뒤 신임 여성부 장관 메르켈은 의회에서 자신을 보좌해 줄 정무 차관을 구했는데, 콜이 힌체를 천거했다. 라인란트 출신 목사인 힌체는 수년간 연방 정부에서 공익 근무 담당 관료로 일하다가 노르트라인베스트팔렌의 기민련 부의장이 되었다. 기민련 내에서는 개신교 실무 모임을 이끌다가 2년 뒤 중앙당 사무총장으로 옮기면서, 여성부 장관 메르켈에게 자기 자리를 대신 맡아 줄 것을 제안했다.

1998년 총선 패배 후, 신임 당 대표 쇼이블레는 그를 해임하고 메르켈을 사무총장에 앉혔다. 그 일로 힌체가 후임자를 비난하거나 섭섭하게 생각한 적은 없었다. 그는 메르켈의 정치 생활에서 늘 한결같은 사람 중 하나였다. 또한 당에서 그녀의 귀이자 중재자 역할을 했다. 그는 당내에 돌아다니는 온갖 소문과 험담을 메르켈에게 전달했을 뿐 아니라, 누가 쓸모 있고 누가 무엇을 원하는지도 알려 주었다. 메르켈은 개인적 세력이 없었던 탓에 기민련과 자기 부처 및 부하 직원들을 다루는 문제에서 늘 힘들어했다. 그때 힌체가 많은 조언과 도움을 주었다. 이를 계기로 두 사람의 인연은 몇십 년 동안 이어졌다.

메르켈은 시간이 갈수록 당과 좀 더 가까워졌지만, 여전히 상당한 거리감과 소외감을 느꼈다. 불우한 환경에서 자라 당내 좌파 청년 조직의 간부를 거쳐 당수의 지근거리에 이르기까지 사민당의 전형적인 엘리트 코스를 밟은 슈뢰더와 달리, 그녀는 당내에서 꽤 매력적이긴 하지만 여전히 이상한 이질적 존재로 여겨졌다. 그녀에겐 기민련 정치인들과 공유할 만한 〈청년 동맹〉에 대한 기억도 없고, 그들과 함께 여행을 떠난 적도 없으며, 젊은 시절 동지들과 맺은 굳은 맹세도 없었다. 대신 감정을 배제한 채 냉철하게, 어떤 가치와 신념을 따라야 하는지 스스로에게 끊임없이 질문을 던졌다. 혹자는 그녀에게 총리가 되는 것 말고 다른 목표는 없었다고 말하기도 한다.

당과의 거리감은 힌체가 메워 주었다. 직접 당 대표실 문을 두드릴 용기가 없는 사람은 힌체를 찾아갔다. 원내에서 요청할 것이 있지만 총리를 성가시게 하고 싶지 않은 사람도 힌체에게 도움을 청했다. 그는 어떤 화려한 직책도 원하지 않았다. 〈기껏해야〉 2005년에 경제부 원내 정무 차관을 맡고 2013년에 하원 부의장에 오른 게 전부였다. 아마 그는 여야를 떠나 모든 정당 의원들에게 가장 존경받는 사람 중 하나일 것이다. 만일 그가 가톨릭 신부였다면 그의 사무실은 독일 연방 하원의 고해소가 되었을지도 모른다.

힌체의 명함에 경제부 주소가 기재되어 있음에도, 그는 메르켈 총리로부터 아침에 하는 측근 회의에 꾸준히 참석할 것을 요청받은 유일한 사람이었다. 오래전부터 병으로 고생하던 그는 병원에서 나와 메르켈에게 2017년 선거에 다시 출마할 것을 촉구했다. 결국 2016년 11월 20일 그녀는 재출마를 선언했고, 며칠 후 힌체는 세상을 떠났다. 장례식장에서 총리는 눈물을 보였다.

메르켈이 여성부 장관에 임명되었을 때 그뢰에는 청년 동맹 회장이었다. 그러다가 1994년 총선에서 당선되어 연방 하원에 입성했다. 당시 청년 동맹은 아직 당의 보수파가 아니었다. 아니, 그 반대였다. 특히 가족 정책에서는 동독 출신의 젊은 정치인 메르켈과 많은 부분을 공유했다. 하지만 뿌리는 같지 않았다. 메르켈의 가족 정책이 실용주의와 동독의 경험에 뿌리를 두고 있었다면, 그들의 가족 정책 배후에는 정치적 조바심이 깔려 있었다. 그들은 콜의 기민련과 쥐스무트, 가이슬러에 대한 반란을 준비하고 있었는데, 콜 시대에 가장 경직된 분야가 여성 정책과 가족 정책이라고 보았다. 이렇게 해서 메르켈은 그들의 우군이 되었다.

그런데 그뢰에가 처음부터 메르켈을 섬긴 것은 아니다. 그는 1995년 기민련과 녹색당의 젊은 의원들로 구성된 이른바 〈피자 커넥션〉의 창립 멤버였다. 양당 지도부가 불신의 눈으로 주시하던 이 토론 모임은 기성 정치인들이 지금껏 갖고 있던 선입견과 반감 같은 것이 자기들 세대에는 아무런 의미가 없음을 공통적으로 확인했다. 보수당에서는 그뢰에, 알트마이어, 라셰트, 뢰트겐, 포팔라가, 녹색당에서는 마티아스 베르닝거, 안드레아 피셔, 젬 외즈데미어, 오스발트 메츠거, 폴커 베크가 참석했는데, 장소는 콜 총리 시절 정치인들에게 인기가 높았던 본의 이탈리아 레스토랑 〈자셀라〉였다. 회동 시 메뉴는 피자가 아니라 주로 파스타였다.

알트마이어의 전언에 따르면, 메르켈에 대한 그들의 입장은 〈중립적〉이었다.[33] 나이로는 이 모임에 적합했지만, 그녀는 어쨌든 장관이었고 동독 출신이었다. 게다가 현재의 정치 상황과 미래 자신들이 기대하는 권력에 대해 와인에 취한 채 흥겹고 시끌벅적하게 떠드는 것은 어차피 그녀의 취향에 맞지 않았다. 물론 그들 중에 메르켈을 멤버로 끌어들이려고 생각하는 사람도 없었다.

이런 상황은 1998년 정권 교체 이후 확 바뀌었다. 피자 커넥션의 녹색당 멤버들은 이제 권력을 잡은 자당 안에서 중용되었다. 반면에 보수당 멤버들은 새로운 방향 정립에 나서야 했다. 목표는 상층부 진입이었다. 이렇게 해서 그들은 막 사무총장에 임명된 메르켈에게 자신을 맡겼다. 새 시대에 맞는 새 사람으로 써주기를 기대하면서.

2005년 이후 그뢰에는 기민·기사 연합의 원내 법률 고문, 총리청 특임 장관, 기민련 사무총장, 보건부 장관을 지냈다. 그런데 이런 직책들을 잃는 과정이 퍽 흥미롭다. 당 대표에게 위험이 닥치면 그녀의 패배를 막으려고 자신이 물러나는 선택을 한 것이다. 그뢰에의 입후보는 항상 메르켈의 제안이기도 했기 때문이다. 그의 공직 출마는 그녀의 당내 입지를 공고히 하는 데 이용되었다.

　2014년 그뢰에는 기민련 최고 위원회에 들어가고 싶었다. 2013년 선거에서 기민련의 승리를 위해 사무총장으로서 조직을 성공적으로 이끈 사람이 최고 위원회에 들어가는 것은 일반적으로 아무 문제가 없었다. 그런데 2차 투표를 불과 1분 앞두고 그뢰에는 후보직에서 사퇴했다. 당 대표 메르켈은 최고 위원회에 지역 대표와 직능 대표, 여성 대표를 포함시키는 아름다운 계획을 구상하고 있었는데, 젊은 슈판이 계획을 망쳐 버렸다. 기민련 내에서 〈영원한 총리〉에 대한 원성의 목소리가 점점 높아지고 있다면서, 자기 이름을 후보자 명단에 올리게 했기 때문이다. 그는 야망이 크고 무례하고 당돌한 사람이었다. 아무튼 슈판은 위로 치고 올라갔고, 그뢰에는 뒤로 물러났다.

　2017년 총선 후 슈판에 의해 두 번째로 패배했다. 그뢰에는 보건부 장관으로 계속 남고 싶었지만, 총리는 점점 반항적으로 변해 가는 슈판을 차라리 내각으로 불러들여 길들이려고 했다. 결국 슈판은 2018년에 장관이 되었고, 그뢰에는 군말 없이 다시 물러났다. 그는 총리에게 이상적인 사람이었다. 필요할 때는 언제나 있었고, 훌륭한 성과를 내야 할 일에서는 늘 신뢰할 수 있었으며, 자리에서 물러난 뒤에도 변함없이 충성했기 때문이다.

그것은 데메지에르도 마찬가지였다. 그는 메르켈이 힘들어할 때 함께 견뎠고, 좌절할 때 함께 실망했다. 게다가 다른 많은 이와 달리 한결같이 그녀 곁을 지켰다. 그는 메르켈이 없었다면 구 동독 연방주의 장관 이상은 되지 못했을 것이고, 그녀 역시 데메지에르가 없었다면 그토록 원만하게 통치하지 못했을 것이다. 아니, 어쩌면 정치에 발을 들여놓지 못했을 수도 있다.

데메지에르는 1990년에 메르켈을 처음 만났다. 그는 동독의 마지막 총리 로타어 데메지에르의 사촌이었다. 물론 서독 사람이었지만. 아무튼 법률가 데메지에르는 1989년 베를린 행정처 기조실을 이끌었고, 베를린 시 의회에서 기민련 대변인으로 일했다. 그러다가 사촌이 침몰하는 동독 국가의 수장이 되었을 때 그를 도와주러 급히 달려갔다. 이렇게 해서 동독 정부에서 일한 서독 출신의 첫 참모 가운데 한 사람이 되었고, 나중에 메르켈을 동독 정부 부대변인으로 추천한 사람도 바로 데메지에르였다.

1990년대 메르켈이 본에서 부상하는 동안 본에서 태어난 변호사 데메지에르는 새 연방주로 편입된 옛 동독 지역에서 자신의 미래를 보았고, 메클렌부르크포어포메른 및 작센에서 정무차관과 장관이 되었다. 그리고 2005년에야 메르켈 정권의 총리청장으로서 연방 정부에 입성했다.

그는 올곧고 똑똑하며, 행정 능력까지 갖추었다. 게다가 법과 원칙만 고집하는 사람이 아니었다. 그럼에도 당내 보수주의자들이 특히 그를 좋아했다. 잘 어울리는 스리피스 슈트, 산뜻한 헤어스타일, 절도 있는 걸음걸이, 거만함을 찾아볼 수 없는 태도를 모두 갖춘 데메지에르를 향해 당내 일각에서는 〈미스터 퍼펙트〉라고 불렀다.

그는 메르켈에게도 그런 사람이었다. 그녀에게 데메지에르의 동의는 당내 반대파들의 입을 막는 안전장치 역할을 했고, 그의 충성은 그녀의 정부를 안정시켰다. 메르켈은 그를 내각 내에서 이리저리 돌려 사용했다. 총리청장을 시작으로 내무부와 국방부로 보냈다가 다시 내무부로 불러들였으며, 그 뒤에는 아무런 직책을 맡기지 않기도 했다. 그럼에도 그는 불평 한마디 없었다. 독일에 대한 봉사를 무엇보다 메르켈에 대한 봉사로 여기는 사람이 있다면 바로 데메지에르였다. 2017년 총선 이후 더는 공직이 주어지지 않았다. 이때부터는 의회에만 있었고, 2021년에 불출마를 선언함으로써 의정 생활마저 마감했다. 그의 정치 경력은 메르켈과 함께 시작해서 메르켈과 함께 끝났다.

힌체, 그뢰에, 데메지에르, 이 세 사람은 메르켈 총리를 위해 기꺼이 일했다. 정치적 일인 기업 집단이라고 할 수 있는 정치판에서는 예외적인 인물들이다. 그들은 당과 정부에서 그녀의 비상을 가능하게 했고, 그 과정에서 혜택도 받았지만, 세 사람 모두 스스로를 메르켈의 가신으로 여겼다. 그 때문에 메르켈이 필요할 때 쓰려고 다소 냉정한 태도로 그들을 창고에 처박아 둬도 묵묵히 받아들였다.

처음에는 총리의 복사 그룹에 알트마이어, 뢰트겐도 포함되었다. 둘 다 1994년 하원 의원이 되었고, 피자 커넥션의 창립 멤

버렸으며, 콜의 마지막 임기에는 정체 상태에 빠졌다. 두 사람 모두 진보적이고 똑똑하고 지적이었다. 나중에는 슈토이버와 메르츠에 대항해서 메르켈을 지지했고, 선거전에서는 그녀의 참모로 뛰었다. 2005년 선거 이후 알트마이어는 내무부 정무 차관에 임명되었고, 뢰트겐은 자신을 총리청장에 앉혀 주기로 한 메르켈의 전화를 기다렸다. 그러나 전화는 오지 않았고, 그 자리는 데메지에르에게 돌아갔다.

뢰트겐은 무시당했다고 느꼈다. 그리고 4년 뒤 친구 알트마이어를 추월했다. 환경부 장관이 되어 점수를 땄고, 자기만의 정치적 경력을 쌓기 시작한 것이다. 하지만 그로써 총리와의 관계에 금이 갔다. 알트마이어는 오직 메르켈에게만 충실히 봉사한 반면, 젊고 잘생긴 뢰트겐은 더 높은 곳으로 올라가려는 야망을 품고 있었다. 여성 잡지 『분테*Bunte*』에 〈독일 정치의 조지 클루니〉[34]로 소개되기도 한 스마트한 뢰트겐은 정치인으로서 자기만의 독자적인 길을 걸으려 했다. 그러니까 가족 정책에서 우르줄라 폰데어라이엔이나 국방부 장관 구텐베르크처럼 자기 부처에서 자신을 위한 정치적 계획을 추진한 것이다. 그는 자민당과의 연정 협정을 깨고 탈원전을 추진했다. 그러나 이 시도는 내각 회의에서 보기 좋게 퇴짜를 맞았다. 탈원전은 후쿠시마 원전 사고 이후에야 독일에서 최종 결정되었다. 그것은 그때나 지금이나 일개 장관의 전결 사항이 아니라 내각 책임자인 총리의 결정 사안이었다.

야망이 큰 뢰트겐은 그대로 주저앉지 않았다. 아니, 정반대였다. 머릿속으로 늘 큰 그림을 그렸다. 이로써 『슈피겔』이 비꼰 것처럼 〈엄마*의 가장 똑똑한 사람〉[35]이 갑자기 엄마의 가장 위험한 사람이 되어 버렸다. 중앙 무대에서의 진군이 생각보다 어려워지자 뢰트겐은 지방에서 거점 확보에 나섰다. 메르켈의 반대를 무릅쓰고 노르트라인베스트팔렌주의 기민련 의장직에 입후보해서 지방 정치인 라셰트에게 승리를 거두었다. 그 뒤 지방 선거에서 참담한 성적표를 받았지만, 그렇다고 당내에서 반메르켈 정서를 부추기는 일을 그만두지는 않았다.

총리의 반응은 신속했다. 메르켈은 그를 환경부 장관에서 즉각 해임해 버렸다. 16년 임기 동안 그녀가 장관을 해임한 것은 이것이 처음이자 마지막이었다. 독일 역사 전체로 보더라도, 물밑에서 사퇴를 종용하지 않고 공식 절차를 밟아 연방 장관을 해임한 것은 이번이 두 번째였다. 뢰트겐에게는 곧 그보다 더 나쁜 일이 찾아왔다. 자신의 후임으로 하필 옛 친구, 그러니까 메르켈의 충직한 복사 알트마이어가 임명된 것이다. 결과적으로 메르켈 정부에서 어떤 행동이 보상을 받고 어떤 행동이 벌을 받는지 명확하게 보여 주는 신호였다.

총리는 장관들의 정치적 야망에 시비를 걸지 않았다. 아니, 오히려 야망을 장려했다. 한 전직 장관의 말이다. 다만 두 가지 조건이 있었다. 첫째, 야망을 추진하다 실패하면 집으로 돌아가야 한다. 둘째, 장관의 야망이 총리의 권위를 손상시켜서는 안된다. 이런 원칙하에, 폰데어라이엔은 자기만의 가족 정책을,

---

* 독일어로는 무티Mutti. 메르켈의 애칭이다.

구텐베르크는 병역 의무 폐지를, 샤반은 교육과 연구에 국내 총생산(GDP)의 10퍼센트를 지출하는 안을 추진할 수 있었다. 그런데 뢰트겐은 메르켈의 원칙을 너무 자주 위반했다. 메르켈의 후임으로 총리가 되고자 하는 사람은 다른 길을 찾아야 했다.

알트마이어는 똑똑하게 처신했다. 「나처럼 생긴 사람은 오늘날의 미디어 민주주의에서 결코 일류 정치인이 될 수 없습니다.」 그가 밝힌 말이다.[36] 게다가 자신에게 개인적 욕심이 있다고 누군가 의심하기 시작하면, 그전에 백기를 들어 버렸다. 자를란트 지방에서 광부의 아들로 태어난 알트마이어는 입술갈림증이라는 선천적 장애가 있었다. 더구나 심한 과체중에다 수상쩍은 삶의 형태인 독신으로 살아가고 있다. 이것이 다른 사람들과 가장 큰 차이점이었다. 다들 사생활이 있었지만 그는 사생활 없이 기민련과 함께 살았다.

총리에게 그는 이상적인 사람이었다. 그녀가 어떤 계획을 품든 묻지 않고 그대로 따랐다. 알트마이어는 그녀의 조커였다. 처음에는 내무부 정무 차관, 다음에는 총리청장, 나중에는 환경부 장관과 재무부 장관 대리, 그리고 마지막에는 경제부 장관까지, 그녀의 주문이라면 어떤 직책도 마다하지 않았다. 메르켈은 그가 가끔 총리가 되겠다는 꿈을 꾸는 것도 탓하지 않았다. 단지 꿈만 꾸었을 뿐이니까.

카우더는 상황이 약간 달랐다. 2002년 바덴의 기민련 의원이었던 그는 당시 총리 후보로 슈토이버를 밀었다. 하지만 그 때문에 메르켈에게 고함을 친 부류는 아니었다. 대신 슈토이버가 왜 총리 후보에 더 적합한지 차분하게 설명했다. 이런 솔직함은 그녀에게 좋은 인상을 심어 주었다. 이후 그는 그녀의 무척 충실한 동료로 끝까지 남았다. 2005년에는 기민련 사무총장에 임명되었고, 총선 뒤에는 메르켈의 후임으로 기민·기사 연합 원내 대표가 되었다.

카우더는 의회 권력에 대한 메르켈의 우위를 시종일관 확고하게 지켜 주었다. 처음에는 납작 엎드려 있던 기민·기사 연합이 나중에는 반발하다가 더는 참지 못하고 2018년에 원내 쿠데타로 카우더를 원내 대표직에서 몰아낼 정도로 그의 충성심은 대단했다. 연합당이 13년 동안 메르켈의 기습적인 정책 전환 및 교묘한 정치적 술책을 의회에서 뒷받침해 주고, 그렇지 않을 경우에는 얌전히 입을 다문 것도 모두 카우더 덕분이었다. 그 바람에 그는 자신도 동의할 수 없는 정책을 위해 의회 과반수를 확보해야 하는 내적 모순을 감수해야 했다. 예를 들어, 어린이집과 유치원 확충, 차별 금지법, 탈원전, 장년층 실업자를 위한 사회적 혜택 확대는 연합당의 많은 보수파뿐 아니라 카우더에게도 마뜩잖은 정책이었다. 그럼에도 그는 이 정책들에 대한 과반수 확보를 위해 백방으로 뛰어다녔다.

이런 원내 대표가 없었더라면 메르켈 총리는 살아남기 힘들었을 것이다. 콜에게는 쇼이블레가, 슈뢰더에게는 페터 슈트루크가 원내 대표로서 그 역할을 했다. 정치적 행위의 무게 중심이 연방 정부와 행정부로 치우칠수록 의회의 역할은 점점 어려워진다. 사실 원내 대표는 의회의 권리를 강화하고 존중해야 한다. 원칙적으로 국민을 대표하는 사람은 정부가 아니라 하원 의원들이기 때문이다. 다만 그사이에는 항상 문제가 생긴다. 따라서 모든 정부에는 그런 불균형한 권력관계를 바로잡기보다 순순히 받아들이면서 적절하게 문제를 해결해 줄 원내 대표가 필요하다.

거기다 카우더의 경우에는 결정적 요소가 하나 더 추가된다. 그는 기민련에서 말 그대로 기독교의 화신이었다. 그만큼 철저하게 신앙생활을 하는 사람은 거의 없었다. 연합당 일각에서는 말한다. 카우더는 주교와 목사, 신부를 만나면 늘 정치에서의 죄악과 책임 윤리에 대해 토론을 벌이고, 훗날 자신이 수많은 협잡과 음모, 정치적 공갈 때문에 지옥에 떨어지는 것을 굉장히 두려워한다고. 목사의 딸인 메르켈에게는 정말 반가운 선물 같은 사람이었다. 그녀는 정치적으로 상황이 어려우면 기독교적 정신을 별로 진지하게 고려하지 않는다는 의심을 받았기 때문이다. 따라서 충직한 골수 보수주의자를 자기편에 확보하고 있다는 것은 그런 측면에서의 소란이나 반발로부터 그녀를 구해 주는 훌륭한 방패막이었다.

일반적으로 원내 대표들에게는 믿는 구석이 하나 있다. 의원들에게 총선 후보 선정이나 상임 위원회 배정 문제에서 불이익을 주겠다고 위협하면, 정부의 결정에 대한 항의를 금방 진압할 수 있다는 것이다. 이것은 기민·기사 연합에서도 마찬가지였다. 그 때문에 의원들은 금융 위기와 유로화 위기, 난민 문제에서 소신에 반하는 결정으로 자괴감이 무척 컸지만 다들 용기를 내어 카우더를 원내 대표에서 낙마시키기까지 오랜 시간이 걸릴 수밖에 없었다. 2018년에 카우더는 기습적으로 출마한 랄프 브링크하우스에게 자리를 내줘야 했다.

이 선거는 메르켈 정권의 종말을 예고하는 첫 신호탄이었다. 그녀가 밀었던 카우더의 낙선으로 인해, 자당 의원들을 자기 뜻대로 이끌 수 없다는 것이 분명해졌다. 권력의 추락은 뚜렷이 드러났다. 몇 주 후 기민련은 헤센주 선거에서 참패했다. 메르켈은 당 대표직에서 물러났고, 2021년 정계에서 은퇴하겠다고 선언했다. 카우더도 더는 총선에 출마하지 않을 것이다. 이미 충분했다. 그는 메르켈의 〈영원한 친구〉로 남을 거라고 단언한다.[37]

신예 정치인들

총리에게는 신예 정치인들의 진정성을 심사하는 교묘한 방법이 있었다. 그녀는 마치 천방지축으로 뛰노는 강아지들을 다루는 애견 학교 교장처럼 젊은 정치인을 다루었다. 예를 들어, 한창 부상하던 자민당 정치인 크리스티안 린드너가 2009년 연정 협상 후 마침내 이 나라를 함께 통치하게 되어 기쁘다고 공공연히 밝히자, 그녀는 그가 앞으로 〈나라에 불을 지르는 일이 없도록〉 조심해야겠다고 말했다.[38] 연정에 참여하려면 이런 조롱을 견뎌 내야 했지만 린드너는 잘 견디지 못했다.

그에 반해 기사련의 다른 정치인은 이런 조롱을 잘 견뎌 냈을 뿐 아니라, 심지어 함께 즐길 줄도 알았다. 메르켈과 전혀 다른 정치적 배경에서 혜성같이 등장해 속절없이 사라진 구텐베르크가 그 주인공이다. 메르켈이 동쪽에서부터 연합당의 우주 속으로 들어왔다면 구텐베르크는 10년 후 서쪽에서, 그것도 〈위에서 내려온〉 인물이었다. 『슈테른』은 2009년 〈일찍이 이런 인물은 없었다〉는 말로 그를 경탄했다.[39] 구텐베르크는 지휘자 에노흐 추 구텐베르크의 아들로, 프랑켄 지방의 구텐베르크성에서 자랐다. 그의 가문은 독일의 전통적인 부호였다. 그는 메르켈에게 없는 모든 것을 갖추고 있었다. 그러면서도 그녀를 위협하거나 압박하거나 의심하거나 무너뜨리려 하지 않았기에 그녀는 그를 견뎌 냈고, 심지어 좋아하기까지 했다.

메르켈은 사생활을 비밀로 한 반면, 구텐베르크는 과시했다. 최고의 가문, 유서 깊은 귀족, 완벽한 매너, 백작 가문 딸과의 환상적인 결혼, 고결한 취미, 책임감 있는 부 등을 대중에게 아낌없이 보여 준 것이다. 메르켈이 부족한 카리스마를 자신의 캐릭터로 부각시킨 반면, 구텐베르크는 현란한 연설 뒤에 지적 깊이와 정치적 프로그램을 숨기고 있었다. 그녀가 동독에서 온 위대한 무명인인 반면, 그는 서독 출신의 유명인이었다. 독일 정치사에서 메르켈도 독특했지만 그도 독특했다. 2009년 2월부터 2011년 2월까지 프랑켄 출신의 이 남작은 독일 대중에게 평범한 일상으로부터의 구원자처럼 느껴졌다. 그 때문에 메르켈 총리는 그의 모습에서 바닥에 뿌리를 내린 말미잘과 화려한 흰동 가리의 훌륭한 공생 가능성을 보았다. 그녀는 흰동가리에게 피 난처와 산란 장소를 제공하는 말미잘이었고, 그는 말미잘을 적 으로부터 보호해 주는 흰동가리였다.

구텐베르크는 2002년 연방 하원에 입성한 뒤 빠른 속도로 전 진했다. 정치적 멘토 제호퍼는 기뻐했겠지만, 내부 경쟁자 죄더, 일제 아이그너, 베르너 슈나파우프에게는 가슴 아픈 일이었다. 구텐베르크는 외무부 장관으로 이름을 알린 뒤 기사련 사무총 장을 거쳐 경제부 장관과 국방부 장관에 올랐다.

뜻밖의 일이지만, 메르켈은 이 신예 정치인의 매력에 빠졌다. 자신이 골라 장관직에 앉힌 인물도 아닌데 말이다. 원래 기 민·기사 연합이 정권을 잡으면 기사련 몫의 각료는 기사련이 결정했다. 그런데 굳이 정치를 할 필요가 없어 보이는 이 유쾌 한 예비역 장교는 경제부 장관 시절 대연정에 광채와 결단력을 불어넣었을 뿐 아니라, 에르하르트의 숨결을 느끼게 했다.

그의 이런 면모는 유권자들에게 각광을 받았다. 구텐베르크 가 총리를 제치고 독일에서 가장 인기 있는 정치인이 되기까지 5개월이 채 걸리지 않았다. 2009년 9월 총선에서는 단순히 지 역구 방어에 성공한 것을 넘어(사실 그의 지역구 오버프랑켄에 서 이것은 일도 아니었다) 직선으로 선출된 연방 하원 의원 가 운데 가장 높은 득표율을 기록했다.

구텐베르크는 기민·기사 연합의 유일한 스타였다. 2009년 2월 경제부 장관에 취임한 지 불과 며칠 되지 않아 자동차 제조

사 오펠을 둘러싼 위기가 극에 달했다. 미국의 모회사 제너럴
모터스는 금융 및 경제 위기로 큰 타격을 받았을 뿐 아니라 수
년간 심각한 판매 부진으로 운영난을 겪어 수십억 유로의 적자
를 보고 있었다. 사실상 파산 직전이었다. 독일 자회사 오펠은
매각될 예정이었는데, 국가가 나서서 기업의 채무를 보증하는
데 30억 유로 이상의 자금이 필요했다. 연방 정부는 이렇게 해
서라도 회사를 살리려고 했지만 경제부 장관은 반대했다. 기업
에 대한 개별 지원을 단호히 거부하고 자유로운 시장과 경쟁의
원칙을 강조하면서 질서 있는 파산을 권고했다. 아울러 자신이
오펠의 문제를 해결하는 데 걸림돌이 되지 않으려고 총리에게
사직서까지 던졌다.

독일이 이제 막 서른일곱 살이 된 젊은 경제부 장관에게 사랑
에 빠지기 시작한 순간이었다. 원칙이 있는 남자, 에르하르트의
기백이 엿보이는 남자, 대기업에 휘둘리지 않으며 정치생명까
지 걸고 소신을 지키는 남자라는 평이 잇따랐다. 그는 그해 여
름의 영웅이었다.

이후에는 상황이 다르게 전개되었다. 오펠은 국가 채무 보증
을 받았고, 그사이 베를린 정가에서 〈KT〉라는 약자로 불리던
구텐베르크도 결국 그 조치에 동의했다. 혼자 버틴다고 될 문제
가 아니었다. 이 점에서는 메르켈 총리와 비슷했다. 그는 『슈피
겔』과의 인터뷰에서 단호한 몸짓으로 이렇게 말했다. 「처음부
터 나는 언제든 그만둘 수 있다는 생각으로 정치를 시작했습니
다.」[40] 이것은 총리가 늘, 자신은 공직에 연연하지 않는다고 강

조할 때면 쓰던 말과 유사했다. 물론 구텐베르크도 총리처럼 정치를 그만둘 마음이 눈곱만큼도 없었다. 지난 2년간의 정치 생활이 너무 좋았던 사람이 어떻게 정치판을 떠날 수 있을까? 그렇다면 결국 현실과 타협할 수밖에 없었다.

그가 국방부 장관일 때 2009년 총선 직후 큰 정치적 압박에 시달렸다. 그해 11월, 독일 연방군이 아프가니스탄 쿤두즈에서 유조선 두 척을 폭격해 100명이 넘는 민간인을 포함해 약 140명이 사망하는 일이 벌어졌다. 그러자 구텐베르크는 언론에 나와 연방군은 잘못한 것이 없다며 군을 옹호했다. 하지만 얼마 뒤 일부 잘못이 있었던 것으로 드러났다. 그러자 구텐베르크는 참모 총장 볼프강 슈나이데르한과 정무 차관 페터 비헤르트에게 비난의 화살을 돌렸다. 그들이 자신에게 너무 늦게, 그것도 완벽하지 않은 정보를 제공했다는 이유였다. 그는 두 사람을 해고했고 둘은 반격에 나섰다. 정치 인생에서 구텐베르크가 대중의 비난을 받은 것은 그때가 처음이었다. 진실을 있는 그대로 밝히지 않고, 충성스러운 부하를 팔아 위기를 모면하려 한다는 점에서는 다른 기성 정치인들과 다를 게 없었기 때문이다.

그뿐이 아니었다. 지금껏 군에서 큰 인기를 모았던 장관이 대규모 긴축 정책을 추진함으로써 반발에 휩싸였다.

압박 속에서 그는 큰 그림을 그렸다. 2010년 6월 6일, 내각 예산 심의회에서 징병제를 폐지하고 독일군을 직업군으로 전환하자고 제안했다. 내각은 짜릿한 전율을 느꼈다. 충분히 논쟁할 만한 사안을 발견한 것이다. 이는 통치가 단순한 행정 차원을 넘어 그 이상이 될 수도 있음을 보여 주는 훌륭한 아이디어였다.

결국 총리가 나서 마무리 지어야 했다. 「우리는 오늘 하루 만에 병역 의무를 폐지할 수는 없습니다.」『슈피겔』에 〈동화 같은 구텐베르크 이야기〉라는 제목으로 나간 기사에 나오는 내용이다.[41] 하지만 실제로는 바로 그날 오후에 결정이 났다. 보수-자유주의 정부 입장에서 자신의 정치적 반대파인 녹색당과 좌파 사민당이 늘 꿈꾸던 정책을 빼앗아 먼저 실현해 버린다는 전망은 뿌리치기엔 너무 유혹적이었다. 총리는 구텐베르크에게 일을 맡겼다.

왜냐하면 연합 정부로서는 이 정도 규모의 대형 정치적 프로젝트가 절실하게 필요한 시기였기 때문이다. 정권을 잡은 지 5년이 지났지만 상황은 순조롭지 않았다. 금융 위기를 잘 헤쳐 나가고 경제도 눈부시게 성장하고 있었지만 정권은 내부에서 깊이 분열되어 거의 행위 불능 상태에 빠져 있었다. 기사련과 새 연정 파트너 자민당은 서로를 〈오합지졸〉과 〈암멧돼지〉라고 부르며 욕했다.[42] 쇼이블레 재무부 장관은 자민당의 세제 개혁 안을 폐기함으로써 연정 파트너에 굴욕감을 안겼고, 슈투트가르트에서는 하필 전통 보수 세력이 대형 기차역 건설과 원자력 발전소 가동 기한 연장에 반대하고 나섰다. 이런 상황에서 구텐베르크가 때맞춰 좋은 아이디어를 들고 찾아온 것이다.

개인적으로 총리는 자신이 자주 인용하는 에너지 보존 법칙에 따라, 칭찬 뒤에는 늘 질책이, 감탄 뒤에는 늘 실망이 따른다고 확신했다.[43] 그 무렵 자신은 인기가 별로 높지 않았기에 나중에 일이 잘못되어 질책을 받더라도 타격이 크지 않으리라 생각했다. 그녀는 구텐베르크에게 성공 기회를 제공했지만, 그의 몰락도 함께 예상했다. 구텐베르크가 연방군을 직업군으로 변경하는 임무를 성공적으로 추진해 나간다면 연합당의 핵심 보수파도 그 책임을 그녀에게 돌릴 수 없음을 잘 알고 있었다. 개혁을 추진하는 사람은 보수의 든든한 희망이자 기사련의 등불이었기 때문이다. 그러나 일이 잘못되면 오롯이 구텐베르크의 책임이었다.

구텐베르크의 동화 같은 이야기는 예상치 못한 일이 불거지면서 막을 내리고 말았다. 상당 부분에서 남의 글을 베낀 것으로 드러난 박사 학위 논문 때문에 스스로 무너졌다. 사실 얼마 뒤 다른 이유로 논란이 된 샤반 교육부 장관의 박사 논문이나 불프 연방 대통령의 특혜 스캔들처럼 이 위기가 쉽게 무마되지 않은 이유는 21세기의 새로운 언론 환경과 관련이 있었다. 정부가 신경 써야 할 것은 이제 고전적 언론만이 아니었다. 오늘날에는 여론 조성 공간이 인터넷과 소셜 미디어로 옮겨 갔다. 이 공간에서 네티즌들은 구텐베르크의 논문 표절에 관한 증거를 잡아냈고, 대학교의 조교와 박사 과정생들은 눙치고 넘어가려는 정부의 태도에 조직적으로 분노를 표출했다. 오늘날 인터넷은 총리도 더는 무시할 수 없는 정치적 요소가 되었다. 구텐베르크를 급격히 부상시킨 것도 인터넷이었고, 다시 끌어내린 것도 인터넷이었다.

총리가 충격을 받은 것은 구텐베르크가 학위 논문과 관련한 싸움에서 자기 통제력을 잃었다는 사실이다. 교육부 장관으로서 끝까지 자신의 학문적 명성과 자리를 위해 싸우다 패배한 샤반과 달리 구텐베르크는 재빨리 포기해 버렸다. 그는 총리의 의지에 따라 자리를 지킬 수도 있었다. 그를 위해 메르켈은 자신의 신뢰성을 유지하는 가장 중요한 기둥 하나를 포기할 각오도 되어 있었기 때문이다. 「사실 대학교 조교나 박사 과정생은 내가 (……) 임명한 사람들이 아닙니다. 나에게 중요한 것은 국방부 장관으로서의 역할과 일입니다. (……) 그건 결코 하찮은 게 아닙니다.」 2011년 2월 21일에 메르켈이 한 말이다.[44]

메르켈 입장에서는 그 이전이든 이후든, 누구를 위해서도 자청한 적이 없는 희생이었다. 후쿠시마 원전 사고나 코로나 위기 같은 비상 상황에서도 박사 학위가 있는 자연 과학자로서의 정체성과 학자적 양심을 굳건히 지켰던 사람이 이제 구텐베르크의 공직을 지켜 주려고 그 원칙을 스스로 깨뜨렸다. 그럼에도 며칠 뒤 구텐베르크의 사임 결정은 그가 이 애정 어린 선물을 제대로 이해하지 못했을 뿐 아니라 애초에 총리감이 아니었음을 보여 주는 증거였다. 독기가 없고, 참을성이 부족하고, 열정도 없고, 이 정도 일에 쉽게 나가떨어지는 사람은 총리가 될 재목이 아니었다. 이는 3월 1일 메르켈이 정보 통신 박람회(CEBIT)의 개막식에서 메시지로 구텐베르크의 사임 소식을 들었을 때 그녀의 얼굴에 드러난 표정이 잘 말해 주었다. 그녀는 핸드폰 화면을 들여다보고는 하늘로 시선을 돌렸고, 다시 한

번 화면을 보고는 샤반에게 메시지를 보여 주었다. 순간 두 사람은 얼굴을 마주 보며 체념한 듯 미소를 지었다. 이 두 여성은 그가 도저히 안 될 때까지 버틸 줄 알았다. 반면에 강아지는 쉽게 포기하는 법이다. 그런 강아지는 사냥에 쓸모가 없다.

영원한 정치적 적수

정치판에 도저히 합치될 수 없는 대립이 있다면, 그것은 메르켈과 슈뢰더다. 슈뢰더는 승리 아니면 패배밖에 모르고, 메르켈은 둘 사이 줄타기의 명수다. 맺고 끊는 것이 분명한 총리 대 위대한 중재자로서 총리, 노동자의 아들 대 목사의 딸, 서독 출신 대 동독 출신, 마초 대 여린 소녀, 남자 대 여자, 본능 대 이성, 버력 대 나직한 목소리. 두 사람 사이에는 결코 서로 잘 지낼 수 없을 만큼 많은 차이점이 존재한다.

1995년 초, 메르켈은 서독의 정치 활동에서 처음으로 성공을 거뒀다고 확실히 느꼈다. 막강한 힘을 자랑하던 정무 차관 클레멘스 슈트뢰트만을 전격 해임함으로써 자신이 나아갈 바를 분명히 했다. 게다가 국제 환경 회의에 제출할 기후 목표에 대한 전권을 얻음으로써 위대한 전임자 퇴퍼의 그늘에서 벗어났음을 대외적으로 과시했다. 모든 게 탄탄대로처럼 보였다. 최소한 겉으로는 말이다.

하지만 곧 승리의 기쁨을 상쇄하는 좌절이 뒤따랐다. 당시 북

반구의 여름철에는 오존 수치가 해마다 상승했고, 부모는 아이들을 더는 밖에서 뛰놀지 못하게 했으며, 어른들은 건강을 염려했다. 메르켈은 특정 차종의 운행 금지와 속도 제한 조치로 이 문제에 대응하고자 했다. 그러나 이 안이 5월에 내각 회의에서 좌절되면서 그녀는 눈물을 쏟았고, 몇 주 뒤 초안과 너무 거리가 먼 유약한 오존 규제안이 통과되었다. 기후 회의의 승리에 취해 있던 메르켈은 갑자기 스스로 미미한 존재가 된 듯한 느낌을 받았다. 이 울보는 당시 니더작센 주지사였던 슈뢰더 같은 사람에게 좋은 먹잇감이었다. 여름 스모그 규제안의 중재 위원회에 참석한 그는 내각에서 타협안을 조율하기 위해 메르켈에게 급히 정부 행정 단지를 지나 달려오게 했다. 〈30분 안에 오지 않으면 자신은 돌아가겠다〉면서. 나중에 메르켈이 전한 말이다.[45]

그녀는 땀을 뻘뻘 흘리며 달렸고, 슈뢰더는 그 모습을 보며 즐거워했다. 독일에서 주지사들이 어떤 권력과 힘을 갖고 있는지 젊은 여성 장관에게 똑똑히 보여 준 것이다. 메르켈은 이 굴욕을 잊지 않았다.

당시 슈뢰더는 자기 진영에서 곤란한 상황에 처해 있던 탓에 환경부 장관에 대한 투지를 더욱 불태웠다. 그는 사민당의 패권을 놓고 당내 경쟁자인 샤르핑 당 대표와 자를란트 주지사 라퐁텐과 싸우는 중이었다. 샤르핑은 1994년 총선에서 총리 후보로 나서 아깝게 패했지만, 여전히 당내에서 주도권을 행사하고자 했다. 다른 두 사람은 그것을 노골적으로 인정하지 않았고, 가을로 예정된 만하임 전당 대회 이전에 샤르핑을 좌초시키기 위해 갖은 수단을 동원했다. 샤르핑은 슈뢰더를 상대로는 당분간 우위를 점할 수 있었지만 라퐁텐에게는 패배의 쓴맛을 보았다. 목석같이 버티다 결국 가을에 열린 전당 대회에서 당수직을 뺏긴 것이다.

슈뢰더는 당연히 기분이 좋지 않았다. 자당 내 〈별 볼 일 없는 것들의 카르텔〉[46]에 밀려 자신이 패했다고 굳게 믿었다. 이런 우울한 기분을 그는 고준위 핵폐기물을 원자력 발전소에서 니더작센으로 운송하는 문제에 관한 회의에서 풀었다. 회의가 합의를 거두지 못하고 실패하자 그는 메르켈을 〈무능할 뿐 아니라 정치적으로도 매우 순진한〉[47] 사람으로 여겼다. 반면에 메르켈은 슈뢰더가 사민당에서 고립되는 것을 보면서 이 남자의 야망과 끈질김을 과소평가했다. 그는 젊은 하원 의원 시절에 이미 거나하게 취한 상태에서 총리청 울타리를 흔들면서 〈여기에 들어가고 싶다〉고 간절하게 외친 사람이었다.

1995년 초, 핵폐기물을 실은 특수 차량이 니더작센주에 들어섰다. 목적지는 고어레벤의 핵폐기물 중간 저장 시설이었다. 수천 명이 거리로 나와 반핵 시위를 벌였다. 니더작센주 정부는 핵폐기물 수송의 안전을 담보하기 위해 1회 수송당 2천만 마르크를 지출해야 했다. 고어레벤은 원전과 관련된 하나의 상징이었다. 이 암염 광산은 핵폐기물의 최종 저장고로 확충될 예정이었기 때문이다. 이로써 니더작센은 전쟁터가 되었다. 니더작센의 적록 정부는 핵폐기물에 대한 보이콧을 탈원전과 지질 탐사

중단을 위한 지렛대로 보고 있었다.

메르켈은 첫 수송에 이어 추가 수송까지 관철했고, 슈뢰더는 할 수 있는 만큼 최대한 수송을 차단했다. 연방 환경부 장관은 그를 〈공무 집행 방해〉로 고발했고, 법정에서 승소 판결을 받았다. 그러나 그것도 소용없었다. 슈뢰더는 중간 저장 시설로의 차량 진입을 막아섰고, 최종 저장고로서 암염 광산의 추가 탐사를 저지했다. 이로써 모든 일이 중단되었고, 점점 더 많은 사람이 거리로 나와 반핵을 외쳤다. 연방 정부에서 메르켈의 위상은 떨어졌고, 콜 총리는 점점 초조해했다.

2년 후, 그녀는 어쨌든 핵폐기물의 최종 저장고 문제를 진전시킬 방안을 찾았다. 암염 광산의 일부만 탐사하게 한 것이다. 이것은 연방 정부가 단독으로 결정할 수 있는 일이었다. 이 일로 메르켈은 기회만 있으면 언제든 자신을 물고 넘어지는 슈뢰더와의 싸움에서 승리를 거뒀다. 「내가 그에게 말했죠. 언젠가는 똑같이 코를 납작하게 해주겠다고. 물론 그러려면 시간이 필요하지만 나는 벌써 그게 기다려져요.」 그녀가 사진작가 코엘블에게 고백한 말이다. 이제 그녀는 자신이 슈뢰더에게 단단히 〈한 방〉 먹였다고 생각했다.[48]

메르켈이 이렇게까지 감정적으로 반응한 적은 일찍이 없었다. 슈뢰더는 그녀의 신경을 건드렸고, 메르켈은 그의 신경을 건드렸다. 두 번째 장관 임기 동안 그녀는 정치인으로서 자신이 인정받고 진지하게 여겨지고 있음을 확인했다. 다른 한편으로는 첫 임기 4년 동안 초보 장관에게 주어지는 정치적 관대함의 시기를 지나 이제 자신의 책임하에 성공을 거두고 실패를 감수해야 하는 것이 뭔지도 알게 되었다. 반면에 슈뢰더는 정치적 야망의 잠정적 한계를 깨닫는 시간이 되었다. 사민당 내 권력 투쟁에서 패배한 것이야 그렇다 쳐도, 이제 오시에게조차 한 방 제대로 먹었다는 사실은 견디기 힘든 수모였다. 이제 두 사람은 결코 친구가 될 수 없음이 명확해졌다.

연방 정부와 주 정부가 핵폐기물 최종 저장고 물색을 재개하기로 합의하기까지 오랜 시간이 걸렸다. 2016년에야 합의가 이루어졌다. 그것도 완전히 새로운 방식으로, 완전히 다른 주에서 장소를 찾기로 했다. 아울러 독일의 마지막 원자로는 2022년에 완전히 폐쇄하기로 했다. 이것은 후쿠시마 원전 사고 이후 내려진 결정이었는데, 결정이 늦어진 것은 기민·기사 연합과 자민당의 책임이었다. 후쿠시마 원전 사고 직전에 그들이 핵 발전소의 재가동을 결정했기 때문이다.

아무튼 메르켈에게 핵폐기물 수송 문제는 그것으로 끝이 아니라 그 뒤로도 여진을 남겼다. 총선이 있던 1998년, 산업계의 온갖 장담과 달리 수송 과정에서 방사능이 방출된다는 사실이 알려졌다. 위험한 수준은 아니었지만, 그러잖아도 바닥을 기던 연방 정부의 신뢰도는 더욱 떨어졌다. 메르켈은 지금까지의 정치 경력에서 가장 심각한 위기에 빠졌다. 그녀는 그 수송을 중단했고, 슈뢰더는 두 팔을 번쩍 치켜들었다. 다만 그녀가 그 일을 사전에 알지 못했다는 사실이 증명되어 사임은 피할 수 있었다. 그렇다고 하더라도 야당의 주장처럼 정치적 책임은 져야 하지 않았을까? 그것은 메르켈을 잘 모르는 소리다. 불과 몇 달 후, 자신은 정치가 없는 삶도 얼마든지 상상할 수 있다고 재차 밝힌 사람이지만, 실제로는 평정심을 유지한 채 같은 자리에 계속 뭉개고 앉아 폭풍우가 지나가기만을 기다렸다.

메르켈에게 슈뢰더와의 갈등은 처음부터 남녀의 갈등이기도 했다. 「슈뢰더 씨는 여자가 자신의 길을 방해하는 걸 견딜 수 없어 해요. 물론 패배도 참지 못하는 사람이죠.」 그녀가 코엘블과의 대담에서 한 말이다.[49] 정치에 대한 두 사람의 견해는 굉장히 비슷하다. 예를 들어, 슈뢰더가 요즘은 〈더 이상 사회 민주주의적 경제 정책이냐 보수주의적 경제 정책이냐가 문제가 아니라 현대적이냐 비현대적이냐가 관건〉[50]이라고 말한다면, 메르켈도 즉시 동의할 것이다. 또한 노후한 자동차나 포장지 규제 문제에서도 두 사람은 빠르게 타협점에 도달할 수 있다. 조명만 꺼지면 슈뢰더와의 협력도 얼마든지 가능하다. 하지만 애석하게도 조명은 늘 켜져 있다. 불이 들어오는 순간 그녀에게 슈뢰더는 외계인이고, 반대로 그에게 메르켈은 한없이 오만방자한 인간이다.

나중에 메르켈은 슈뢰더의 상대 총리 후보로 출마했다. 여성이 정치적으로 이렇게 부상한 데는 통독 이후 강력하게 일기 시작한 시대 흐름이 큰 역할을 했다. 물론 처음에는 이런 추세에 주목한 사람이 많지 않았고, 마초 슈뢰더도 알아차리지 못했다. 독일의 주방과 침실, 학교, 대학교, 직장에서 사회적 격변이 일어나고 있었다. 여성의 이미지뿐 아니라 가정과 직장, 공공 영역에서 남성의 역할에 대한 기대도 바뀌어 갔다. 학교에서 여학생들은 남학생들보다 더 좋은 성적을 거뒀고, 대학교에서는 여학생이 절반을 넘었다. 점점 더 많은 여성이 남성과 동등한 권리를 요구했고, 가사 분담을 원했으며, 직장에서도 남성과 똑같은 기회를 얻길 바랐다. 이런 추세가 젊은이들에게 끼친 영향은 분명했다. 이 시대에는 강력한 힘을 발산하는 20세기의 호령하는 지도자나 가부장이 아니라, 친근한 동반자 같은 지도자가 필요하다는 것이다. 그와 함께 정치와 정치인을 바라보는 시각도 달라졌다. 화가이자 슈뢰더의 친구인 마르쿠스 뤼페르츠는 나중에 〈독일이 늘 상상해 오던 총리상〉[51]에 어울리던 슈뢰더도 더는 현대적으로 보이지 않았다고 말한다. 밀레니엄이 시작되기 전에는 20세기의 상징적 인물이었던 콜을 누르면서 새 시대의 아이콘으로 떠올랐던 인물이 말이다. 메르켈의 등장으로 이제 그도 낡아 보였다.

절정은 2005년 9월 18일 선거 당일 저녁이었다. 지금까지는 기껏해야 가치와 태도의 완만한 변화로만 여겨졌던 것이 단 몇 분 만에 눈부신 조명을 받으며 선명하게 드러났다. 첫 예측 결과가 나오자 슈뢰더는 독일 공영 방송 ARD와 ZDF가 주최한 〈코끼리 원탁회의〉에 모습을 드러냈다. 각 정당의 총리 후보들이 선거 결과를 두고 토론하는 자리였다. 사민당은 기존의 예상을 깨고 선전한 반면에, 기민련은 선거 전문가들의 기대치에 한참 못 미쳤다. 기민련은 사민당에 약간 앞서는 성적표를 받아들었는데, 그 차이가 사민당에 유리한 초과 의석*으로 상쇄될 수

* 지역구로 뽑힌 의원 수가 정당 명부제에 의해 각 정당에 배분된 의원 수를 초

있는 수준이었다. 사민당 중앙 당사에서는 슈뢰더의 컴백을 열광적으로 축하했다. 반면에 크게 실망한 기민련에서는 고위 관계자들이 별실에 모여, 총리 후보인 메르켈을 빼고 정부를 구성하는 방안을 벌써부터 논의하고 있었다. 굳이 숨길 필요도 없다는 듯, 어느 정도 공공연히. 이런 상황에서 슈뢰더는 자신감 넘치는 모습으로 원탁회의에 참석했고, 메르켈은 침울한 표정으로 테이블 뒤에서 몸을 움츠리고 있었다.

그런데 불과 몇 순간 뒤 전세가 확 바뀌었다. 슈뢰더가 원탁회의에서 불같이 말을 쏟아 냈다. 「당신들은 우리 당이 메르켈 부인의 대화 제의를 받아들일 거라고 진심으로 믿는 겁니까? (⋯⋯) 버젓이 자기가 총리가 되고 싶다고 말하는 사람의 제안을요? 내 말은 정도를 지켜야 한다는 겁니다. (⋯⋯) 분명히 말하건대, 연정 협상은 내가 주도합니다. 게다가 협상도 성공할 겁니다. (⋯⋯) 메르켈 부인은 내가 사회 민주당을 이끌고 있는 한 절대 연정에 성공할 수 없습니다. 그건 명확해요. 우리 솔직해집시다.」[52]

독일 TV 방송에서 이렇게 무례하고 독선적인 태도를 보인 정치인은 이제껏 없었다. 슈토이버, 기도 베스터벨레, 로타어 비스키, 피셔 같은 다른 참석자뿐 아니라 진행자도 어이없는 표정을 지었다. 언론인 출신으로 슈뢰더의 측근인 만프레트 비싱거는 나중에, 슈뢰더는 방송사들이 자신을 너무 일찌감치 무시하는 것 같아 〈무척 흥분한 상태〉였다고 말했다. 그리고 메르켈은

과하는 의석.

ZDF에 도착해서 가진 첫 인터뷰 때 이미 〈총리〉라고 불리며 환대받았는데, 정작 현직 총리인 슈뢰더는 코끼리 원탁회의에 참석하기 위해 방송국에 도착했을 때 맞이하는 사람도 없었다고 덧붙였다.[53]

이제 웃는 쪽은 메르켈이었다. 그녀는 슈뢰더와의 마지막 전투에서 자신이 승리할 것이고, 그를 완전히 변방으로 몰아낼 거라고 예감했다. 여하간 차기 연방 하원에서 가장 강력한 세력이 될 기민·기사 연합은 현직 총리의 분노에 찬 오만함과 무례함, 업신여김을 결코 묵과할 수 없을 것이다. 그렇다면 당내 적들도 이제 그녀 뒤에 설 수밖에 없었다. 슈뢰더는 〈테스토스테론 폭발〉[54]로 인해 자신이 생각해도 정말 어이없는 엉뚱한 길로 빠져버렸다. 그와 함께 메르켈은 이제 일인자가 될 길이 열렸다.

실제로도 그렇게 되었다. 메르켈에게 반기를 들었던 자당의 반란군들은 그날 저녁 벌써 짐을 쌌고, 이틀 후 기민·기사 연합은 메르켈을 다시 당 대표로 선출하면서 연정 구성 권한을 일임했다. 몇 주 뒤 사민당은 메르켈이 이끄는 대연정에 동의했고, 슈뢰더는 자리에서 물러났다. 이 일련의 사건이 주는 메시지는 분명하다. 이제 독일 정치판에서 우두머리 정치의 시대는 끝났다. 적어도 당분간은.

4
여자들

여성 정치인

총리가 그렇게 당황한 적은 거의 없었다. 2017년 여름 베를린에서 세계 20대 산업국의 여성 정상 회담이 열렸다. 메르켈은 당시 IMF 총재 크리스틴 라가르드, 트럼프 대통령의 딸 이방카 트럼프, 네덜란드 왕비 막시마, 그리고 다른 저명한 여성들 틈에 앉아 있었다. 여권 신장과 여성 할당제, 여성 기업가 정신에 대한 가벼운 대화가 오갔다. 그러다가 문득 누군가 메르켈에게, 혹시 스스로 페미니스트라고 생각하느냐고 물었다. 총리는 몸을 꼬며 말을 더듬었다. 스스로 그런 생각을 해본 적이 없는 게 분명했다. 만일 생각을 해보고도 그런 반응을 보였다면 지금껏 자신의 신념을 철저히 숨기고 살아온 셈이었다.

그녀가 자신을 페미니스트라는 칭호로 〈장식하고〉 싶지 않은 이유를 주섬주섬 설명하기까지 몇 초의 시간이 걸렸다.[1] 그런 말을 쉽게 내뱉으면, 자신이 마치 알리스 슈바르처 같은 서독 여권 운동가들의 공을 도둑질하는 것 같은 느낌이 든다는 것이다.

다른 참가자들은 전혀 개의치 않았다. 이 모임 이후 트럼프의 딸이 페미니스트이고, 네덜란드 왕비도 페미니스트이고, 라가르드도 마찬가지라는 사실은 온 세상에 공공연히 알려졌다.

반면에 독일 총리는 자신이 정치적 여성 운동의 일원이라고 느끼지 않는다고 말했다. 서구의 강단 페미니즘은 그녀와 상관이 없었다. 하지만 여성들의 롤 모델로서, 여성 및 가족 정치인으로서 그녀는 많은 이가 생각하는 것보다 훨씬 많은 일을 했다. 특히 2017년 여름 페미니즘 만세를 외쳤던 그 저명한 여성들보다 말이다.

이제 여학생이나 젊은 여성들치고 여자도 총리가 될 수 있다는 사실에 의문을 품는 사람은 없다. 그것은 이미 검증된 사실이다. 메르켈은 여성부 장관 시절 유치원 확충에 앞장섰고, 총리 재임 시에는 동성애자의 결혼도 가능하게 했다. 그로써 기민련 가족 정책의 성전이라고 할 수 있는 근본적인 원칙을 무너뜨렸다. 그녀는 자당 내에서 여성의 더 많은 참여를 이끌어 냈고, 심지어 정치 경력이 끝나갈 무렵에는 대기업 경영진도 보편적 여성 할당제를 적용하는 것에 동의했다. 그녀는 이제 기민련 내에서도 평등권, 그러니까 직책과 의석을 남녀 동수로 채우는 것에 대해 말할 시간이 되었다고 생각했다. 「내가 볼 때 평등권은 그냥 당연해 보이는 일이에요.」[2]

신념에서 우러난 말일까 혹은 파이터 정신에서? 아니면,

20세기 말부터 세계 여러 지역에서 여성들이 자신의 권리를 당당하게 요구하는 시대 흐름을 보수 여당도 더는 외면할 수 없다고 생각해서?

메르켈이 적어도 정치 고위직에 오른 첫 4년 동안 그런 흐름의 동력 역할을 했다는 사실은 많은 점을 시사한다. 물론 페미니즘적 신념에서 나온 행동이라기보다 동독 사회에서의 경험과 정치적 계산에서 비롯된 일이었지만.

출발 상황을 제대로 이해하려면 독일이 통일된 1990년으로 돌아갈 필요가 있다. 1991년 1월 메르켈이 통일 독일의 여성부 장관으로 취임했을 때 서독 여성 가운데 집 밖에서 일하는 사람은 64퍼센트가 채 되지 않았다. 그것도 대부분 시간제 근무였다(오늘날 통독 25주년을 맞아 연방 여성부가 내놓은 홍보 책자에는 그 비율이 50퍼센트로 나온다). 일반적으로 어린 자녀를 둔 엄마들은 당분간 집에서 육아를 담당해야 했다. 혹시 유치원에 자리가 나더라도, 보통 점심 전에 문을 닫는 유치원 보육비로 제법 많은 돈을 내야만 했다. 게다가 3세 미만 아동을 맡아주는 어린이집에서 빈자리를 찾기란 조금 과장해서 하늘의 별 따기였다.

부모들이 직접 조직한 공동육아 단체나 사설 유치원은 별 도움이 되지 않았다. 대부분 대도시에만 있는 데다 유지되려면 부모가 정기적으로 참여해야 했기 때문이다. 다시 말해, 엄마와 아빠가 요리와 청소, 시설 수리에 공동으로 참여해야만 종일 돌봄이 어느 정도 가능했다. 그러나 부부가 같이 밖에서 하루 종일 일하는 경우에는 사실 불가능했다. 게다가 이런 육아 방식은 68세대의 반권위주의적 정신에 오염된 정치적 좌파라는 사회적 인식이 강해, 보수적인 부모들은 이런 곳에 자녀를 보내려 하지 않았다.

사회적 분위기는 분명했다. 자녀와 직업을 모두 갖기로 결정하고 가능한 한 빨리 자녀를 돌봄 시설에 맡기는 여성은 버릇없이 자란 부자이거나, 자기만 아는 좌파이거나, 아니면 둘 다라는 것이었다. 이런 상황에서 보육에 대한 서독 사회의 태도를 현대화해야 한다는 생각은 뭘 모르고 하는 말처럼 들렸다. 보수적 가족상이 뼛속 깊이 새겨져 있는 기민련에서는 더더욱 그랬다. 그들의 가족상을 보면, 남편은 생업에 종사해 가족을 먹여 살리고, 아내는 집안일을 하며 자녀를 키우고 기껏해야 휴가 비용을 두둑이 마련하려고 틈틈이 이런저런 아르바이트를 한다. 결혼은 남자와 여자 사이에만 가능하다. 직장과 아이를 동시에 원하는 여자들은 평등권을 주장하기보다 제발 가족에 대한 태도부터 바꿔야 한다는 것이 보수주의자들의 반론이었다.

메르켈의 생각은 달랐다. 많은 점에서 서독보다 더 현대적인 동독의 여성상에 영향을 많이 받았기 때문이다. 그녀는 『프랑크푸르터 알게마이네 차이퉁』에 실린 기고문에서 이렇게 말했다. 「집을 세줄 때 개보다 아이가 있는 임차인을 꺼리는 것은 뭔가 문제가 있다.」[3] 1990년대 초에 이런 발언은 기민련 내에서 모더니즘에 근접해 있었다.

구 동독에서는 여성의 80퍼센트 이상이 직장을 다녔다. 그것도 대부분 전일제였다. 시간제로 일하는 여성은 30퍼센트가 채 안 됐는데, 주로 고되지 않은 직장에서 일했다. 물론 노동 시간은 서독의 시간제 여성보다 20~35시간 더 많았다. 이런 식의 근로 시간 단축 제도는 일반적으로 건강상의 이유로 장시간 일하기 어려운 노년층 여성들을 위해 마련되었다.

보육은 국가적 차원에서 총체적으로 이뤄졌다. 동독 지도부는 아이들을 최대한 일찍부터 사회주의식으로 돌보고 교육하는 데 관심이 지대했다. 마찬가지로 부모들을 집단주의적 노동 세계에 편입시키는 일에도 무척 열심이었다. 왜냐하면 직장에서는 어른들도 일렬로 세워 통제하기가 쉬웠기 때문이다. 게다가 1980년대부터는 노동력이 부족해 엄마들도 노동 시장에 동원해야 했다. 통일 당시 3세 미만 아동 다섯 명 중 네 명이 탁아소와 어린이집에서 보살핌을 받았고, 3세 이상 아동은 거의 대부분 유치원에 다녔으며, 초등학생의 80퍼센트는 방과 후 또 다른 보육 시설에 다녔다. 이런 시설들은 보통 아침 6시에 문을 열고 저녁 6시에 닫았는데, 예외적인 경우에는 야간과 주말에도 운영되었다. 이런 서비스를 이용하는 데 많은 비용이 들지도 않았다. 부모는 아이의 점심 비용으로 35페니히를 유치원에 지불했는데, 아이를 위해 집에서 요리하는 것보다 더 저렴했다.

많은 서독 남자의 기대는 분명했다. 동독 엄마들은 기쁘게 생업 전선에서 물러나 가정에서 아이들을 키울 수 있는 기회를 아주 반갑게 잡으리라는 것이다. 그렇게만 된다면 1990년대 점점 강한 압박에 시달리던 노동 시장에 부담이 줄어들 거라고 생각했다. 가령 전 작센 주지사 비덴코프(기민련)는 1990년대 중반 노동조합 대회에서, 동독 여성의 고용이 점차 서독 수준으로 떨어지면 참담한 노동 시장의 상황도 서서히 개선될 거라고 말했다. 연합당의 많은 정치인과 대부분의 정부 고위 관료도 같은 생각이었다. 동독 여성을 주부로 만들면 현 노동 시장의 문제점이 해결되리라는 것이다. 1992년 여름 메르켈은 이런 상황을 다음과 같이 하소연했다. 「여성을 노동 시장에서 몰아내기 위한 시도들이 이루어지고 있는 것은 사실입니다.」[4]

당시 자녀가 없고 미혼이던 메르켈은 여성 및 가족 정책을 다룬 적이 없는 상태에서 여성부 장관에 올랐다. 사실 그녀는 이 문제에 특별히 관심이 없었다. 그런 사람을 콜이 총리실로 깜짝 초대해, 〈여성 문제를 다룰 수 있을지〉 물었다. 그녀가 언론인 뮐러포크와의 인터뷰에서 밝힌 내용이다.[5] 당시 메르켈의 멘토였던 데메지에르는 그전에 그녀가 정부의 일원으로 거론되고 있고, 어쩌면 정무 차관이 될지도 모르겠다고 귀띔해 주었다.[6] 며칠 후 그녀는 정무 차관이 아니라 장관에 임명되었다. 그녀로선 전혀 기대하지 않은 자리였다. 콜은 동독 출신의 개신교 여성이 필요했고, 메르켈은 이상적인 캐스팅이었다. 게다가 여성 할당제에 대한 명분까지 확보할 수 있었다.

여성 3인방이 기존의 가족보건부를 3등분했다. 그중에서 메르켈은 여성부를, 게르다 하셀펠트(기사련)는 보건부를, 하넬로레 뢴슈(기민련)는 가족노인부를 맡았다. 〈하필 여성 셋이 별 실권이 없는〉 부처를 나눠 맡은 것이다. 『슈피겔』이 당시 상황

을 조롱한 말이다.[7]

그러나 메르켈은 지금까지 지적이면서 전투적인 쥐스무트와 여성 문제에 특별히 관심이 없던 노년 전문가 우르줄라 레어가 이끌던 부처를 쇄신해 나갔다. 그녀에게는 쥐스무트의 사명감이나 여성주의의 열정도, 레어의 과학적 열의도 없었다. 다만 여성 문제에서 더는 기민련의 전통적 입장이 유지될 수 없음을 감지했다. 「나는 여성 및 가족 정책이 근본적으로 바뀌어야 한다고 생각합니다. 그런데 우리 사회는 변화된 삶의 감정에 참으로 무딘 것 같습니다.」 그녀가 베를린 일간지 『타게스슈피겔 Tagesspiegel』 편집국을 방문했을 때 했던 말이다.[8] 여기서 우리 〈사회〉를 그녀가 속한 정당, 즉 기민련으로 바꾸는 것이 그녀의 진심에 더 부합했을지 모른다.

여권 증진에 열심인 녹색당이 의회에서 새로운 정치 세력으로 자리 잡은 지 한참 지났고, 서독의 젊은 여성들도 자신들이 어떻게 살고 어떻게 일해야 하는지 더는 간섭받고 싶어 하지 않은 지 오래되었다. 특히 동독 여성들은 성 역할에 대한 기민·기사 연합의 전통적 인식을 역사의 퇴보로 여겼다. 메르켈은 평등권 측면에서 동독이 서독보다 얼마나 앞서 있는지 조목조목 따졌다. 「가정에서 청소를 거드는 서독 남성은 17퍼센트밖에 안 되었다.」 반면에 동독에서 걸레를 들고 청소하는 남자는 4분의 1이 넘었다.[9]

만약 연합당이 새로운 연방주에서 여성 유권자를 잃고 싶지 않다면 더는 여성 및 가족 정책을 독일 주교 회의의 결정에 따라 추진해서는 안 된다는 것이 메르켈의 주장이었다. 이 주장은 총리의 지원을 받았다. 몇 년 전 콜이 쥐스무트를 정치로 끌어들인 것도 그의 당과 정부가 여성의 역할을 가정주부와 어머니의 전통적 의무로 한정 짓지 말고 여성에게 새로운 역할을 기대하는 거대한 시대적 흐름을 분명히 깨달았기 때문이다. 이제 그는 메르켈을 도왔고, 아울러 젊은 여성 장관이 기민련 내 보수와 맞서 싸우는 모습을 침착하게 지켜보았다.

1991년 10월, 그녀는 언론인 가우스와의 TV 인터뷰에서 이렇게 밝힌다. 「동독 여성들은 (……) 여러 면에서 일부 서독 사람들이 생각하는 것보다 훨씬 더 자주적입니다.」[10] 그녀는 정치 경력의 첫 4년 동안 최소한 가족 정책에서는 모든 사람, 특히 자당 사람들의 예상과 달리 본 공화국의 좌표를 왼쪽으로 이동시켰다.

그녀는 낙태와 육아, 여성의 역할을 두고 서구에서 벌어진 거대한 이념적 논쟁의 전통을 알지 못했다. 그 덕분에 이 문제에 실용주의적으로 접근할 수 있었다. 게다가 그 과정에서 그녀는 정부 정책의 메커니즘에 대해 많은 것을 배웠고, 의도와 전략을 드러내지 않는 그녀만의 방식을 여성 정책에서 처음으로 검증받았다. 또한 사회적으로 논란의 여지가 있지만 결국 맞닥뜨릴 수밖에 없는 문제를 전문 장관에게 맡겼다. 이는 과거 자기 진영의 분노가 자신에게 향하는 것을 막았던 콜의 정치적 책략으로써 메르켈 총리에게도 표준적 방식이 되었다.

메르켈이 임기 동안 세 가지 주요 쟁점으로 추진한 형법 218조

개정과 유치원 확충에 대한 권리, 그리고 이른바 해방법은 가족 정책의 현대화에 문을 활짝 열어 주었다. 그리고 그녀의 후임자 폰데어라이엔(기민련)이 바통을 이어받아 21세기에도 현대화의 길로 앞장서 나아갔다. 폰데어라이엔 장관 시절에는 여성부가 더는 정치권의 변방이 아니었고, 가족 정책 역시 사회 변화의 정치적 중심으로 여겨졌다. 여기까지 이른 데는 여러모로 메르켈의 역할이 컸다.

개혁 주제는 메르켈이 직접 선택한 것이 아니었다. 정치적 우선순위는 통일 협정을 통해 이미 정해져 있었다. 첫 입법 기간에 두 독일 국가의 법을 조화시켜야 한다는 것이었다. 물론 그녀는 대중에 노출되고 확고한 이미지를 심기 위해 당 부대표라는 직책과 권한을 이용했다. 결과는 성공적이었다. 「아직은 갈 길이 멀어 보이지만 만일 연합당에서 최초의 여성 총리가 나올 가능성이 있다면 그 주인공은 메르켈일 것이다.」『프랑크푸르터 알게마이네 차이퉁』 기자 게오르크 파울 헤프티가 1992년 4월에 쓴 기사다.[11]

동독에는 낙태의 자유를 보장하는 법이 있었다. 임신 후 첫 3개월 이내에는 누구든 임신 중절 수술을 받을 수 있었다. 반면에 서독에서는 낙태가 형법 218조를 통해 금지되어 있었고, 아주 엄격하게 규정된 예외 경우에만 허용되었다. 낙태 문제만큼 오늘날까지 보수와 진보가 그토록 격렬하게 논쟁한 정치적 이슈는 거의 없었고, 기독교 색채가 짙은 보수 사회에서 세속적 사회로의 변화를 그토록 명확하게 보여 준 정치 영역은 없었다.

그 과정에서 주무 장관은 기피 대상이 될 수도 있었다. 「남편이 그래요, 하고많은 이슈 중에서 나는 왜 항상 나쁜 이슈만 건드리느냐고요.」1992년 10월 『벨트』와의 인터뷰에서 메르켈이 하소연한 내용이다.[12]

육아와 여성 고용 문제도 그렇지만, 당과 교회가 그녀에게 기대하는 것은 분명했다. 서독의 법 규정을 유지해야 한다는 것이었다. 메르켈 장관이 상담 의무 조건을 달기는 했지만, 임신 후 첫 3개월 이내에는 낙태를 가능케 한 동독 규정을 첨가한 법률 초안 작성을 지시했을 때 그녀는 처음으로 기민련 내 보수파들의 분노에 찬 저항과 혐오를 느꼈다. 사실 그녀는 자당 내에서 민감한 문제에 손댈 때마다 반복적으로 이런 느낌을 경험했다. 가족 정책은 그녀의 동료 뢴슈가 담당했지만, 메르켈은 마음 약한 뢴슈가 서독의 보수적 견해에 굴복하고 있다는 느낌이 들자 불도저처럼 밀어붙였다.

메르켈은 위험한 길을 선택했다. 물론 계산된 위험이었다. 그녀의 초안은 기민·기사 연합 안에서 통과될 가능성이 없었지만, 그녀는 콜이 자신을 지지한다는 사실을 알고 있었기에 자기 입장을 명시적으로 밝히지 않은 상태에서 이 법안을 계속 몰아붙였다. 형법 218조 개정은 결국 다음과 같이 처리되었다. 쥐스무트 중심의 기민련 자유주의파와 사민당 및 자민당에 의해 또 다른 법안이 총리의 묵시적 인정하에 의회에 제출되었고, 과반이 넘는 기민·기사 연합의 반대에도 불구하고 가결되었다. 이 법은 주요 쟁점에서 메르켈의 초안과 유사했다.

메르켈은 하원에서 이 법안에 찬성표를 던지지 않고 기권했다. 심지어 그녀의 진술에 따르면, 이 법률이 헌법에 합치하는지 심사해 달라는 헌법 소원에 〈일말의 망설임 없이〉 참여하기도 했다.[13] 물론 그녀의 전기 작가 랑구트의 조사에 따르면 소장에는 그녀의 이름이 없었다.

메르켈은 당의 동지들을 완전히 화나게 하지 않으면서 목표를 달성하는 방법을 콜 총리에게서 보고 배웠다. 콜은 의회에서 넘어온 법안에 서명했지만, 의회 내 다수파를 다독이기 위해 즉각 헌법 소원에 동참했다. 메르켈은 하나의 정책을 추진하는 동시에 그것과 교묘하게 거리를 두는 방법을 콜에게서 배웠다. 그녀는 훗날 이 수법을 자주 사용했다.

기대했던 대로 연방 헌법 재판소는 1년 후 제소된 법률에 대해 헌법 불합치 판결을 내렸다. 1995년에야 연방 하원은 오늘날까지도 시행되고 있는 해결책을 찾았다. 낙태 전에 의사와의 전문적 상담을 의무 조항으로 명기한 것이다. 낙태는 불법이지만, 임신한 지 3개월이 지나지 않았고 전문 상담을 받으면 형법으로 기소되지 않았다. 1992년에 메르켈이 의회에 제출한 초안과 거의 비슷했다.

이 일은 훗날 총리 시절 메르켈주의의 초기 사례다. 게다가 그녀가 기회주의자이고, 지금까지 보수주의자였던 적이 없으며, 기민련의 강령인 기독교에 전혀 관심이 없고, 교회를 이해하지도 존중하지도 않으며, 꼭 기민련이 아니라 사민당 같은 다른 정당에서도 얼마든지 성공할 사람이라는 비난의 증거로 쓰이기도 한다.

실제로 메르켈은 기독교에 〈적응하는 데 어려움이〉 있었음을 고백한다.[14] 기민련의 기독교로 무엇을 할지 결코 알 수 없었다. 이 말은 결국 자신의 신념뿐 안이라 당의 신념도 정치적 도구로 삼는다는 비난을 받을 수 있었기에 나중에는 이런 말을 더는 하지 않았다. 메르켈은 과반 확보가 가능하고 실행할 수 있는 신념만 따랐으며, 상황이 바뀌면 미련 없이 포기했다.

메르켈이 직접 동기를 제공해서 이루어진 결정에 대한 양면적 태도가 정치 경력이 끝날 때까지 변하지 않았음을 보여 주는 사건이 있다. 2017년 여름, 메르켈은 여성 잡지 『브리기테 *Brigitte*』의 여름 대토론회에서 〈모두를 위한 결혼〉이라는 이슈의 걸림돌을 제거해 버렸다. 동성 커플의 결혼에 대한 기존의 생각을 고쳐먹었다고 고백한 것이다. 다가오는 선거전에서 사민당과 녹색당은 동성 커플의 결혼 합법화를 거부하는 기민련을 몰아세우는 전략을 짰다. 기민련도 이 문제에서 자신들이 더는 기존 입장을 지킬 수 없음을 오래전부터 알고 있었다. 동성애자들에게 〈생활 동반자 관계〉와 제한된 입양권을 허용하는 제도는 이미 밀레니엄 전환기부터 존재해 왔고, 헌법 재판소도 완전한 평등에 찬성하는 판결을 거듭 내렸다. 사회 변화는 보수보다 훨씬 빨리 움직였다. 총리의 난민 정책에 열광적으로 동의하면서 2017년 9월 생애 처음으로 기민련에 투표한 사람들은 〈모두를 위한 결혼〉에 반대하는 기민련에 또다시 거리감을 느꼈다. 기민련이 현대적 중도 정당이 아닌, 시대 흐름에 뒤처진

꼰대 보수로 인식된 것이다. 유권자들은 더 이상 정당의 강령이나 원칙적인 입장을 보고 투표하지 않는다. 대신에 단기적으로 결정을 내리고, 상징적 이슈와 인물을 보고 정당을 선택하는 일이 점점 늘어나고 있다.

결국 메르켈 총리는 동성 커플의 완전한 평등에 찬성한다는 입장을 표명했고, 그로써 보수적 가족상의 마지막 잔재와 큰 소란 없이 단절했다. 「동성 커플의 가정에도 이성 간의 결혼과 마찬가지로 사랑과 의무가 지켜지고 있음을 알았습니다. (……) 그 때문에 오직 양심에 따라 결정을 내리는 쪽으로 토론이 이어졌으면 합니다.」[15]

기민련 내부는 마구 들끓었다. 그런데 의원들이 그렇게 흥분한 것은 자신들이 마지막까지 붙들고 있던 가치와 신념을 포기했기 때문만이 아니었다. 절차 때문에 더 화가 났다. 중요한 일을 결정하면서 사전에 어떤 논의나 토론이 없었고, 정책 연구회도 구성되지 않았던 것이다. 한마디로 지금까지 이어져 온 기민련 정치의 또 다른 전통을 무너뜨린 것이다. 그렇다면 총리는 이 사안을, 외부 토론회에서 그냥 지나치듯이 새로운 입장을 표명해도 될 정도로 사소하게 보는 것이 분명했다.

메르켈은 또 한 번의 트릭으로 스스로를 구했다. 7월 연방 하원 투표에서 의원들에게 당론 투표가 아닌 소신에 따른 자유 투표를 추천한 것이다. 이로써 그녀는 자기 진영 내에서 패배를 피했다. 이 법은 결국 사민당과 녹색당, 자민당, 좌파당, 그리고 일부 보수파의 찬성으로 통과되었다.

그렇다면 동성 커플의 결혼 합법화에 찬성표를 던진 사람 중 누가 빠졌을까? 바로 메르켈이다. 그녀는 형법 218조 개정 때와 똑같이 했다. 이번에는 기권이 아닌 반대표였다. 기민·기사 연합의 절대다수 의원과 함께. 그런데 그녀가 투표함에 던진 표는 레드 카드였지만, 입고 있는 옷은 파란색이었다. 같은 줄에 서 있던 사람들만 이것을 그녀의 실제 생각이 다르다는 신호로 해석했을까?

그녀는 가우스와의 초창기 대담에서 이렇게 말했다. 「나는 실현 가능한 것을 추구합니다.」[16] 그러면서 실현 가능한 것이 힘까지 만들어 준다면 금상첨화라고 덧붙였다.

예를 들어, 1990년대 초 기민·기사 연합은 유치원 확충 문제에 개입하고 싶은 마음이 전혀 없었다. 보육은 일단 연방주와 도시 같은 지방 자치 단체가 해결해야 할 문제라고 생각했기 때문이다. 그렇다면 누구도 별 관심 없고 기독교 정당의 보수적 기반도 흔들 수 있는 문제를 굳이 건드릴 필요가 있을까?

그러나 메르켈은 이 문제에 관심이 있었다. 왜냐하면 동독에서는 이 문제가 곧 정치적 쟁점으로 부상할 것이고, 처참한 보육 인프라에 서독 여성들도 학을 떼고 있다는 사실을 기민련 여성 동지회 대표자들에게서 들었기 때문이다. 게다가 예산이 부족한 동독의 지방 자치 단체들이 빠른 속도로 어린이집 운영에서 손을 떼고 보육 교사들을 해고하는 모습을 기가 막힌 심정으로 목격하기도 했다. 통일 후 새로 추가된 연방주들에서는 출생률이 급감하는 바람에 유치원이 더는 그렇게 많이 필요하지 않았다. 게다가 동독 여성들은 평균치 이상으로 일자리를 잃는 비율이 높은 반면에 새 일자리를 찾을 가능성은 무척 낮았다. 사정이 이렇다 보니 점점 비싸지는 유치원 비용을 부담하느니 그냥 집에서 아이를 돌보는 편이 나았다.

사정이 그렇다고, 보육 인프라가 붕괴하는 걸 지켜보기만 하고 노동 시장에서 동독 여성들의 영구 퇴출을 받아들이는 것이 과연 옳을까? 메르켈은 반대했다. 그러나 낙태죄 개정 때와 마찬가지로 자당 내 보수 세력과의 노골적인 갈등은 피했다. 유치원 확충 법안은 형법 218조 개정안과 함께 연합당의 이름으로 연방 의회에 제출되었다. 메르켈은 유치원 확충 법안에 대해서도 기권했다. 그렇지만 2005년 슈뢰더와의 총리 후보 TV 양자 토론에서는 유치원 확충이 여성부 장관 시절 자신의 업적이라고 당당하게 주장했다. 「나는 그 일에 대해 지금도 상당한 자부심을 느낍니다.」[17]

젊은 장관 메르켈이 통일 독일의 또 다른 과제로 부여받은 남녀 평등법은 상황이 조금 달랐다. 그녀는 이 이슈를 진지하게 추진해 나갔고, 그로써 자당 내에서 비웃음을 샀다. 목표는 분명했다. 여권 신장에 도움이 될 여성들을 공직에 추천하고, 가정과 직장의 부조화를 개선하고, 가정 내 성폭력을 범죄로 규정하고, 직장에서 발생하는 여성에 대한 차별을 끝내고자 했다. 오늘날 관점에서 보면 모두 하나씩 실현되고 있는, 상당히 선견지명 있는 제안들이었다. 하지만 당시에는 이 제안들이 기민련 내에서 지진과 같은 충격파를 일으켰다. 작센의 기민련 정치인

슈테펜 하이트만은 〈수천 년 동안 남성이 지배해 온 우리 사회의 구조〉가 일부 여성들에 의해 바뀌지는 않을 거라면서 남녀 사이의 〈자연스러운 역할 분담〉을 강조했다.[18] 니더작센의 기민련 대표 요제프 슈토크는 메르켈의 계획을 〈지나가던 소가 웃을 일〉이라며 비꼬았고, 당시 독일 상공 회의소 회장 한스 페터 슈틸은 〈구체적인 문제가 없는데도 정치인들이 내놓는 아이디어를 보면 정말 놀랍기 그지없다〉[19]고 말했다. 기민련 의원들도 목소리를 높였다. 장차 지원자의 자격과 조건이 동등할 때 여성이 채용될 거라고 믿는 사람이 과연 얼마나 될까?

이로써 메르켈 장관은 한 세대 후라면 상상하기 힘든 문화 전쟁에 휘말렸다. 기민련 여성 동지회가 원내 대표 쇼이블레를 찾아가 어떻게든 그 법안을 구제해 달라고 요청했지만, 풀 죽은 채 돌아서야 했다. 쇼이블레가 그 문제에 조금도 관심을 보이지 않았던 것이다. 게다가 자기 입장에서는 이 문제에서 손 떼는 게 왜 나은지도 정확히 알고 있었다. 또한 그에게는 그보다 훨씬 중요한 다른 걱정거리들이 있었다. 연정은 곤경에 처했고, 장관들은 속속 사임했다. 통일로 인한 경제 호황은 끝났고, 난민과 망명 신청자 숙소를 향한 외국인 혐오 공격은 계속 이어졌다. 쇼이블레는 1992년에 시행될 계획이던 그 법안을 밀쳐 두었다.

1994년에야 메르켈은 법안의 일부를 관철시킬 수 있었다. 그와 함께 헌법 제3조 2항도 보완되었다. 〈남성과 여성은 평등한 권리를 갖는다〉라는 문장 뒤에 〈국가는 남성과 여성의 평등권을 실질적으로 촉진하는 방안을 추진하고, 기존의 차별을 없애기 위해 노력한다〉라는 말이 추가되었다.

콜은 낙태죄 개정 때와 비슷한 이유로 법안에 동의했다. 총선이 며칠 남지 않은 상황에서 평등권 문제로 사민당과의 논쟁에 얽혀 들고 싶지 않았던 것이다. 게다가 기민련은 동독 여성들 사이에서 지지율이 점점 떨어졌고, 동독에서는 사민당과 민주 사회당(오늘날의 좌파당)이 연립 정부를 구성할 가능성이 높은 상황이었다. 따라서 콜 총리는 어떻게 해서든 좌파들에게 공격의 빌미를 주지 않으려고 했다.

훗날 메르켈 총리의 철칙 중 하나가 된, 정치적 적에 대한 이러한 비대칭적 해산 전략은 확실히 효과가 있었다. 1994년 선거에서 기민당이 간발의 차이로 승리해, 콜은 4년 더 집권하게 되었다.

〈해방법〉이라고 조롱받던 이 법안 이전에는 할당제라는 말조차 꺼내기 힘들었다. 당시 여성부 장관 메르켈조차 작은 한 가지 예외를 제외하고는 할당제를 거부했다. 통일과 화폐 통합으로 인한 경제적 충격 이후 동독 여성들은 과도한 실업 상태에 빠져 있었다. 이런 상황에서 메르켈은 당시 노동부 장관이던 블륌의 거센 반발에도 불구하고 여성에게도 실업자 비율만큼 일자리를 마련해 주는 조치를 관철했다.

20세기의 마지막 10년은 육아 수당과 할당제를 둘러싼 거대 담론을 아직 기대할 수 없던 시절이었다. 1996년 하노버에서 열린 전당 대회에서도 기민련은 모든 직책의 3분의 1을 여성으로 채워야 한다는 당 최고 위원회의 권고 사항을 고심 끝에 간신히 통과시켰다. 처음에 메르켈은 이 운동의 선두에 서지 않았다. 아니, 오히려 콜이 왜 가만히 있느냐며 그녀의 옆구리를 쿡 찌를 정도였다. 약 25년 뒤 여성 동지회 앞에서 그녀 스스로 밝힌 내용이다.[20]

메르켈이 2000년 에센 전당 대회에서 당 대표로 선출되었을 때 아홉 명의 여성이 당 지도부에 진출했고, 샤반은 당 부대표가 되었다. 이 결과를 두고 한 기자가, 이제 기민련은 모계제로 가는 중이냐고 묻자 메르켈은 이렇게 대답했다. 「아뇨, 우리는 20세기에서 21세기로 넘어가는 것뿐입니다.」[21]

할당제에 대한 공개 토론은 훨씬 뒤 폰데어라이엔이 여성부 장관으로 있을 때 이뤄졌다. 메르켈과 달리 그녀는 공개적인 정치 토론을 즐겼고, 메르켈은 그렇게 하도록 허용했다. 메르켈 자신은 정치 경력이 끝나갈 때쯤에야 명확한 입장을 밝혔다. 자기 진영 보수파들에게 지지를 잃은 지 이미 오래되고, 여성이 기민련의 정점에서 활약하던 시대가 자신과 함께 막을 내릴 것이 분명해진 시점이었다. 이제 그녀는 당과 경제계, 사회 전반에서 구속력 있는 할당제에 찬성을 표하고 남녀의 동등한 권리를 옹호했다.

여성 문제에서도 정치인이 전체적 틀을 규정함으로써 가정과 직장에서 여성의 운신 폭이 결정되는 것은 분명했다. 다만 이 문제만큼 시대 흐름이 정치에 큰 영향을 미치고, 적절한 타이밍이 중요한 영역은 거의 없었다. 2020년에 기사련의 주지사 죄더가 독일 기업 경영진에 여성 할당제 도입을 강하게 요구한 것도 여성의 사회적 참여에 대한 폭넓은 시대적 공감대가 형성되었기 때문이다. 중도를 표방하는 정당은 그런 추세에 장기간 버티지 못한다. 그것은 기사련도 마찬가지였다.

메르켈은 그것을 대부분의 다른 정치인보다 먼저 깨달았다. 단순히 여성 및 가족 문제에서만이 아니라 말이다. 그러면서도 운동의 선두에 서지 않았고, 여성의 사회 활동 장려에 가장 중요한 지렛대인 건강 보험 피부양자 제도와 부부 합산 소득 분할 시스템을 결코 먼저 집어 들지 않았다. 그녀는 사회적 변화를 확인한 뒤에야 정치적으로 달리기 시작하는 사람이었다.

정계 은퇴가 이미 기정사실화된 2019년에 메르켈은 하버드 대학교 명예 박사 학위 수여식 연설에서 다음 말을 수차례 반복했다. 「나는 그게 지금 가능하기 때문에 하는 걸까요, 아니면 옳기 때문에 하는 걸까요?」[22] 끊임없는 딜레마 속에서 자신과 주고받는 대화처럼 들린다. 이제 막 사회에 첫발을 내딛는 명문대 졸업생들에게 답은 분명 두 번째다. 그러나 독일 총리는 정치 일상에서 회의가 들 때면 대개 첫 번째 입장을 택했다.

여성 친구들

퀼른의 저널리스트이자 페미니스트 슈바르처를 불러낸 것은 해방법과 주요 기민련 정치인들의 거센 반발 및 오만함이었다.

페미니즘 잡지 『에마Emma』를 발행하던 그녀는 사실 처음엔 메르켈에게 눈길을 주지 않았다. 그러다가 메르켈이 갑자기 남성 보수파들로부터 인습에서 해방된 좌파 신여성이라는 비난을 받자 생각이 바뀌었다. 두 사람은 쾰른에서 만나 식사를 했고, 슈바르처는 의지와 달리 이 기민련 여성 정치인의 지성과 재치, 유머에 깊은 인상을 받았다. 서로 다른 정치적 견해에도 불구하고 두 여성 사이에 우정 같은 감정이 싹텄다. 나중에 메르켈은 슈바르처와 TV 진행자 자비네 크리스티안젠이 베를린 그루네발트에서 열었던 여성들의 내밀한 모임에 초대되었다. 그 자리에는 미디어 재벌 프리데 슈프링거, 기업가 리즈 몬, 디자이너 질 샌더도 참석했다.

이들은 크리스티안젠의 집에서 파스타와 샐러드를 먹으며 정치와 언론, 사회에서 여성의 영향력이 점점 커져 가는 것을 함께 기뻐했다. 메르켈이 야당의 유력 정치인이던 시절 큰 도움이 되었던 든든한 후원 그룹도 이 모임에서 비롯되었다. 메르켈은 여기서 허물없이 굴었고, 참석자들에게서 충고를 구하고 경청했다. 심지어 의상과 헤어스타일, 외모에 관한 것까지. 그때 우리는 〈연대가 있었고, 네트워크가 있었습니다〉. 메르켈이 행복한 표정으로 한 말이다.[23] 그녀는 스스로 한 일이 전혀 없는데도 자연스럽게 새로운 세대의 여성 정치인과 언론인, 기업가의 야망을 대변하는 사람이 되었다. 기민련 안팎의 많은 여성이 메르켈 총리의 정치적 성공에 함께한 것을 자랑스러워했다.

2000년대에는 메르켈의 부상과 나란히 경제와 사회에서도 새로운 여성 지도층이 성장하기 시작했다. 물론 아직은 소수여서 자기들끼리 깊은 유대 관계를 형성했다. 몬과 슈프링거는 베텔스만 그룹과 슈프링거 미디어 그룹에서 점점 자신 있게 영향력을 행사했다. 회사를 설립한 남편이 사망해 그룹을 물려받은 두 여성은 처음엔 회사 경영자들로부터 조롱을 받았을 뿐 아니라 권력 의지와 관련해서 극도로 과소평가되었다. 이후 새천년 전환기 무렵엔 회사를 완전히 장악했고, 주도적으로 운영했다. 특히 몬은 자신이 의장을 맡은 베텔스만 재단을 정치 개혁 후원에 활용했는데, 메르켈은 야당 시절과 총리 시절 그 덕을 많이 보았다.

크리스티안젠, 마이브리트 일너, 잔드라 마이슈베르거, 아네빌은 독일의 비중 있는 TV 토크 쇼에서 메르켈에게 호의적인 진행자들이다. 여기에는 개인적 이유만 있었던 게 아니다. 새천년 전환기에는 공영 방송에도 새로운 바람이 불었다. 처음에는 여성이 편집과 경영에서 책임 있는 위치에 오르는 일이 극히 드물었으나, 이후 카메라 앞에서 여성은 점점 중요한 역할을 맡았고 점점 눈에 띄었다. 그중에서 가장 눈에 띈 사람은 메르켈이었다.

메르켈이 슈바르처와 가깝게 지낸 것은 또 다른 측면에서 도움이 되었다. 그녀의 개인적 정치 기반이 기민련의 핵심 지지층을 넘어 더욱 확대될 수 있음을 보여 주었기 때문이다. 특히 보수 정치인으로서 쾰른의 유명 페미니스트 같은 뜻밖의 동반자와 지지자를 얻은 것은 정치적 공명의 확장을 의미했다. 물론

이는 미래의 총리 메르켈만의 비법이 아니었다. 예를 들어, 슈뢰더가 그림자 내각을 구성할 때 기업가 요스트 슈톨만을 포함시킨 것도 같은 맥락이었다.

그런데 이런 새 친구들에 대해 절대 잊어선 안 되는 한 가지 사실이 있었다. 지도급 정치인들의 신의는 정치적 전망이 바뀌거나 인물이든 정책이든 신선도가 떨어지면, 얼마든지 금방 사라질 수 있다는 것이다. 예를 들어, 슈바르처는 처음에 메르켈의 여성 정책이 단순히 여성부 장관으로서의 소관 업무를 넘어 그녀의 정치적 소신일 거라고 굳게 믿었다. 그래서 메르켈이 여성부에서 4년을 보낸 뒤 환경부 장관과 기민련 사무총장을 거쳐 2000년 기민련 당 대표에 오를 때까지, 더는 여성 문제를 공개적으로 거론하지 않아 실망감을 감추지 못했다. 물론 메르켈 입장에서는 신념에 대해 스스로 가꿔 온 자기만의 독특한 전술이었다. 총리가 되려면 여성부 장관 때의 모습을 재빨리 털어내야 했다. 게다가 새로 영입한 인물도 신선도가 떨어지면 더 이상 쓰지 않았다. 그런 측면에서 슈톨만과 메르켈이 재무 전문가로 영입한 파울 키르히호프는 결코 장관이 되지 못했다.

반면에 나이가 비슷한 샤반과의 우정은 완전히 다른 식으로 발전했다. 라인란트 출신인 샤반은 메르켈이 기민련에서 얻은 정말 몇 안 되는 개인적인 친구 중 하나였다. 두 사람은 1997년 콜이 라이프치히 전당 대회 때 자신의 부대표인 메르켈을 당시 바덴뷔르템베르크 문화부 장관에게 소개시키면서 처음 알게 되었다. 샤반은 메르켈과 달리 기민련이 본거지였다. 기민련 청년 연합에서 정치를 시작한 이후 기민련 지역 정치인, 여성 동지회 간부, 쿠자누스베르크 영재 지원 센터장, 바덴뷔르템베르크 문화부 장관과 주 의회 의원을 거쳐 나중에는 연방 하원 의원과 연방 장관까지 지냈다. 이 당에서 온갖 굴곡과 부침을 겪었고, 그 때문에 누구도 거짓말로 절대 속일 수 없는 사람이 바로 샤반이었다. 그녀는 기민련의 전통 자산뿐 아니라 당내 온갖 얽히고설킨 관계와 상호 의무, 우정, 적대감에 이르기까지 기민련에서 살아남는 데 꼭 필요한 피를 메르켈에게 수혈해 주었다. 이어 샤반은 동독 친구와 정치적 운명을 같이했다. 그것은 두 사람 모두에게 유리하게 작용했다. 예를 들어, 1998년 신임 당 대표 쇼이블레는 사무총장을 물색하던 중 샤반에게 먼저 의사를 타진했다. 그런데 당시 그녀는 바덴뷔르템베르크 주지사 자리가 그리 멀지 않은 곳에서 손짓하고 있다고 생각해 제안을 거절했다. 이렇게 해서 그 자리가 친구인 메르켈에게 돌아갔다.

늦어도 이때쯤 기민련의 동년배 남자들은 메르켈이 자신들의 사부 콜과 독립적으로 어떤 정치적 경력이 만들어지고 있음을 눈치챘어야 한다. 그러나 그들은 여전히 그것을 보지 못했다. 왜냐하면 〈동독에서 온 여성〉은 추종자가 정말 몇 안 됐고, 파벌이라고 부르기도 민망할 정도로 세력이 빈약했다. 게다가 정치적 네트워크도 주로 남성들이 하찮게 여겨 눈여겨보지도 않는 당내 여성들 사이에서 구축되어 있었기 때문이다.

여성 동지회는 기민련에서 가장 많은 회원을 보유한 조직이자, 〈메르켈의 자당 내 유일한 세력〉[24]이었다. 그런데 메르켈 본

인도 그렇지만 여성 동지회도 당의 지도급 남성들로부터 항상 괄시를 받았다. 사실 이것은 부당했다. 선거에서 기민련을 찍는 유권자는 남성보다 여성이 더 많았고, 전당 대회 대의원 수도 여성이 3분의 1을 차지하고 있어 이들이 하나로 단결하면 누구도 함부로 하지 못할 막강한 세력이 되었다. 메르츠가 당 대표 선거로 당에 복귀하려다 실패한 것이 그 증거다. 2018년 12월, 그는 당과 거리를 둔 지난 10년 사이 기민련 안에서 여성 파워가 얼마나 강해졌는지 간과한 바람에 여성 경쟁자 크람프카렌바워에게 고배를 마셨다. 2021년 1월 두 번째 시도에서 또다시 실수를 저질렀다. 이번에는 말실수였다. 「사회적 약자인 사람들도 우리에게서 따뜻한 위로와 애정을 느낄 수 있을 겁니다. 그런 차원에서 여성에 대해 한마디 하겠습니다.」[25] 이 발언에 대해 『한델스블라트』는 〈참으로 한심한 언어의 배신자〉라고 논평했다.[26]

샤반과 메르켈의 우정은 중앙 정치 무대에서 샤반의 정치 경력보다 오래갔다. 박사 학위 논문이 문제가 되어 그녀가 장관직에서 물러날 때 메르켈은 개인적으로 큰 충격을 받았다. 아울러 깊은 우울감에 빠진 샤반에게는 바티칸 대사직을 주선해 주었고, 나중에는 당과 가까운 콘라트 아데나워 재단의 수장에 앉히고 싶어 했다. 하지만 그것은 뜻대로 되지 않았다. 당 대표의 권력은 2017년 가을에 이미 크게 추락했고, 자존감 넘치는 재단 구성원들도 더는 메르켈에게 호의를 베풀 생각이 없었다.

여성 보스

정치에 입문하고 4년 동안 메르켈은 개인적으로 본의 정치가 어떻게 돌아가는지 위에서부터 굉장히 빠른 속도로 접했다. 그것도 까다로운 업무 과제나 부처 운영으로 크게 부담을 받지 않으면서 말이다. 「나는 본의 정치에 익숙해질 수 있었습니다.」[27] 나중에 그녀는 자신처럼 급부상한 또 다른 동독 출신 스타 크라우제가 정치적으로 실패한 이유를, 본의 정가와 관료 시스템을 잘 모르는 상태에서 한 해 예산이 수십억 마르크에 이르는 거대한 교통부를 덜컥 맡았기 때문이라고 생각했다. 위신이 서는 자리였지만, 자부심 넘치는 관료 기구와 수많은 로비스트, 온갖 욕망이 복잡하게 뒤엉킨 이 부처에서 문제를 풀어 나가기란 결코 쉽지 않았을 것이다. 그것은 야심만만한 크라우제만 경험한 것이 아니라 그의 많은 후임자도 같은 운명을 겪었다.

장관 시절 메르켈은 불신이 동독에서만 생존에 필수적인 것이 아님을 재빨리 깨달았다. 서독 정치에서도 마찬가지였다. 「나는 동독에서부터 항상 의심이 많았는데, 그 점이 지금 여기서도 도움이 되고 있습니다.」[28] 그녀는 동독에서 솔직함에 대한 섬세한 감각을 키웠다고 말한다. 그러니까 상대의 말이 진심인지, 혹은 내가 솔직하게 털어놓아도 되는 사람인지 본능적으로 감지하는 촉수를 발전시켰다는 말이다. 그럼에도 그녀는 서독에서 계속 실수를 저질렀고, 정치를 해나가면서 불신은 계속해서 쌓여 갔다. 그러다가 마침내 다른 전임자들과 마찬가지로,

믿을 수 있는 측근들로 둘러싸였다. 그중 많은 사람이 그녀가 본에서 정치를 시작할 때부터 함께한 이들이었다.

메르켈은 누가 자신에게 말을 걸고 싶어 하는지, 누가 다가오고 싶어 하는지 궁금했다. 그런데 자기 부처 직원 중에는 그런 사람이 없어 의아했다. 상당수 직원은 1980년대에 카리스마 넘치던 쥐스무트 장관이 뽑았는데, 이들은 누가 장관이 되든 별로 신경 쓰지 않는 눈치였다.

그러나 신임 장관은 그런 태도가 계속 신경 쓰였다. 본의 정치인이나 언론인이 그녀의 출세를 두고 약간 무례하고 깔보듯이, 너무 속도가 빠른 것 아니냐고 말하는 것은 그냥 넘길 수 있었지만, 자기 부처 안에서는 용납할 수 없었다. 결국 그녀는 팔을 걷어붙였다. 요직을 맡은 부서장들과 장관 비서실장을 해고한 뒤 자기 사람을 찾아 나섰다.

사람은 원래 자신과 비슷한 이들과 어울리고 싶어 하는 경향이 있는데, 메르켈은 주로 여성을 골랐다. 그런데 문제는 아는 사람이 없다는 점이었다. 지금 그녀에게 좋은 충고를 하는 사람은 정치 생활 내내 혜택을 볼 수 있었다. 메르켈은 나중에 알게 된 사람들에게도 종종 믿음을 주었기 때문이다. 아무튼 이 시점은 갑자기 정치로 진로를 바꾼 사람에게 무척 예민한 국면이었다. 접촉이나 자기 기반도 없이, 불쑥 사람을 추천해 달라고 도움을 청하는 것은 언제든 정치적 나락으로 떨어질 수 있는 약점을 노출하는 것이나 다름없었다. 반면에 그 추천이 성공을 거둔다면 관계자들 모두에게 도움이 되고, 수십 년 동안 지속될 관계가 형성될 수 있었다.

추천을 받아 메르켈과 연을 맺은 사람이 바우만이다. 그녀는 메르켈이 당 부대표로 선출된 후 당시 니더작센 청년 연합 회장(훗날 연방 대통령이 된 불프다)의 추천으로 기민련 사무처에 정책 실무관으로 들어왔다. 대학교에서 독문학과 영문학을 전공한 바우만은 얼마 안 가 메르켈의 가장 가까운 직원이자 조언자가 되었고, 이후 환경부 장관 비서실과 기민련 중앙 당사, 원내 대표 사무실, 그리고 마지막으로 총리청으로 함께 자리를 옮겼다. 바우만은 종종 〈베를린에서 두 번째로 강력한 여성〉[29]이라 불렸는데, 충분히 그럴 만했다. 그녀는 총리의 모든 전략 전술에서 핵심적 역할을 했다. 메르켈이 좋아하는 〈끝에서부터 생각하기〉뿐 아니라 정치적으로 난감한 상황에서도 늘 결정적인 조언을 아끼지 않았다. 최측근들은 메르켈이 1999년 12월 22일 『프랑크푸르터 알게마이네 차이퉁』 기고문으로 콜에게 아버지 살인을 저질렀다고 확신했다. 「그는 당에 해를 입혔습니다. (……) 이제 우리는 스스로 우리의 미래를 만들어 나갈 수밖에 없습니다.」 당시 당 대표 쇼이블레는 이 기고문 내용을 알지 못했지만, 바우만은 처음부터 끝까지 이 일에 관여했다. 사실 당의 아버지와도 같은 인물과 단절하는 것은 남자들 사회에서는 있을 수 없는 일이었다. 혹시 일이 잘못되면 정치생명이 영영 끝날 수도 있었다. 어쨌든 그날 이후 메르켈과 바우만은 하나의 끈끈한 팀을 넘어 운명 공동체가 되었다. 다만 둘이 함께 총리청을 떠날 때까지 서로 편하게 반말을 하지 않고 존칭을 사용했다.

에바 크리스티안젠은 나중에 합류했다. 1998년 사무총장 힌체가 기민련 여성 부대변인으로 영입한 경제학자였다. 힌체는 그때 이미 메르켈의 최측근으로서 메르켈의 장관 임기 첫 2년 동안 부처의 의회 정무 차관으로 있다가 1994년 선거전을 이끌기 위해 중앙당으로 옮겼다. 1998년 선거 패배 후 메르켈이 힌체 후임으로 사무총장이 되었을 때 아직 당에 있던 크리스티안젠은 곧장 수석 대변인이 되었다. 콜과 쇼이블레의 기부금 문제로 혼란스럽기 그지없던 정국에서 크리스티안젠은 메르켈의 중요한 조언자이자 당과 대중, 그녀 사이를 잇는 핵심 연결 고리가 되어 주었다. 바우만처럼 그녀도 총리청에 들어갈 때까지 메르켈을 도왔고, 두 사람은 총리 임기가 끝날 때까지 곁을 지킨 측근 중의 측근이었다. 메르켈의 전기 작가 랑구트는 이들을 가리켜 〈아마존 여전사 패권의 몰락 이후 가장 강력한 팀〉[30]이라고 묘사했다. 메르켈은 이 두 사람하고만 있으면 아무 눈치 안 보고 허물없이 얘기했고, 체면 같은 것을 벗어던졌으며, 남을 흉내 내는 재주를 선보이거나 버럭 고함을 치는 기질을 가끔 솔직히 드러내곤 했다.

반면에 다른 모든 사람과는 거리를 두었다. 메르켈 총리는 폰 데어라이엔을 여성부 장관에 임명했다. 폰데어라이엔은 노동 시장에 여성의 참여를 제고하는 것을 정치적 의제로 삼고 출발했는데, 메르켈에게도 안성맞춤이었다. 그러니까 자신은 여권 신장을 위해 아무것도 하지 않고 당내 보수파들과 맞붙어 싸우지도 않고, 기민련의 케케묵은 이념을 역사의 뒤안길로 보낼 수 있었다. 이렇게 해서 육아 수당과 남성의 육아 휴직 제도가 도입되었고, 여성 할당제 논쟁이 처음으로 제대로 불붙었다. 총리가 합리적인 가족 정책에 대한 소신을 갖고 있어 일어난 일이 아니라, 총리가 그런 소신을 가진 여성을 장관에 앉히고 전권을 맡겼기에 가능한 일이었다. 폰데어라이엔 장관도 기대에 부합했다. 여성부를 슈뢰더 시절의 〈천덕꾸러기〉에서 사회 변화를 주도하는 핵심 부처로 바꾸는 데 총력을 기울였다. 사실 이것은 폰데어라이엔이었기에 가능했다. 그녀는 완벽한 보수 가문 출신이었고, 자녀를 일곱 명이나 둔 어머니였다. 이런 사람이 여성 정책을 밀어붙였기에 기민련 내에서도 큰 반발이 없었다. 그녀의 아버지는 고(故) 니더작센 기민련 주지사 에른스트 알브레히트였다.

그러나 폰데어라이엔은 총리의 신뢰 창고가 크지 않고, 메르켈의 관점에서 보면 총리와 장관 사이의 충성심은 일방통행일 수밖에 없다는 점을 깨달아야 했다. 그녀는 쇼이블레만 제외하면 메르켈의 세 차례 임기마다 장관직에 앉아 있던 유일한 인물이었다. 게다가 메르켈과 비슷한 측면도 있었지만, 악마가 만들어 내지 않았을까 하는 의심이 들 정도로 총리와 정반대였다. 지적이고 절제력이 강하고 분석적인 것은 메르켈과 유사했지만, 교양을 갖춘 서독 엘리트였고, 많은 자녀를 둔 어머니였으며, 뛰어난 연설가에다 마장 마술 선수였고, 날씬한 몸매에 포토제닉이었다. 정치 경력은 메르켈보다 훨씬 짧았지만 누가 봐도 타고난 정치인이었다.

이후 폰데어라이엔은 노동부 장관에 취임해 처음 몇 년 동안 큰 영향력을 누렸다. 그런데 연방 정부에서 무척 중요한 부처의 수장이었음에도 금융 위기 당시에는 총리청과 재무부만 언론의 주목을 받았다. 메르켈은 쾰러의 성급한 사임 이후 그녀에게 독일 최초의 여성 대통령에 대한 희망을 심어 주었지만, 정작 대통령으로 민 사람은 불프였다. 국방부 장관에 임명된 폰데어라이엔은 2013년부터 스스로 메르켈 총리의 뒤를 이을 준비를 차곡차곡 하기 시작했다. 그러나 더는 진전이 없었다. 총리는 폰데어라이엔이 연방 대통령 지명과 관련해 자신에게 실망한 이후 점점 자신을 멀리하고, 총리를 위해 일하는 대신 자기의 정치를 하는 것을 눈여겨보고 있었다. 그 때문에 폰데어라이엔은 더 이상 예전 노동부 장관 시절만큼 정치적으로 성공을 거두지 못했다. 국방부에서 고군분투했으나 성과는 없었다. 오히려 여군들의 일과 삶의 균형을 맞추는 과정에서 온갖 시비에 휘말렸고, 거기다 무수한 충성심 갈등과 참모진 스캔들로 구설수에 올랐다. 결국 이런 복마전에서 그녀를 구해 준 것은 프랑스 대통령 마크롱이었다. 그가 폰데어라이엔에게 유럽 연합 집행 위원장직을 제안한 것이다.

뵈머는 일찍이 〈메르켈 여단〉의 일원이었다. 메르켈과 마찬가지로 1990년 하원 의원으로 의회에 처음 입성할 당시, 이미 검증된 여성 정치인이었다. 가톨릭 신자이자 라인란트팔츠 대학교 교수였던 뵈머는, 남녀 평등법 제정과 헌법의 평등권 개정을 위한 투쟁에서 개신교 신자이자 동독 출신인 여성 장관을 열정적으로 지지했다. 이후 기민련 지도부의 일원으로서, 특히 여성 동지회 회장으로서(2001~2015년) 메르켈을 위해 발 벗고 뛰었고, 나중에 기민련 전당 대회에서는 총리의 현대화 과정에 여성 대의원들의 동참을 독려하기도 했다. 2017년에는 결혼 문제에서 동성애자의 동등한 권리를 인정하는 데 투표한 몇 안 되는 연합당 의원 중 하나였다. 똑똑하고 차분한 뵈머는 메르켈의 정치 인생에서 빼놓을 수 없는 중요한 인물이었다. 다만 총리의 이너 서클에까지 들지는 못했다. 그러기에는 독기와 정치적 야망이 부족했다.

그다음엔 힐데가르트 뮐러 같은 젊은 여성들이 있었다. 뮐러는 총리의 정치 무대에 잠시 객연으로 출연했다. 메르켈이 당 대표가 되었을 때 그녀는 청년 연합 회장이 되었다. 청년 연합은 기민련의 위기 당시 메르켈의 편을 들었고, 거기서 한 걸음 더 나아가 메르켈 사무총장이 콜 이후 당의 미래를 위해 야심 차게 준비한 시민과의 현장 대화를 성공적으로 이끄는 데 핵심적인 역할을 했다. 뮐러는 처음엔 측근이었다가 연방 하원 의원이 되었고, 2005년 선거에서 승리한 후에는 총리청의 특임 장관에 임명되었다. 그러나 총리청이 있는 베를린과 자신의 선거구가 있는 뒤셀도르프, 그리고 가족이 있는 하이델베르크를 오가는 일이 너무 부담스러웠고, 정치인과 어머니로서의 역할을 조화시키기 힘들어 2008년에 사임했다. 이후 에너지 산업계 로비스트로 그다음엔 자동차 산업 협회장으로 메르켈과 다시 연결되었다.

총리는 뮐러를 티 나지 않게 밀어 주었다고 한다. 뮐러가 2020년 자동차 산업 협회장으로 영입된 것도 그 때문이었다. 자동차업계는 환경 지원금을 받아 내려 애썼고, 내연 기관의 단계적 중단과 전기 자동차로의 전환에 따른 정치적·재정적 지원을 원했다. 협회장이 총리실과 경제부 장관실에 쉽게 접근할 수 있는 사람일수록 이 문제를 풀어 나가기에 유리했다. 뮐러의 직전 전임자는 이런 연결 고리가 없어서 2년 만에 그만둬야 했다.

베를린에서 총리청과의 연줄은 든든한 자산이었다. 그 연줄을 가진 사람은 정계를 떠난 뒤에도 찾는 사람이 많았다. 전임 총리들과 달리 메르켈 정부에서는 그런 사람이 정말 몇 명 되지 않았다. 게다가 2005년 이전과 확연히 다른 것은 그런 사람 중에 여성이 일부 끼여 있었다는 점이다. 야망과 업무 규율, 그리고 정치적 타협을 존중하는 면에서 총리를 닮은 여성들이었다.

이는 어쩌면 메르켈이 여성 문제에서 마지막으로 보여 준 서비스일지 모른다. 이제는 경제계에서도 높은 보수를 받는 최고위직 여성을 어렵지 않게 볼 수 있다. 그들이 그 자리에 오르기까지 처음에는 총리청과의 끈이 크게 작용했지만, 나중에는 남성들에게 결코 뒤지지 않는 능력으로 존재 이유를 증명했다.

5
성공

　메르켈의 성공에 관한 역사적 평가는 총리 임기가 끝난 뒤에나 제대로 이루어질 수 있다. 역사가 바버라 터크먼의 말처럼 〈역사가 아직 연기를 내뿜고 있는〉[1] 동안에 그런 시도를 하는 것은 정치에서 현재와 행위자의 역할을 과대평가할 수 있고, 아울러 그 배경에 깔려 있는 사회적·세계적 변화의 거대한 소용돌이를 과소평가할 위험을 내포하고 있다.

　앞으로 몇 년이 지나야 상대화와 비교가 가능해질 것이다. 망각은 결정과 중단된 개혁, 미뤄진 결정의 무수한 목록을 깔끔하게 정리해 주고, 중요한 것과 중요하지 않은 것을 분리시킨다. 이웃 국가들을 살펴보는 것도 메르켈 집권기의 특이점을 새천년 첫 20년 동안의 일반적인 주류와 구분하는 데 도움이 된다. 그런 다음에야 메르켈 총리의 계정에 실제로 넣어야 할 것이 무엇이고, 그녀의 개입 없이도 이뤄졌을 일은 무엇이며, 누군가가 결정하지 않았어도 일어났을 일은 무엇인지 명확해질 것이다.

　정치적 성공이란 일반적으로 뛰어난 업적을 가리킨다. 그런데 메르켈 총리는 얼핏 보면 딱히 내세울 게 없다. 콜은 통일 총리였고, 슈뢰더는 〈어젠다 2010〉 총리였다. 반면에 메르켈은 슈미트처럼 〈의무감과 예측 가능성, 실행 가능성〉의 특징으로 이루어진 〈과정〉의 총리다. 이는 특별히 거창하지도 화려하지도 않은 부차적 미덕이다. 라퐁텐은 무색무취한 메르켈을 가리켜 〈강제 수용소 운영〉도 가능한 총리라고 비방했다.[2]

인물의 승리?

메르켈은 되도록 〈나는 꼭 하고야 말겠다〉와 같은 표현을 쓰지 않는데, 이 또한 그녀의 이미지와 어울린다. 반면에 전임자들은 그런 표현을 즐겨 쓰면서 자신의 의지를 불태웠다. 「나는 내 시대가 끝나도 더 이상 누구도 방향을 바꿀 수 없도록 하고야 말겠습니다.」[3](콜) 「나는 피고용자가 회사 성공의 과실을 나눠 가질 수 있도록 하고야 말겠습니다!」[4](슈뢰더) 반면에 메르켈의 입에서는 문집에나 나올 법한 문장이 흘러나왔다. 「아직 실현되지 않은 것은 현재가 아니면 모두 미래입니다.」[5]

메르켈이라는 인물을 정확히 규정하기는 어렵다. 어딘가 하나에 확고하게 고정되지 않기 때문이다. 성공이든 실수든, 혹은 실패든 간에 말이다. 그녀는 이기지 않았고, 그 때문에 지지도 않았다. 다만 적절한 환경을 조성한 뒤 타협으로 이끄는 데 고수였다. 뒤스부르크 대학교 정치학 교수 코르테는 21세기의 현대적 통치에 대한 전제 조건을 이렇게 표현했다.「결정을 내릴 때 자신을 드러내지 않는 것이 최정상 정치인의 숨은 덕목이다.」이를 적절하게 잘 활용하는 사람은 권력을 유지할 가능성이 높다. 메르켈 총리가 그 방면의 명수다. 코로나 팬데믹 때까지는.

이런 식으로 메르켈은 세계 정치에서 유례를 찾기 힘들 정도로 독특한 인물상을 만들어 냈고, 그 인기의 상당 부분도 그에 기인한다. 다른 정치 지도자들은 그렇지 않다. 예를 들어, 마크롱이나 트럼프 같은 사람은 허영심이 강하고, 존슨 같은 유형은 타협을 모른 채 정치 지형을 가차 없이 갈아엎는다. 반면에 베를린에서는 탈진할 때까지 협상에 협상을 거듭한다. 메르켈의 독일에는 터키나 러시아처럼 지도자의 고압적인 나르시시즘이 존재하지 않는다. 지정학적 패권 추구는 중국과 트럼프의 미국에나 어울리고, 막무가내 정치는 이탈리아에서나 유효하다. 그에 비해 독일은 어딘가에서 불이 날 것 같으면 급히 도와주러 달려가는 우호적인 준패권 국가다. 이것이 메르켈 총리의 스타일이고, 총리가 역사책에 이름을 남기고 싶어 하는 자기만의 방식이다. 이런 이미지를 훼손하는 얼룩은 별로 없다.

그렇다면 체질적으로 위험을 기피하는 정치인의 성공은 어떻게 측정되어야 할까? 실현 가능한 것이 무엇인지 똑똑히 인식하지만, 가능한 일도 선뜻 하지 못하는 사람의 고유한 특질은 무엇일까? 또한 어떤 정치적 목표도 세우지 않고, 정치인이란 어차피 국민에게 방향을 제시하는 사람도, 국민을 이끄는 사람도 아닌, 그저 국민에게 봉사하는 종복이라고 여기는 사람에게 맞는 잣대는 무엇일까?

메르켈 총리는 임기 내내 똑같은 비난에 시달렸다. 비난 내용은 이렇다. 〈메르켈은 관리만 할 뿐 통치를 하지 않는다. 전술은 알지만 전략은 모른다. 확고하게 지지하는 것은 없고 상상력 없이 실용적으로만 통치한다. 흔들리지 않는 신념이라고 하는 것들도 상황이 달라지면 얼마든지 철회한다.〉 이런 비판들이 주로 자당 내에서 나왔다는 사실은 믿을 만한 정책과 그것을 둘러싼 정치적 투쟁에 대한 보수파들의 갈망을 보여 준다. 이게 바로 메르켈이 자기 진영을 일사불란하게 끌고 갈 수 없었던 한 가지 이유이자, 총리의 성공이 항상 유보적인 평가를 받은 이유다.

그런데 현실에서 민주주의의 가장 중요한 척도는 다수를 자기 쪽으로 설득하는 것이다. 그러면 여기서 누구도 부인할 수 없는 성공의 명확한 증거가 나온다. 바로 선거다. 선출된 정치인이 임기가 끝난 뒤 재선된다면 성공한 것이다. 메르켈은 그것을 네 번이나 해냈다.

순수 헌법주의자들은 이를 무조건 인정하지는 않는다. 독일과 같은 정당 민주주의에서 성공의 기준은 개인이 아닌 정당 쪽으로 좀 더 치우친다. 독일의 헌법 제20조 2항에는 이렇게 규정되어 있다. 「모든 권력은 국민으로부터 나온다.」 이 권력은 개인이 아닌 정당이 조직해야 하고, 정당은 연방 하원에서 국민의 의사를 대변한다. 그에 따라 의회에서 연방 총리를 선출하는 것도 국민이 아니라 정당이다.

이처럼 독일의 대의제는 미국과 프랑스, 영국의 인물 선거와 달리 총리 개인의 성취와 업적, 용감한 결정이 다음 선거에서 반드시 결정적 영향을 끼친다고 할 수 없다. 물론 연방 공화국의 역사에서 정당보다 인물이 선거에서 승리하는 데 더 중요하게 작용한 총선이 있긴 하다. 총리 후보가 누구였느냐에 따라 선거가 결정되었다는 말이다. 1957년의 아데나워, 1972년의 빌리 브란트, 1980년의 슈미트가 그 예다. 하지만 그 반대로 인기가 없는 후보를 내세웠음에도(1961년의 아데나워) 정당의 힘으로 승리를 거두거나 정권 교체에 대한 열망이 워낙 강해 인물이 전혀 중요하지 않았던 선거도 있다. 1998년이 그랬다. 당시 유권자들은 슈뢰더와 피셔의 조합을 강력하게 지지한 것이 아니라 콜과 기민련을 떨어뜨리고 싶어 했다. 그렇다면 선거는 총리 후보로 나선 인물에 따라 반드시 결정되는 것이 아니라 시대 환경과 정당, 상대 당 후보, 또는 연정의 산술에 영향을 받기도 한다.

재선이 항상 성공의 징표이기는 하지만, 반드시 총리의 눈부신 업적에 대한 국민의 감사와 그것이 되풀이되기를 바라는 기대의 표시는 아니다. 메르켈도 그걸 모르지 않았다. 다만 그녀는 성공과 실패가 〈물리학의 에너지 보존 법칙〉과 비슷하게 서로 상쇄된다고 믿었기에 그런 상황을 침착하게 받아들였다. 기민련이 1949년 이후 최악의 성적표를 받았음에도 정권을 이어갈 수 있었던 2017년에도 마찬가지였다.

엄밀히 말하면 정당 민주주의에는 영웅이 없다. 이 원칙을 단순히 인정하는 선을 넘어 뼛속 깊이 내재화한 것이 메르켈 성공의 핵심이다. 그 점에서 그녀는 전임자들보다 헌법을 더 진지하게 받아들인 셈이다. 메르켈은 시종일관 웅대한 몸짓을 거부함으로써 21세기 가장 현대적인 정치인 중 한 명이 되었다. 그것도 더는 영웅을 원하지 않지만, 다른 한편으로는 세계 곳곳에서 영웅을 갈망하는 시대에 말이다. 그 때문에 총리는 국내보다 해외에서 더 경탄받고 존경받았다. 물론 그런 프로필을 가진 여성이 총리에 선출되고 재선될 수 있는 나라는 독일뿐이다.

숫자는 메르켈의 손을 들어 준다

숫자만 보면 2005년부터 2021년까지 독일은 행복한 시간을 보냈다. 메르켈 총리 임기 중에 두 번이나 글로벌 경제 위기가 닥쳤지만 독일은 잘 헤쳐 나갔다. 실업률은 500만 명(11.7퍼센트)에서 2019년 230만 명(5퍼센트)으로 떨어졌다. 2020년 코로나 위기로 다시 증가하기 전까지 말이다. 게다가 2005년 2조 3천억 유로 규모의 GDP는 2020년 3조 3천억 유로를 넘어섰다. 무역 흑자도 2005년 1천580억 유로에서 2019년 2천230억 유로로 증가했다.

독일인들도 이 시기에 더 부유해졌다. 가계 총자산은 2005년에서 2018년 사이 약 10조 유로에서 16조 유로로 절반 이상 증가했다. 임금 또한 3분의 1가량 늘었는데, 동독에서는 무려

40퍼센트가 넘는 증가율을 보였다(명목 임금). 게다가 2003년 기민련 라이프치히 전당 대회에서 더 많은 개인적 책임과 더 적은 복지를 부르짖었던 보수적인 사람이 정부 수반에 앉아 있었음에도, 이 기간 동안 불평등은 증가하지 않았다.

독일은 스스로 의식하는 것보다 더 빠르게 변화하고 있다. 기독교적 가치를 표방하는 정당이 집권했음에도 새천년기로 들어선 이후 교회와 종교 공동체에 대한 사람들의 유대는 급격히 약화되었다(이슬람 공동체는 예외다). 사회적 변화도 빨랐다. 요즘은 세 쌍 중 한 쌍이 이혼하고, 가족 형태도 전통적인 핵가족의 틀에서 벗어나 정말 다양하게 나타나고 있다. 성 소수자들은 당당하게 자기 정체성을 밝히고, 이성애자들이 누리는 모든 권리를 당연하게 요구한다. 사람들의 정치적 성향도 더욱 다양해지고, 정당과 노동조합, 교회에 평생 충성을 바치는 대신 이제는 그때그때의 사회 이슈나 시민운동에 대한 개별적 참여가 두드러진다. 이러한 격변은 심중한 결과를 초래하고 있다. 바로 사회적 유대 관계의 악화다.

인터넷과 소셜 미디어는 시민들의 생각과 정치적 행동 방식을 바꾸고 있다. 또한 예상치 못한 방식으로 급격한 사회 변화를 이끌고 사회를 양극화한다. 수십 년 동안 정치인과 대중의 중개자 역할을 해온 언론은 이제 중요성을 잃어 가고 있다. 직업 세계는 근본적인 변화에 직면하고, 도시와 농촌의 삶은 상이한 법칙과 리듬으로 움직인다.

가치도 급격한 변화를 겪고 있다. 국민 다수가 20세기의 진보

낙관주의에 작별을 고한다. 그것은 원자력 에너지와 기후 변화에 대한 태도에서 특히 두드러진다. 원자력은 이제 단순히 항의 수준을 넘어 위험하고 무책임한 것으로 여겨지고, 지구 온난화는 경제 성장과 더 많은 번영에 대한 기존의 가치관에 의구심을 제기한다.

메르켈 임기 동안 인구는 8천240만 명에서 8천320만 명으로 늘었고, 교육의 기회도 증가했다. 부모 세대에서는 대학교 교육을 받은 사람이 5분의 1밖에 되지 않았지만, 지금은 젊은 층의 3분의 1이 대학교를 졸업한다. 특히 여성들은 고등 교육으로 사회적 입지가 개선되었다. 현재 GDP의 약 10퍼센트가 교육과 연구 개발에 투입되고 있다.

인플레이션은 상당히 억제되었다. 2005년부터 2020년까지 인플레이션율은 1년에 2퍼센트 정도에 그쳤는데, 그보다 더 떨어진 해도 많았다. 반면에 국가 부채는 급격히 치솟았다. 금융 위기 당시에는 GDP의 80퍼센트까지 육박했다가 이후 55퍼센트 수준으로 떨어졌는데, 코로나 팬데믹 상황에서 다시 70퍼센트 선이 깨졌다. 물론 이것도 유럽의 이웃 국가들에 비하면 상당히 양호한 편이다.

전체적으로 보면 2005년에는 감히 꿈도 꾸지 못할 성공적인 성적표였다. 당시 가장 비관적이었던 것은 바로 독일 국민들이었다. 쾰러 대통령은 2005년 9월 총선을 예고하면서 공화국의 현 상태와 미래를 지극히 어두운 색채로 그렸다. 너무 낡고, 너무 느리고, 너무 비쌀 뿐 아니라, 일자리는 너무 적은 반면에 규제는 너무 많다는 것이었다. 그런데 불과 몇 년 뒤 그 그림은 완전히 바뀌어 온통 장밋빛이었다.

물론 메르켈은 이것이 자신과 연방 정부의 공이라기보다 글로벌 추세와 유로화의 상대적 약세, 그리고 유럽 중앙은행의 통화 정책 덕분이라는 사실을 충분히 인지했다. 연방 정부의 수장으로 있는 16년 동안 그녀의 성공은 외부 요인의 덕이 컸다. 유로존의 다른 회원국들이 금융 위기에 빠져 허우적거리고 공동 통화의 결속력에도 계속 문제가 생기면서 유로의 환율은 하락했다. 2008년 여름 1유로당 1.5달러였던 것이 2016년 12월에는 1.05달러로 떨어졌다. 그런데 이것이 경제에 꼭 나쁜 것만은 아니었다. 유로화가 약세를 보일수록 독일 산업계의 수출 전망은 한층 밝아졌다. 2010년대 유럽의 약세는 독일의 강세를 부른 한 가지 원인이었다.

밀레니엄 전환기부터 시작된 중국의 급속한 성장도 독일 경제에는 또 다른 행운이었다. 중화 인민 공화국은 과감한 투자와 소비 진작 정책으로 금융 위기를 빠르게 극복해 나갔는데, 그 과정에서 독일 자동차업계와 기계 설비 제조사들에 주문이 폭주했다. 거기다 저금리까지 더해졌다. 경기가 좋은 나라에서 제로 금리는 터보 엔진과 같은 역할을 했다. 다시 말해, 개별 채무자와 국가에 뜻하지 않은 보조금이 하늘에서 뚝 떨어진 것이나 다름없었다. 독일이 2019년까지 금융 위기 동안 쌓인 막대한 부채에서 벗어날 수 있었던 것도 엄격한 긴축 정책 덕분이라기보다, 재무부 장관 쇼이블레와 올라프 숄츠가 수년 동안 기존 부채를 더 좋은 조건으로 갈아탐으로써 가능했다. 2020년 연방 재무부 장관은 부채 상환을 위해 연간 약 1백억 유로의 유보금만 떼어 놓으면 되었다. 2008년 4백억 유로였던 것에 비하면 엄청난 차이였다.

게다가 메르켈 총리는 취임 전에 벌써 뚜렷한 회복 기미를 보이던 경기 덕도 보았다. 경기 상승으로 통일에 따른 재정 부담을 대부분 털어 낸 것이다. 여기에는 이전 정부의 공이 컸다. 적록 정부는 경제 및 사회 정책의 전례 없는 전환을 통해 세금을 낮추고 기업의 부담을 줄이고 노동 시장을 개혁했다. 그런데 이 대담한 개혁의 결실은 사민당이 아니라 메르켈에게 돌아갔다. 슈뢰더 전 총리는 〈지금의 호경기가 현 정부와는 별 상관이 없는 일〉[6]이라며 억울함을 토로했지만, 안정적인 경제 성장은 결국 메르켈 총리에게 유리한 상황으로 작용할 수밖에 없었다.

그저 운이 좋아서 16년간이나 재임한 것일까? 물론 그렇게도 생각할 수 있다. 정부의 역할과 대응이 중요한 몇몇 위기가 없었다면 말이다. 메르켈은 그 위기 중 몇 가지를 성공적으로 극복했고, 다른 것은 잘못 대처했다. 그럼에도 그녀에겐 위기에 강한 사람이라는 명성이 따라붙었다. 그녀는 유럽 정책 및 기후 정책에서는 큰 성공을 거뒀지만, 난민 정책은 그리 매끄럽지 못했고, 코로나 팬데믹에 대한 평가는 아직 유보적이다. 다만 금융 위기와 유로화 위기, 후쿠시마 원전 사고, 난민 사태, 팬데믹 같은 외부 충격에만 초점을 맞추면 총리의 또 다른 강점, 즉 위기들 사이의 기나긴 시간은 간과하게 된다.

지루함

메르켈의 가장 성공적인 무기는 지루함이다. 언론인과 정치 평론가들은 위기나 선거가 없을 때 베를린 정치 무대를 지배하는 단조롭고 황량한 분위기를 개탄하곤 한다. 어쨌든 총선이 끝나면 연정 협정이 체결되고, 협의된 항목을 하나하나 처리해 나가기 때문이다. 물론 딱 계획대로만 실행할 뿐 더 이상은 손대지 않는다. 그러면 총리청 행정관들은 처리된 항목에 체크 표시를 한다. 이 국면에 이르면 총리는 외교 정책에 전념하고, 장관을 부리고 뒤에서 조종한다. 기사련은 이 단계에서 박진감 있는 드라마를 만들곤 하지만, 제호퍼의 그런 재주도 시간이 가면서 차츰 시들해진다.

메르켈은 사람들에게 신선한 충격도, 갑작스러운 공포도 주지 않는다. 그저 루틴에 따라 모든 일을 소리 없이 처리해 나간다. 이런 방식은 유권자를 안심시킨다. 〈유럽의 병자〉,[7] 연금 위기와 보건 위기, 교육 격차와 대량 실업, 기술 발전의 오랜 지체, 디지털화, 대안적 이동 수단 같은 골치 아픈 용어들이 유권자들의 의식에서 사라진다. 정치인들은 이제 사회 분열이나 개별 집단을 향한 차별에 대한 토론에 열정적으로 매달린다. 물론 그런 사안에 과감하게 개입해 무언가 바꾸기 위해서가 아니다. 잘못된 발전 과정을 확인하고 조심스럽게 대처하는 것만으로 충분하다. 연정 협정에도 그 이상은 여간해서 등장하지 않는다.

1966년부터 1969년까지 독일 최초 대연정을 구성하는 데는 협정이 필요하지 않았다. 쿠르트 게오르크 키징거 총리(기민련), 브란트 외무부 장관(사민당), 슈트라우스 재무부 장관(기사련), 카를 실러 경제부 장관(사민당)은 자신들이 어떻게 통치할지 나중에야 몇 페이지 안 되는 서류에 작성했다. 이후 정부들도 연정 조건에 대해 협상을 벌이기는 했지만 결과는 대체로 정강(政綱)의 운명과 비슷했다. 서류는 서류이고 통치는 총리가 한다는 것이다. 합의 내용에 지나치게 얽매일 필요가 없다는 말이다.

그러나 메르켈은 달랐다. 그녀에게 연정 합의는 계약이었고, 계약은 준수해야 했다. 그러다 보니 연정 협정문은 점점 두꺼워지고 상세해졌으며 협상 시간은 점점 길어졌다. 목표는 예측 가능성을 최대한 높이는 것이었다. 메르켈의 첫 임기 동안 데메지에르 총리청장은 일목요연한 컬러 도표를 제시하는 것으로 유명했다. 거기에는 이미 처리된 항목과 처리 중인 항목, 수정이 필요한 항목, 연정 위원회가 개입해야 할 항목이 색깔별로 표시되어 있었다.

시민들은 정치가 너무 시끄러운 것보다 이처럼 잠잠한 것을 훨씬 좋아했다. 여론 조사에서 원내 정당들에 대한 만족도는 몇 주간 안정을 유지했고, 거창한 개혁 프로젝트는 보이지 않았으며, 국가의 현 상황에 대한 감동적인 연설도 없었다. 이럴 때 불안해하는 사람은 정치 비평가들뿐이다. 그래서 그들은 입을 모아 한목소리로 경고한다. 지금은 반드시 해야 할 일을 해야 할 때라고. 예를 들어, 연정에 참여한 모든 정당이 알고 있듯이 더는 지체되면 안 되는 연금 개혁, 경제와 사회 분야의 디지털화 촉진을 위한 프로그램, 기업이 연구 개발에 투자할 수 있도록 유도하는 법인세 개혁, 연방 정부와 주 정부 간 책임 사이에서 실타래처럼 꼬인 교육 개혁, 그리고 기후 보호 같은 과제들이다. 그러나 이런 문제들과 관련해서는 많은 일이 일어나지 않았다. 연정 협정문 안에 없는 내용이기 때문이다.

비평가들의 말이 맞는다. 하지만 그들은 연정 협정문에 추가 약정이 없다는 사실을 깨닫지 못한다. 당 대표나 장관, 또는 총리가 혹시라도 방치된 문제 중 하나를 절박한 이유 없이 꺼내 들면 그 즉시 연정의 평화는 깨진다. 따라서 그런 일은 일어나지 않는다. 이것이 메르켈 정부의 안정에는 좋지만 정치 비평가들에게는 좋지 않다. 너무 지루하기 때문이다.

하지만 메르켈은 국민이 개혁을 싫어하고 지루함을 사랑한다는 것을 경험했다. 2005년 총리직에 오를 수 있었던 것도 슈뢰더의 〈어젠다 2010〉이 유권자들에게 외면받았기 때문이다. 국민은 그의 개혁 프로그램이 너무 불안해서 이전 정부의 재집권을 허용하지 않았다. 그것은 기민련에 대해서도 마찬가지였다. 메르켈은 자신의 정당이 총선에서 충격적일 정도로 나쁜 성적표를 받고, 의회에서 간발의 차로 상대 당을 앞선 것도 기민련이 계획한 경제 및 사회 개혁 프로그램에 대한 유권자의 반발 때문이라고 생각했다. 시민들은 그것을 장밋빛 약속으로 받아들인 것이 아니라 자신의 생활 방식에 대한 위협으로 여긴 것이 분명했다. 그녀의 분석이 그랬다. 메르켈은 2005년 11월 30일

취임 일성으로 〈더 많은 자유로 나아가자!〉[8]고 외쳤다. 그러면서 브란트가 과거에 연방 총리로 처음 취임할 때 부르짖었던 말을 인용했다. 「우리는 민주주의 끝에 서 있는 것이 아니라 이제 겨우 제대로 된 민주주의 출발점에 서 있습니다.」[9] 브란트에게는 이 말이 이제부터 민주주의 모험을 제대로 시작해 보자는 뜻이었다면, 메르켈에게는 우리가 이미 그 끝에 다다랐다는 의미였다. 그와 함께 그녀는 개혁 프로그램 파일을 과감하게 닫아 버렸다. 총리는 요란한 개혁을 싫어하고 안정된 휴식을 원하는 사회 중도층을 향해 나아갔으며, 결국 결실을 맺었다.

통치와 관련해서 메르켈에게 모종의 환상이 있었다면, 그것은 임기 초에 추진한 의료 개혁에 관한 협상으로 깨져 버렸다. 그녀는 협상에 단순히 참여만 한 것이 아니라 의료 개혁을 최우선 국정 과제로 삼았다. 2006년 여름과 가을에 그녀는 사민당 보건부 장관 울라 슈미트, 사민당 당 대표 쿠르트 베크와 몇 날며칠 동안 밤샘 협상을 벌였고, 예상 보험료와 가족 보조금을 손수 계산했으며, 동틀 무렵이면 협상 의사록 작성을 직접 모니터링했고, 이어 실무 그룹 회의와 최고위급 회의에 참석했다. 몇 년 뒤 한 전직 주지사는 그녀의 이런 모습을 보고, 정부 수반이 아니라 〈꼭 일개 부서장〉처럼 행동한다고 비아냥거렸다. 하지만 그녀는 성공을 원했다. 그것도 아주 간절히.

그러나 소용없었다. 우선 연정 파트너인 사민당이 걸고넘어졌다. 그리고 자기 진영에서도 반발이 일었다. 바이에른 주지사 슈토이버(기사련)와 바덴뷔르템베르크 주지사 외팅거가 총리와 담판을 짓기 위해 1년 뒤 얼기설기 짜 맞춘 타협안을 들고 총리실을 찾았다. 대연정이 붕괴 직전까지 몰리는 것을 원치 않은 것이다. 또한 사민당 원내 대표 슈트루크도 총리에게 과감한 결단을 요구했다. 결단이 그녀의 주 종목이 아닌 것은 차치하더라도, 메르켈은 1년 재임 후 권력 문제를 제기할 여유가 없었다.

총리가 저녁에 협상 당사자들을 초대해서 직접 대접한 감자 수프와 렌즈콩 수프도 분위기를 돌리지 못했다. 2007년 3월, 법안이 천신만고 끝에 하원과 상원을 통과하기는 했지만, 이미 개혁이라 부르기 민망할 정도로 누더기가 된 상태였다. 이후 연정 협정문에 이 문제가 계속 들어간 것도 그 때문이었다. 어쨌든 이 일로 메르켈은 〈이루 말할 수 없이 실망했다〉고 당시 측근에게 토로했다. 그녀는 대개 실패를 개인적 실패로 받아들이지 않았지만, 이번만큼은 그렇게 했다.

이 경험 후 그녀는 바뀌었다. 물론 저녁이 되면 여전히 업무 파일을 집에 갖고 가서 읽으며 세세한 내용을 숙지했다. 예를 들어, 67세에 연금을 개시하는 문제에서부터 연방군 개혁, 양육 수당, 유로화 구제책에 관한 내용까지 말이다. 다만 더는 일상적인 국내 정치에 관여하지 않았고, 어떤 개별적 프로젝트도 개인적으로 연결시키지 않았다. 그녀는 이제, 어떤 일이나 프로젝트에 보스가 개입하면 그것이 자동으로 권력 문제가 된다는 사실을 깨달았다. 총리가 어떤 일에 개입했다가 실패하거나 타인이 그 일로 부각되거나, 아니면 정치적 흥정이 오가는 일이 생기면 정치적 목표는 재빨리 뒷전으로 밀려 버렸다. 그녀는 그런 위험을 감수하고 싶지 않았다. 예외적인 경우를 제외하고.

일반적으로 메르켈은 부처의 업무 과정을 뒤에서 지켜보았고, 내각과의 의견 교환을 통해 자신의 견해를 형성할 때가 많았다. 이전에는 그러지 않았다. 이미 슈뢰더 정부에서 일한 바 있던 사민당 장관들은 최근 정부 내에서 토론이 실제로 이뤄지는 것을 보고 놀라움과 기쁨을 느꼈다. 그동안 매주 수요일 회의가 그저 공적으로 확인을 받는 보고의 성격이었다면, 지금은 거기서 〈실질적인 협의가 이루어졌다〉. 메르켈의 전기 작가 랑구트가 놀라워하면서 확인한 내용이다.[10]

정치적 중도를 지향하는 정당으로서 모든 정치적 연합에 열려 있는 메르켈은 진영 선거로 권력을 잡은 이전 총리들과 다르게 행동했다. 연방 하원에 정당이 다섯 개뿐이라면(그중 좌파 정당은 오랫동안 연정 구성 가능성에서 배제되었다) 정치 진영끼리 서로 경쟁하는 것은 지극히 자연스러운 일이었다. 예를 들면, 적록 연정 대 흑황 연정처럼 말이다. 그런데 금융 위기 이후 독일을 위한 대안당이 등장했다. 이것이 중도 정당들에 의미하는 바는 분명했다. 이제는 집권하려면 누구와도 손잡을 수 있어야 한다는 것이었다. 중도에 뿌리를 내리려는 기민련은 이런 변화 속에서 기존의 경계를 허물었다. 그 중심에 메르켈이 있었다.

관료적이지만 효율적인 통치의 대가는 단조로움이다. 「사실 메르켈의 최대 업적은 오랫동안 지속된 지루한 상황이다. 지식인들이야 지겨워 죽겠다고 난리를 치지만 말이다.」『차이트』의 요헨 베크너 기자가 칭찬 조로 한 말이다.[11] 반면에 유명한 메르켈 비판가인 철학자 페터 슬로터다이크는 이런 정부 스타일이 만들어 내는 기만적인 안정성을 지적한다. 「메르켈 부인의 행동에서 나타나는 갑작스러운 모습은 베를린에서 과단성 있게 통치되고 있다는 추측을 뒷받침한다. (……) 하지만 그녀의 지루한 모습은 우리가 쓸데없는 걱정을 할 필요 없다는 느낌을 일깨운다. 근본적인 변화를 참을 생각이 없는 국민들의 정서가 일견 정부의 태만함 속에 반영되어 있기 때문이다.」[12]

유럽, 오, 유럽

메르켈 총리는 국내 정치에서는 받지 못했던 존경과 격려, 믿음을 외국에서 받았다. 국제 위기가 발발하기 전에는 운 좋게 몇 개월 국제적 지도자로서 연습할 시간도 있었다. 2007년 상반기에 독일은 유럽 연합 이사회 의장국을 넘겨받았고, 그와 동시에 주빈국으로서 세계 8대 주요 선진국(G8) 정상 회담을 하일리겐담에서 개최했다. 이는 국제 사회에서 주최국의 영향력과 명성을 보여 주는 중요한 지표였다.

총리는 유럽 연합 의장직을 성공적으로 수행하면 자신의 이미지도 크게 상승한다는 사실을 1995년 환경부 장관 때 이미 경험한 바 있었다. 그녀는 개인적 헌신과 노련한 협상 기술, 타협

의지로 베를린 환경 회의를 성공적으로 마침으로써 자신의 막강한 전임자 퇴퍼의 그늘에서 완전히 벗어났다. 〈베를린 환경 회의에서 받은 전권 위임〉은 역사적인 교토 기후 보호 협약으로 가는 길을 열어 주었다.

이 경험은 그녀에게 큰 영향을 끼쳤다. 그녀는 유럽 연합에서 자신의 역할을 철저히 준비했다. 콜과 달리 그녀는 처음부터 서구 유럽인으로 태어난 것이 아니라 서서히 서구 유럽인이 되어 갔다. 슈뢰더가 1998년 총선에서 승리한 직후 독일이 〈유럽에서 낭비되는 돈의 절반 이상을 내고 있다〉[13]고 큰 소리로 불평한 반면, 메르켈은 목소리 톤을 낮춘다. 국내 정치의 많은 영역과 달리 유럽 정치에서 중요한 것은 인물이었다. 사람들끼리 궁합과 협상 분위기가 맞으면 진전이 이루어지고, 그 반대이면 더는 나아가지 못하고 삐걱거린다. 메르켈은 2015년에 이것을 직접 경험한다.

처음 몇 년은 총리에게 유일한 승리 시기였다. 국내 정치에서 많은 일이 꼬여 절망하고 있을 때 독일 국경 밖에서 두 가지 방식으로 큰 보상이 찾아왔다. 브뤼셀의 이사회 의장직과 G8 정상 회담 주최자 역할이었다. 유럽 정상 가운데 조지 부시 미국 대통령과 푸틴을 상대한 사람은 주로 메르켈이었다. 개인적 능력 때문이라기보다 그럴 수밖에 없는 상황 덕분이었다. 2007년 6월 사임한 토니 블레어 영국 총리는 고든 브라운 재무부 장관에게 자리를 넘겼고, 마찬가지로 사임한 자크 시라크 프랑스 대통령은 니콜라 사르코지에게 자리를 내주었다. 반면에 2007년 봄 메르켈은 이미 정부 수반으로서 확고하게 자리 잡은 상태였고, 막 취임한 영국과 프랑스 정상에 비하면 경험 면에서 1년 이상 앞서 있었다. 부시와 메르켈은 그전에도 전화를 주고받았는데, 그녀의 취임과 함께 미국인들은 대서양 양안의 협력 관계를 정상 궤도에 올려놓을 수 있으리라 기대했다. 사실 그녀는 야당 시절에 이미 독일의 이라크 참전과 관련해 부시와 슈뢰더가 이견을 보일 때 미국 대통령의 편에 선 적이 있었다. 슈뢰더는 물론이지만 부시도 다른 측면에서 결코 잊지 못할 일이었다.

푸틴의 경우는 정반대 상황이었다. 그와는 거리를 유지해야 했다. 그녀의 전임자와 러시아 대통령의 긴밀한 관계는 워싱턴과 브뤼셀뿐 아니라 부다페스트와 바르샤바, 발트 삼국, 우크라이나에서도 심각한 우려를 낳았다. 그렇다 보니 독일의 정권 교체는 그들에게 아주 반가운 소식이었다. 특히 새 총리가 동구권에서 러시아의 압제를 개인적으로 직접 겪은 사람이기에 더욱 그랬다.

메르켈은 국내에선 허용되지 않았던 밀월 관계를 대외 정책에서는 듬뿍 누렸다. 해외로 자주 순방을 나가 상대국 정상들과 많은 이야기를 나누고 많이 경청했다. 전임자 슈뢰더와 콜은 그다지 관심을 보이지 않았던 유럽의 작은 나라들도 말이다.

2005년 가을, 유럽 연합은 제도적 위기에 빠졌다. 정치적으로 좀 더 결속력 있는 조직으로 만들자는 유럽 연합의 계획이 근본적인 난관에 봉착한 것이다. 그전에, 그러니까 2003년에 회원국들은 하나의 독자적인 유럽 국가로 나아가기 위해 유럽 헌법을 만들기로 합의했고, 2004년에는 유럽 공동체 창립 장소로서 상징성이 큰 로마에서 엄숙하게 헌법 조인식을 가질 예정이었다.

그러나 환상은 재빨리 깨졌다. 프랑스와 네덜란드가 비준을 위해 이 문제를 국민 투표에 부쳤는데 부결된 것이다. 이로써 전 과정이 중지되었다.

이것은 단순한 당혹감 그 이상이었다. 유럽 연합의 업무 추진 능력도 도마 위에 올랐다. 점점 더 많은 나라가 유럽 연합에 가입할수록 사소한 문제조차 만장일치로 결정해야 한다는 규정을 지키기가 점점 힘들어졌다. 유럽 의회의 권한이 너무 작다는 하소연은 분명 일리가 있었다. 마찬가지로 유럽 연합에서 민주주의 원칙이 훼손되고 있다는 불만과 정기적으로 열리는 정상회담에서 정부 수반들의 불투명한 결정 과정에 대한 의구심도 타당했다. 따라서 이 모든 것을 한 번에 해결하기 위해 새로운 유럽 헌법을 제정하려 나섰는데 좌절된 것이다.

무력감이 일었다. 개혁을 위한 개혁이 필요한 시점이었다. 이때 메르켈이 나섰다. 하나의 실험이 잘못되면 처음부터 다시 시작해야 한다는 생각과 함께 논의의 물꼬를 텄다. 그녀의 안보 및 외교 정책 보좌관 크리스토프 호이스겐은 유럽 연합 문제에 정통한 사람이었다. 그는 파리와 브뤼셀에서 일했고, 전 외무부 장관 클라우스 킨켈의 장관실 부실장을 역임했다. 유럽 연합의 혼돈과 문제점은 그의 전공 분야였다. 그는 이후 몇 달 동안 〈모든 회원국의 국내 정치 상황〉을 연구하고, 유럽 연합 이사회의

〈게임 규칙〉을 고안했으며, 유럽 연합을 위한 〈매트릭스〉 개발에 전념했다.[14]

독일은 유럽 연합 이사회의 새로운 규칙을 순조롭게 준비했고, 몇 달 뒤 새로운 조약문을 제출했다. 이제 기존의 모든 야단스러운 직책과 거창한 야망은 자취를 감추고, 유럽 국기와 유럽 국가(國歌), 유럽 외무부 장관은 구속력 없는 형식적 성격으로 바뀌었다. 대외적으로 연합 내 민족 국가의 권리를 침해하면 안 되었다. 대신 유럽 의회의 권한이 강화되면서 다수결이 가능해졌고, 유럽 연합은 좀 더 투명하고 구속력을 갖춘 조직으로 탈바꿈했다. 이는 메르켈의 가장 큰 성취 중 하나였다.

과거 콜이 그랬던 것처럼, 메르켈도 진전의 조건을 만들기 위해 독일이 돈을 쓰는 쪽을 택했다. 영국은 기존 할인율을 유지했고, 네덜란드는 새로운 할인을 받았다. 프랑스는 자국 농민들에게 이익이 돌아갈 수만 있다면 농업 정책을 계속 공동으로 추진해 나가겠다고 약속했다. 이런 문제들을 실용적으로 조정하면서 그에 따르는 부담을 독일이 떠맡은 것은 메르켈의 묘수였다. 그 덕분에 그녀는 유럽 내 이해관계의 믿을 만한 조정자라는 명성을 얻었다.

다른 유럽 국가의 지도자들이 국내에서 점점 더 나락으로 빠질수록 메르켈은 더욱 빛났다. 프랑스는 당시, 내무부 장관 시절 우범 지대의 젊은이들을 파리 교외로 〈쫓아 버리려고〉 했던 산만한 성격의 사르코지 대통령이 통치하고 있었는데, 선거 후 갑부 친구의 요트를 타고 지중해로 떠난 호화 휴가로 많은 비난을 받고 있었다. 버락 오바마는 훗날 회고록에서, 그와 나눈 대화는 〈유쾌함과 절망 사이를 오갔다. (……) 마치 난쟁이 수탉 같은 사람〉이었다고 그를 기억했다.[15]

또한 당시 이탈리아는 부적절한 행동과 끊임없는 구설수로 악명 높던 언론 재벌 실비오 베를루스코니가 다스리고 있었는데, 예기치 못한 언행으로 유럽의 다른 정상들을 거의 미치게 했다. 폴란드의 쌍둥이 지도자 레흐 카친스키와 야로스와프 카친스키(한 사람은 대통령이고 다른 한 사람은 총리다) 역시 고집불통에다 말이 통하지 않아 메르켈은 2007년 3월 폴란드 방문 때 분위기 개선을 위해 남편 자우어까지 데려갔다. 폴란드 대통령 부부의 별장에서 진행된, 매우 친근하게 연출된 주말 모임에서 자우어는 자연스럽게 대화를 이끄는 다정한 남편 역할을 했다. 평소 그는 이런 자리에 끼는 적이 없었다.

간단히 말해, 그 무렵 유럽은 아주 독특한 스타일의 정치인들이 통치하고 있었고, 메르켈은 그들 사이에서 마치 사우나 클럽에서 길을 잃은 단정한 세무 공무원 같았다. 그녀는 주말이면 우커마르크 별장에서 조용히 시간을 보냈고, 쾨니히스베르크 미트볼과 감자수프를 사랑했으며, 휴가 때는 남부 티롤로 트래킹을 떠났다. 그것도 매년 똑같은 체크무늬 셔츠를 입고서. 유럽 내 다른 나라의 지도자들과 다른 소박한 면모는 많은 사람에게 감동과 즐거움을 주었다. 그녀는 전후 서독 역사와 연결된 것이 아무것도 없었기에 〈유럽의 지도자 역할을 심적으로도 떠맡을〉 수 있었다. 그녀의 가장 혹독한 비판가도 인정한 말이다.

이것이 바로 프랑스와 힘을 합쳐야만 유럽 결속을 추진할 수 있었던 콜과 구별되는 점이었다.

금융 위기를 타개한 조용한 손

메르켈이 재임 초기에 획득한 보편적 신뢰는 이후 힘을 발휘했다. 첫 임기가 끝났을 때 금융 위기가 발발했다. 유럽의 모든 것이 바뀌었고, 유럽 연합은 존재조차 걱정해야 할 위기에 빠졌다. 특히 당시 15개국으로 구성된 유로존은 증권 거래소 폭락에 이어 유로화 위기까지 겹치면서 붕괴 직전에 내몰렸다.

2008년 9월 15일, 글로벌 투자 은행 리먼 브라더스가 파산 신청을 함으로써, 이제 모든 은행은 파생 상품과 옵션, 구조화 금융, 부실 대출 같은 금융 도박에 얼마나 깊이 연루되어 있는지 차례로 공개해야 했다. 은행과 투자사는 더 이상 서로를 신뢰하지 않았고, 돈의 순환이 중지될 위험에 처했다. 전 세계적으로 주가가 동시에 폭락했다. 지난 수년 동안 금융 시스템이 실물 경제에서 얼마나 벗어났는지 명백해졌다. 그전까지는 들어 본 적도 없는 금융 상품들이 처음에는 은행을 잡아먹고, 다음에는 세계 경제를, 그다음에는 지구상 모든 국가를 나락에 빠뜨렸다.

이런 혼돈 상황에서 강심장을 유지하는 사람은 드물다. 그 시절 몇 개월 동안 메르켈과 자주 동행한 언론인 마르가레트 헤켈은 독일 정부 역시 공황 상태에 빠져 있다는 인상을 주지 않으려고 총리가 얼마나 태연하게 일정을 소화하는지 상세히 묘사했다. 위기 상황에서도 동요하지 않는 침착함은 총리의 첫 번째 의무였다. 그에 맞게 메르켈은 강철 같은 정신력을 보여 주었다. 비스바덴에서 열린 기민련 노인 연합 행사에 아무 일도 없었다는 듯이 참석하고, 슈프링거 그룹의 기업 설명회에도 참석해 그들을 놀라게 했으며, 프랑스 국가 지도자 샤를 드골을 기리기 위해 프랑스 지방의 작은 박물관 개관식에도 모습을 드러냈다.[16] 그사이 정부 관료들은 부지런히 뛰어다니고 전화를 걸고 조사를 했다.

총리가 지난 3년 동안(베를린의 지루한 시절) 유럽 정상들과 경제계 및 금융계 지도자들과 나누었던 대화가 이제 결실을 맺었다. 금융 위기가 닥치기 전 그녀는 당시 도이치방크 사장 요제프 아커만과 자주 만났고, 그를 신뢰했다. 아커만은 이제 죽어 가는 은행들을 살리기 위해 민간 은행에 대한 구제책을 구상하고 있었다.

그런데 얼마 뒤 수십억 유로 규모의 국가 지원금에 대한 합의를 하마터면 아커만 자신이 망칠 뻔했다. 직원들 앞에서 했던, 〈국가 지원금을 받는 게 창피하다〉[17]는 오만한 발언으로 구제 계획이 파기될 위기에 몰렸던 것이다. 다른 은행들은 구제 금융이 필요하다는 사실을 인정할 수 없었기 때문이다. 또 다른 구설수도 있었다. 아커만은 총리가 자신의 60세 생일에 자신과 친구들에게 저녁 식사를 대접했다고 자랑함으로써 메르켈과의 좋은 관계가 순식간에 차갑게 식어 버렸다. 총리와의 사적 친밀감을 자랑하는 사람은 그녀의 인명록에서 삭제되는 위험을 각오해야 했다. 이 점에 대해 메르켈은 아주 단호했다. 게다가 생일 축하 파티랍시고 열어 준 샴페인 파티라는 것도 아주 조촐했다. 그날 저녁 제공된 송아지 요리는 1킬로그램당 16.79유로, 아스파라거스는 1킬로그램당 15.11유로에 불과했다.[18]

정치인에게 위기는 여러 영역에서 찾아온다. 선출직 공무원은 당연히 이런저런 문제들을 해결하고자 나서는데, 이번에는 금융 위기였다. 그들은 자신의 계획에 대해 자기 정당과 의회에서 과반수를 확보하고, 이 사안을 유럽 차원에서 조율해야 했다. 그들은 늘 재선만을 바라기 때문에 대중의 동의도 필수적이었다. 위기 극복에는 다양한 예상 시간과 논거, 외부 제약 조건이 따랐다. 중장기적으로 보면 은행을 구제하는 것이 비합리적일 수 있었다. 코메르츠방크처럼 일시적으로 숨을 불어넣을 수는 있지만, 생존 능력이 없는 은행에 앞으로도 계속 끌려다닐 수 있었기 때문이다. 하지만 단기적으로는 장점이 더 많았다. 심각한 위기 상황을 완화하면 정치적으로 무언가 대단한 것을 이뤄 낸 것처럼 보이는 법이다. 쓰러져 가는 독일 기업을 몰락에서 구하면 유권자들은 다음 선거에서 그 일을 보상해 줄 가능성이 컸다.

이런 결정을 내릴 때 메르켈은 여러 가지 이유에서 남들보다 한결 나았다. 첫째, 지루한 시기에 각종 자료를 읽어 두었기에 실제로 위기 상황이 닥쳤을 때 무엇을 해야 할지 대략 파악하고 있었다. 또한 상황이 정말 심각해질 때까지 기다릴 줄 알았다. 이것은 조바심을 내는 다른 정치인들을 훨씬 앞지르는 그녀의 강점이었다. 둘째, 그녀는 영리하고 빨리 배웠다. 대학교에 다닐 때 실험 물리학 과목에서 그녀가 납땜한 전자 회로는 작동하지 않을 때가 많았지만, 정치는 전기와 달리 뭔가 즉각 해결되지 않아도 그리 나쁘지 않다는 사실을 깨달았다. 이게 바로 그녀의 세 번째 장점이었다. 사전에 어떤 것에도 너무 얽매여 있지 않아 수정하기가 쉬웠다.

독일 연방 정부는 상대국 정부보다 경기 부양책을 훨씬 늦게 내놓았지만, 노후한 자동차에 대한 폐차 지원금 제도는 다른 거의 모든 경기 부양책보다 효과가 컸다. 또한 메르켈은 그리스의 유로존 잔류 문제를 두고도 2년 반 동안이나 결정을 내리지 않고 질질 끌었다. 그로써 이 지중해 국가뿐 아니라 유럽 전체를 끔찍한 불확실성 상태에 빠뜨렸다. 기다리고 망설이고 또 기다리는 메르켈의 습성이 여실히 발휘된 것이다. 그러나 결국 승리자는 그녀였다. 2012년과 2015년에 〈그리스를 유로존에 잔류시키는〉 전략이 실수였다고 주장한 사람들조차 그사이 〈그녀가 유럽 문제에서 옳았음〉을 인정한다.

메르켈은 2012년 여름까지 결정을 내리지 않았다. 그리스와 이탈리아, 스페인 지도자들은 계속 압박을 가했다. 그해 6월 브뤼셀에서 극적으로 열린 유로화 구제를 위한 정상 회담에서 그들은 하나같이, 자신들의 국가 부채를 유럽 연합이 떠안지 않으면 유로화도 끝장날 거라고 경고했다. 그러나 메르켈의 생각은 연방 은행의 젊은 총재 옌스 바이트만의 생각과 같았다. 그는 몇 개월 전까지 메르켈의 최측근으로서 총리청 경제실장을 지낸 사람이었다. 메르켈은 〈내가 살아 있는 한〉 개별 국가의 부채를 유럽이 공동으로 떠안는 일은 없을 거라고 똑똑히 밝혔다.[19] 평소에 그렇게 신중하던 사람이 갑자기 흔들리지 않는 단호함을 보여 주었다.

이 말은 진심이었을까? 이것은 연정 파트너인 자민당과의 만찬 자리에서 나온 말인데, 그녀를 잘 아는 사람들은 이를 다르게 해석했다. 유럽과 독일 정부뿐 아니라 소속 여당 안에서도 어찌나 압력이 심했던지 연정 파트너와 기민·기사 연합에 명확한 신호를 줄 필요가 있었다는 것이다. 그렇게 보면, 이 결단은 소신에 찬 행동이라기보다 전술적 발언에 가깝다. 자잘한 예외가 있기는 했지만, 어쨌든 그 장담은 8년 동안 지켜졌다.

물론 메르켈도 계속 질질 끌 수만은 없었고, 언젠가는 결정을 내려야 했다. 2012년 8월 말, 중국을 방문한 총리는 성대한 영접을 받았다. 수행원 중에는 다섯 명의 장관과 이사회 의장들, 그리고 기업가가 다수 포함되어 있었다. 독일-중국의 수표책은 독일 경제 부흥의 가장 중요한 엔진이었다.

원자바오 중국 총리는 메르켈을 만났을 때 딱히 긴 설명을 할 필요가 없었다. 현재 유럽을 위해서는 〈확신과 신뢰〉보다 더 중요한 것이 없다고만 했다.[20] 메르켈은 즉시 알아들었다. 중국은 수천억 규모의 유로화를 보유하고 있었다. 만일 〈확신과 신뢰〉가 부족해서 그들이 유로화와 결별을 선언한다면 유로는 순식간에 종말을 맞을 것이다. 결국 중국인이 인내심을 잃으면 세계도 인내심을 잃는 것은 시간문제였다. 그러면 유로존의 경제위기 국가들에 대한 이자율은 다시 상승할 것이고, 마지막에는 그리스와 키프로스뿐 아니라 제법 큰 이탈리아도 연쇄적으로 타격을 입을 것이다.

유럽 정상들이 몇 달 동안 머리를 맞대도 할 수 없었던 일을 원자바오는 단 몇 분 안에 해냈다. 메르켈이 유로화를 유지하기로 결심한 것이다. 몇 주 전 유럽 중앙은행 총재는 유로화를 방어하기 위해 〈무엇이든 할 거〉라고 말한 바 있었다. 이제 메르켈도 그에 동의했다. 사실 지난 9월 연방 헌법 재판소가 지금까지의 구제 프로그램에 대해 합헌 판결을 내렸을 때 내심 입장을 바꾼 상태였다.

이때부터 메르켈은 유럽 중앙은행의 정책을 지지하고, 쇼이블레와 바이트만의 엄격한 노선에 반대했다. 그와 함께 강력한 바이에른 주지사 제호퍼와의 대결을 불사했으며, 기민련과 사이가 틀어지는 것도 마다하지 않았다. 2015년 그리스가 긴축 프로그램을 더는 시행하지 않으려 하면서도 또다시 새로운 자금이 필요해지자, 쇼이블레 재무부 장관을 비롯해 유로존의 다른 재무 장관들은 그리스가 규칙을 따를 마음이 없다면 유로존을 떠나야 한다고 생각했다.

메르켈 역시 초조하고 지쳐 있었다. 계속해서 다시 불붙는 금융 위기의 여파에 질리기도 했다. 그러나 쇼이블레가 그리스 문제를 최종적으로 마감하려고 만반의 준비를 하는 동안 메르켈은 다른 길을 보고 있었다. 그녀에게 중요한 것은 그리스에 단호한 입장을 취하는 유럽 재무 장관들의 압력뿐이었다. 그리스와 다른 나라들은 이제 정말 끝이라는 사실을 믿어야 했다. 하지만 2015년 7월 12일부터 13일까지 이어진 결정적 협상의 날 밤, 모두가 지쳐 파김치가 되어 포기하려고 했을 때 메르켈은 끈질기게 회담을 이어 갔다.

결국 메르켈이 이겼다. 알렉시스 치프라스 그리스 총리는 더이상 버티지 못하고 메르켈이 제시한 지침에 동의했고, 몇 주 후 사임했다. 그녀가 브뤼셀에서 그를 뜨겁게 포옹한 것이 오히려 실각에 이르게 한 셈이었다. 그녀의 당도 동요했다. 재무부 장관은 이것으로 세 번이나 그녀에게 배신당했다. 그러나 이제 유럽에서 그녀 없이는 아무것도 돌아가지 않았다. 메르켈은 유럽의 정치 게임에서 결정적 인물이 되었다.

그리스를 유로존에 붙잡아 두는 데는 성공했지만, 메르켈은 비싼 대가를 치러야 했다. 그녀의 통치 방식, 그러니까 의회를 〈대안 없는〉 결정으로 몰아붙이고, 유럽 회원국들에 압력을 가해 무자비한 구조 조정을 받아 내는 통치 방식은 독일과 유럽의 정치 시스템에서 무게 중심의 이동을 불러왔다. 과거 다정한 중재자가 이제는 철의 총리가 되었다. 그녀는 내적으로나 외적으로 아주 단단해졌고, 총리청의 최측근이 아닌 모든 사람에게 불신을 키워 나갔다.

2015년 여름 무렵, 유로화 위기 과정에서 메르켈의 시스템이 얼마나 심각하게 붕괴되었는지 분명해졌다. 그녀는 이제 국가와 정부, 당의 분위기를 탐지하는 촉수를 잃은 듯했다. 선거 전 반기에 총리는 내면적으로 현실과 동떨어지고 피곤하고 피폐한 사람처럼 비쳤다. 사람들은 그녀가 이 세 번째 임기를 얼마나 잘 헤쳐 나갈지 주시했다. 유로 환율 때문에 당내에서 적대감이 점점 노골화되는 것을 확인한 그녀는 화요일에 열리는 연합당 정기 회의에 참석하는 것조차 편치 않았다. 그녀에게서 이탈한 사람들은 복도에서 만나면 자기들만의 식별 신호로 〈Mmw(Merkel muss weg, 메르켈 아웃)〉라고 중얼거리며 인사했다. 또한 2017년 재출마를 두고도 여기저기서 말이 터져 나왔다. 답은 분명했다. 아니라는 것이다.

연정 파트너인 사민당도 점점 생각이 많아졌다. 대연정의 일원으로 국정에 참여하는 것이 자신들에게 점점 더 깊은 상처만 된다는 사실을 경악스럽게 인지했다. 정기 여론 조사에서도 녹색당에 계속 밀렸다. 성과는 집권당과 그 지도자들에게 돌아갔고, 안 좋은 결과에 대한 책임은 사민당이 나누어 졌다.

유럽의 권력 추가 메르켈에게 너무 쏠리는 현상은 해외에서도 반가울 리 없었다. 신임 프랑스 대통령 프랑수아 올랑드는 처음부터 그녀와 삐걱거렸다. 게다가 유럽의 남쪽 국가들은 유로화 위기에 대한 강경한 입장 때문에 그녀를 싫어했고, 북쪽 국가들은 너무 유약하다며 비판했다. 그러다 보니 총리청 사람들은 독일이 왜 네덜란드처럼 그냥 강경한 입장만 유지할 수 없는지 자주 논의했다. 그런 회의에 참석했던 사람의 말이다. 그러나 늦어도 금융 위기 때쯤에는 독일이 유럽의 표준이 된 사실을 모두가 분명히 인정해야 했다. 사르코지 때보다 서툰 올랑드 체제에서는 독일-프랑스 축의 지탱력이 훨씬 약해졌다. 이제 독일이 동맹을 맺거나 뒤에 숨을 수 있는 큰 이웃은 없었다. 독일이 거부하면 그것으로 구제 프로그램은 끝이었다. 내부자들의 전언에 따르면, 마리오 드라기 유럽 중앙은행 총재는 발권 은행의 모든 조처에 대해 메르켈과 일일이 논의했다. 다른 사람에게는 전화할 필요가 없었다는 말이다.

메르켈 총리의 인기가 점차 떨어진 것은 이상한 일이 아니었다. 처음에는 그녀도 불안한 모습을 보였다. 스스로 서부 유럽인처럼 느끼고 행동한다고 생각했지만, 자신에게 방아쇠를 당길 준비를 하는 저격수들이 사방에 온통 포진하고 있다는 느낌이 들었다. 그녀는 총리실에 칩거했고, 점점 규모가 줄어드는 측근들하고만 상의했다. 금융 위기 초창기에 그렇게 많던 외부 참모들도 하나둘 그녀를 떠나갔다. 심지어 내부 참모 바이트만과 정부 대변인 울리히 빌헬름마저 떠난 상태였다. 빌헬름은 2010년에 바이에른 방송국 사장으로, 바이트만은 2011년에 연방 은행으로 자리를 옮겼다.

총리청장 포팔라도 곧 그들의 뒤를 따랐다. 메르켈에게는 이번 임기 중 가장 큰 상실 중 하나였다. 포팔라는 그녀에게 닥칠 화를 온몸으로 막아 주었을 뿐 아니라 장관들과 의회의 직접적인 공격을 딴 데로 돌리는 피뢰침 역할을 해주었다. 게다가 저녁 늦게 레드와인 잔을 기울이며 그날 일을 돌아보고 새 날을 준비하는 자리에도 늘 함께 했다.

그러나 이젠 충분했다. 물론 더는 총리와 함께할 수 없어서 일을 그만둔 것이 아니었다. 그저 너무 오래 함께했고, 너무 많은 일을 했고, 너무 지쳤던 것이다. 메르켈의 지근거리에서 일하는 사람들은 총리와 거의 똑같은 에너지와 시간을 들여야 했다. 포팔라는 그 시기에 두 번째 결혼이 파탄 났다.

이제 그는 좀 더 안정적인 상태에서 총리를 돕고 싶어 했고, 그 때문에 2013년에 총리청을 떠나겠다고 했다. 메르켈은 이해했다. 하지만 한편에서 섭섭한 마음이 드는 것은 어쩔 수 없었다. 『라이니셰 포스트*Rheinische Post*』의 보도 내용에 따르면 포팔라는, 총리실에 앉은 사람은 자신의 한계를 넘어서까지 국가에 헌신해야 한다면서 그녀를 타일렀다.[21]

메르켈은 유로존을 단단하게 결속시키는 큰 성취를 거두었음에도 점점 외로워졌다.

글로벌 총리

독일이 얼마나 아름다운 나라인지 보여 줘야 했다. 산과 바다, 강이 어우러진 나라 아닌가! 메르켈은 두 번째 국제 정상 회담 장소로 그림처럼 아름다운 풍경을 원했다. 첫 번째 회담이 발트해 연안의 하일리겐담에서 열렸다면, 다음 장소는 바이에른의 산악 지대여야 했다. 특급 호텔로 개조된 엘마우성은 알프스 목초지로 둘러싸인 아리따운 계곡에 있었다. 주변에는 〈방크〉 또는 〈양의 머리〉라 불리는 베터슈타인산맥과 에스터산맥의 봉우리들이 겹겹이 솟아 있었다. 목에 종을 매단 소들이 딸랑거리며 한가롭게 산길을 걷고, 바이에른의 전통 산악 부대가 취주 악기를 불며 행진하는 독일의 아름다움을 보여 줄 수 있는 좋은 기회였다. 이렇게 해서 2015년 6월 초 제2차 국제 정상 회담이 엘마우성에서 개최되었다.

당시 세계 상황이 별로 좋지 않았음에도, 메르켈에게 회담 내용은 그다지 중요하지 않았다. 유로화의 지위는 흔들렸고, 러시아 대통령은 우크라이나 사태로 초청받지 못했으며, IS의 테러는 프랑스 풍자 잡지 『샤를리 에브도Charlie Hebdo』에 대한 공격으로 유럽에서 절정에 치달았으며, 범대서양 무역 투자 동반자 협정(TTIP)은 진전이 없었다.

그러나 중요한 것은 따로 있었다. 세계에 위협적이거나 패권적이지 않으면서 현 지위에 맞게 자신의 새로운 역할을 추구하는, 호감 가는 성공적인 독일의 이미지를 발산해야 했다. 메르켈과 오바마는 마치 오페레타 무대처럼 일반 국민들과 함께 앉아 프레첼을 안주 삼아 밀맥주로 낮술을 즐기는 모습을 연출했다. 현지인들은 전통 의상을 입고 거대한 털 다발이 달린 모자를 쓰고 있었으며, 날은 초여름답게 따뜻했고, 연주자들은 알파인 호른을 불었다. 독일 총리와 미국 대통령은 업무적 관계였지만, 〈나의 위대한 친구〉(오바마)라고 부르며 왼쪽과 오른쪽 뺨에 볼 키스를 주고받았다.

사실 이것은 오바마가 2009년 대통령에 당선되었을 때만 해도 예상하지 못한 장면이었다. 우선 독일 총리는 낯을 가렸다. 게다가 잘생기고 말 잘하고, 심지어 자신이 그런 존재라는 걸 잘 아는 젊은 남자에 대해서는 일단 의심부터 하는 사람이었다. 결국 노골적인 매력을 발산하는 오바마는 처음부터 그녀에게 좋은 인상을 주지 못했다. 그래서 오바마가 2008년 선거 운동의 일환으로 베를린의 브란덴부르크 문 앞에서 계획했던 연설도 독일 총리의 반대로 실현되지 못했다. 이듬해 대통령에 당선된 오바마와 메르켈의 관계는 누가 봐도 차갑게 시작되었다. 「나중에 그녀의 팀이 그러더군요. 처음엔 번드르르하게 말을 잘하는 것 때문에 그녀가 나를 무척 회의적으로 봤다고요. 난 그걸 나쁘게 생각하지 않았어요. 독일의 정부 수반 입장에서는 유창한 연설은 선동의 기억을 떠올리게 할 수 있고, 그래서 그런 선동에 대한 혐오감은 건강한 태도라고 생각했기 때문이죠.」오바마의 회상이다.[22] 어쨌든 회담 내용은 굉장히 대립적이었다. 오바마는 독일과 유럽에 대규모 경기 부양 프로그램을 요구했고, 메르켈은 귀찮게 구는 남자를 현관문 앞에서 뿌리치는 슈바벤 주부처럼 굴었다. 이랬던 관계가 마지막에 미국 대통령이 국제적으로 가꾼 가장 친밀한 사이로 발전한 것은 정말 예상 밖의 일이었다.

2007년 하일리겐담에서의 만남이 메르켈과 부시의 우정을 돈독히 했던 것처럼, 엘마우성에서의 아름다운 장면들은 오바마와 메르켈의 관계 개선에도 큰 기여를 했다. 좋은 관계는 실질적인 결과로 나타나기도 했다. 국가수반과 정부 수반들이 이번 세기말까지 어떤 일이 있어도 지구의 기온을 2도 이상 올리지 않는 데 합의하고 동시에 이 내용을 그해 말 파리 기후 정상회담에서 문서화하기로 결정한 것이다.

메르켈 총리가 G7·G8 정상 회담 주최자로서의 역할을 기후 보호의 진척을 위해 이용한 것은 이번이 두 번째였고, 둘 다 성공을 거뒀다. 2007년에는 하일리겐담에서 부시를 설득해 온실가스의 의무적 감축에 동의하게 했고, 이번에는 섭씨 2도 목표에 대한 합의를 이끌어 냈다. 물론 구속력 없는 뜨뜻미지근한 협정보다 훨씬 더 많은 것을 요구하는 유럽 내 사회적 변화의 목소리에 비하면 충분치 않았다. 하지만 진보가 있었던 것은 분명하다. 메르켈은 구속력 있는 기후 협정으로 가는 길이 세계화 회의론자들이 원하는 것보다 한층 더 어렵다는 사실을 알고 있었다. 1991년에 그녀는 저널리스트 가우스에게, 자신은 〈할 수 있는 일을 하고 싶다〉고 말한 바 있다. 다만 총리의 신분으로도 할 수 있는 일이 가끔 현실적으로 지독히 적다는 사실을 받아들였다.

금융 위기는 그녀에게 독일 정부 수반이 갖고 있는 정치적 재량권이 얼마나 제한적인지 보여 주었다. 국제 파트너들의 기대, 유럽 안정에 대한 책임, 유럽과 국내에 산적한 난관들로 인해 〈상황을 앞질러 가는〉 것은 불가능했다. 총리는 주어진 상황에 따라 뒤늦게 대처했고, 그 과정에서 규칙이 무너지는 것을 받아들일 수밖에 없었다. 그녀가 〈대안 없음〉의 이유로 의원들을 유로화 구제 프로그램에 동의하도록 밀어붙인 것도 다른 가능성을 의도적으로 은폐하기 위해서가 아니었다. 그것은 사방의 모든 압력을 측정하고 가중치를 부여하고 평가하고 남은 마지막 방책이었다. 이렇게 상황에 갇혀 있을 수밖에 없음을 숨기기 위해 그녀는 남유럽 국가들의 증오와 워싱턴 및 베이징의 경고를 묵묵히 견뎌 냈다. 그 결과 한동안 잘 굴러갔다.

기후 보호 문제와 관련해서는 상황이 더 심각했다. 메르켈의 방식이 마침내 한계에 봉착했기 때문이다. 가장 중요한 당사국들이 종종 손사래를 치는 전 지구적 문제는 어떻게 해결해야 할까? 단호한 행동이 자국민에게 너무 과한 부담으로 느껴질 때 어떻게 다수의 지지를 확보할 수 있을까? 도저히 상황을 앞질러 갈 수 없는 위기에서는 어떻게 통치해야 할까? 일반 정치인이라면 이럴 때 쓰는 방법이 있었다. 거창한 정치적 계획을 담은 연설로 국민의 마음을 얻는 것이다. 그러나 메르켈은 초기에 이 수단을 포기했고, 그사이 연설하고 설명하는 법을 잊어 버렸다. 그로 인해 기후 위기와 코로나 팬데믹 상황에서 벌을 받았다.

세계 챔피언이 된 메르켈

반면에 메르켈은 누구도 예상하지 못한 뜻밖의 영역에서 승리의 입지를 구축했다. 바로 축구장이었다. 2006년의 〈여름 동화〉, 즉 독일 월드컵에서 총리도 자신의 새로운 역할을 시험했다. 관중석에 앉아 함께 환호성을 지름으로써 모두를 놀라게 한 것만이 아니었다. 그녀는 로커 룸 방문도 주저하지 않았고, 국가 대표 팀 감독 위르겐 클린스만을 총리실로 불러 팀의 성공 전망에 대한 개인적인 설명을 듣기도 했다. 게다가 독일이 준결승에서 탈락한 뒤에는 통일 이후 새롭고 젊고 친근한 독일 이미지를 세계인들에게 보여 주는 데 공을 들였다. 독일은 새로운 국가 대표 팀 감독 클린스만처럼, 그리고 새로운 독일 총리 메르켈처럼 능력 있고, 호감 가고, 유머러스하고, 애국심 강하고, 그러면서도 겸손하다는 것이었다.

그녀는 이것을 콜에게서 배웠다. 통일 총리였던 콜은 1990년 로마에서 열린 월드컵에서 독일 국가 대표 팀 로커 룸을 찾아 남성들만의 파티를 즐겼다. 선수들은 상의를 벗은 채 환호성을 올렸고, 총리는 양복을 입은 채 콜라 컵을 들고 서 있었다. 이것은 함께 기뻐하는 모습이기는 했지만 열광하는 모습은 아니었다.

메르켈은 달랐다. 경기에 푹 빠져 수백만 독일인과 함께 환호했고, 팀이 지면 함께 슬퍼했다. 또한 콜처럼 어설프게 가장자리에 서 있지 않고 주인공처럼 로커 룸 한복판에 자리를 잡았다.

메시지는 항상 동일했다. 다만 2014년 우승 때보다 2006년 월드컵에서 3위를 차지했을 때가 훨씬 더 명확했다. 통일 독일은 유럽의 다른 나라들보다 커졌지만, 결코 지배욕이 없다. 경제 위기로 더 강해졌지만, 어떤 나라도 힘으로 밀어붙이지 않는다. 자신감이 넘치지만, 남의 성공을 함께 기뻐할 수 있다. 게임에서 져도, 공정하게 지고 깨끗이 승복한다!

국가 대표 팀은 새로운 독일을 보여 주는 프로젝터 스크린이 되어야 했다. 필요할 때마다 국가 대표 팀의 영상을 은근슬쩍 활용한 메르켈은 그 덕을 보았다. 창의력 없는 축구와 버럭 고함만 지르는 슈뢰더 총리의 시대는 끝났다. 이제부터 국가 대표 팀의 비공식 응원가에 나오는 〈인생은 생각보다 많은 것을 준다〉라는 가사가 스포츠와 실생활의 모토가 되었다.

총리는 클린스만과 비슷한 점이 많았다. 둘 다 아웃사이더에서 최고 위치에 올랐고, 많은 성공을 거뒀음에도 내부에서 여전히 이질적인 존재로 남아 있었다. 또한 둘 다 미국에 열광적이었고, 전임자들의 허세 및 과장된 약속과 구분되는, 공적 겸손이라는 〈빈곤의 미학〉을 키워 나갔다.[23]

두 사람은 이미지의 힘을 알고 있었고, 그것을 자신의 일에 유리하게 이용한 것도 똑같았다. 그전까지 허영기라고는 찾아볼 수 없었던 총리도 이제 공적 이미지를 갈고닦아 나갔다. 조심스럽지만 확고한 의지를 가지고 총리실에서부터 이미지 연출 작업이 시작되었다. 메이크업 아티스트는 총리청 7층에 상주하며 매일 화장과 헤어스타일을 관리했다. 단색 블레이저와 검은색 바지만 입던 총리의 의상도 변했다. 패션 디자이너 볼프강 요프는 그녀의 지성적 이미지를 돋보이게 하는 〈세련된 스타일〉을 추천했다.[24] 또한 총리가 앞에 설 연설 테이블은 아래쪽이 뚫려 있어서는 안 되고, 앞쪽의 높이가 1.1미터를 넘지 말아야 하는 규정도 생겼다. 사진사에게는 사진을 어떻게 찍어야 할지 명확한 지침이 내려졌다. 행사나 여행에 동행하는 사진사는 사진을 〈옆이나 아래에서 찍어선 안 되고, 걸을 때 찍는 것도 금지되었다〉. 식사할 때도 물론이었다.[25] 결과는 인상적이었다. 대중에게 총리의 모습이 친근하게 다가갔다. 총리는 언제나 미소를 지었고, 헤어스타일은 잘 어울렸다. 그전에 틈만 나면 외모와 의상, 헤어스타일을 조롱하던 목소리도 잠잠해졌다. 야당 지도자 시절에만 해도 그녀는 〈겉으로 치장하는 것이 꺼려진다〉고 말하던 사람이었다.[26]

이미지와 그에 곁들여진 이야기의 힘을 깨달은 것은 총리의 성공 비결 중 하나였다. 다만 그에 대한 통제권을 포기하면 일이 전혀 다른 방향으로 흘러가기도 했다. 2015년 9월 베를린의 난민 보호소 방문이 좋은 보기였다. 총리가 그곳을 방문했을 때 보안 요원들은 사진을 찍으려는 난민들을 제지했다. 그러나 총리는 〈괜찮다〉는 말로 사진을 찍게 했다. 이렇게 해서 시리아 난민 아나스 모다마니가 총리와 함께 찍은, 그해에 가장 유명한 셀카 사진이 나오게 되었다. 모다마니는 진지하게 정면을 응시했고, 청록색 재킷을 입은 메르켈은 미소를 지으며 엄지까지 치켜올렸다.[27] 그녀는 사진 찍는 것을 통제하지 않았고, 그로써 그에 곁들여진 이야기도 그녀의 통제권에서 벗어났다.*

* 모다마니의 셀카 사진은 메르켈의 난민 포용 정책을 상징하는 이미지로 떠올랐지만, 이후 이슬람 테러로 여론이 악화되자 반난민 여론을 선동하는 무기로 사용되었다. 예를 들어, 베를린 테러 현장을 배경으로 모다마니와 메르켈을 합성하거나,

클린스만은 오래전에 국가 대표 팀 감독을 그만두었음에도, 2011년 메르켈이 오바마로부터 자유의 메달을 받을 때 백악관 로즈 가든에서 열린 국빈 만찬에 함께 참석했다. 그녀는 클린스만을 좋아했다. 그의 후임자 요아힘 뢰브도 총리청 7층에서 종종 점심을 같이 먹었다. 그가 좋아하는 음식은 아이들이 좋아하는, 감자튀김을 곁들인 코르동 블뢰였다. 메르켈과 그는 주로 서로의 팀에 대해 대화를 주고받았다. 그의 팀과 그녀의 팀에 대해.

2006년에 총리는 독일 축구의 돌파구를 자신의 돌파구로 만드는 데 성공했다. 그녀의 가장 큰 업적은 자신감 넘치면서도 자신을 내세우지 않는 겸손한 독일의 길을 찾은 것이었다. 독일 축구와 메르켈 사이에는 연결점이 있었고, 그것은 2014년 브라질에서 절정을 맞았다. 독일 축구는 세계 챔피언이, 메르켈은 세계에서 가장 영향력 있는 여성이 된 것이다.

이후 독일 국가 대표 팀 감독과 그녀 모두 내리막이 시작되었다. 2021년에 사임한 것도 똑같았다.

모다마니를 자살 폭탄 조끼를 입은 테러리스트처럼 조작한 사진이 널리 퍼졌다.

6
실수

16년 동안 재임한 총리의 전체 결산표에서 잘못을 찾는 것은 누워서 떡 먹기다. 브렉시트 당시 외교적 지연에서부터 에너지 정책의 잘못된 예측, 코로나 팬데믹의 대응 실패, 연금 및 의료 분야에서 미래 지향적인 노력 방치에 이르기까지 잘못은 수두룩해 보인다. 하지만 그런 실수와 오류는 전임자들이나 타국의 정부 수반들과 딱히 다를 바 없다. 다들 잘못을 저지르고, 해야 할 일을 방치하기 때문이다. 그것도 메르켈보다 훨씬 자주. 게다가 실수는 독일인들이 즐겨 먹는 수프에 실수로 빠진 머리카락 수를 세는 것만큼이나 사소한 느낌이 든다.

따라서 여기서는 정부의 일상적 실수를 넘어 메르켈이라는 인물이기에, 혹은 메르켈의 시대이기에 저지른 상징적인 실수이자, 자칫 미래에 부담이 될 수도 있는 오류만 기술할 예정이다. 그것은 정부 수반이라면 누구나 갖고 있는 권력과 관련이 있고, 어쩌면 그녀를 잘못된 길로 인도한 개인적 성향과 연결된 실수이기도 하다.

실수는 그 실수를 저지르는 사람이 실제로 그것을 더 잘 알고 있다는 점에서 과오와 다르다. 잘못된 길로 빠지는 사람은 잘못된 기본 가정에서 출발한다. 예를 들어, 중세의 많은 사람은 지구가 평평한 원반이라고 확신했다. 따라서 먼 바다로 나가는 항해를 두려워했다. 끝까지 가다 보면 원반 가장자리에 이르러 끝모를 낭떠러지로 추락할 거라고 생각했기 때문이다. 그것은 당연히 착각이다. 하지만 개인적으로 그 사람들을 향해, 그래서 아메리카 대륙을 발견하지 못한 거라고 비난할 수는 없다.

착각에 빠진 사람은 어쩌면 실수를 저지르는 사람과 동일한 해를 끼칠 수 있다. 그들에게는 필요한 인식이 부족했다. 다만 더 잘할 수 있었거나 더 잘 알고 있음에도 과녁을 빗맞힌 사람은 이후의 발전에 더 큰 책임을 져야 한다. 여기서는, 모르고 한 과오보다 알고 한 실수를 좀 더 중점적으로 살펴볼 생각이다.

메르켈은 뭔가를 〈꼭 하고 말겠다〉는 말만큼이나 〈내가 실수했다〉는 말도 잘 하지 않는다. 임기 말, 그러니까 2012년 부활절 직전에 유일하게 이 원칙에서 벗어나 실수를 인정했을 때 언론에서 난리가 났다. 심지어 개인적 실수에 대한 그녀의 고백에 〈역사적〉이라는 수식어까지 달아 줄 정도였다. 그에 대해선 나중에 자세히 설명하겠다. 아무튼 노회한 정치인이라면 누구나 그렇듯 그녀 역시 임기 내내 실패에 대한 책임을 지지 않으려고 안간힘을 썼다. 대내적으로는 어차피 실질적인 정치를 전문 장관들에게 맡기고, 그러다 실수가 생기면 장관에게 책임을 물었다. 그런 식으로 전체로서의 정부와 개인으로서의 총리는 나쁜 결과에 대한 책임에서 벗어날 수 있었다. 예를 들어, 연방 경제부 장관 알트마이어가 2020년과 2021년 겨울 코로나 지원금 지출을 너무 늦게 집행했을 때 그에 대한 책임은 오롯이 부처장이 져야 했다. 하지만 그런 논리라면 2021년 초 부진한 백신 접종률에 대한 책임은 메르켈 자신이 지는 게 맞았다. 코로나 봉쇄령과 마찬가지로 백신 구매도 총리의 〈최우선 사안〉으로 분류한 사람이 그 자신이기 때문이다. 사실 그것은 총리 혼자 해결할 사안이 아니었다. 그 문제에서는 총리청 외에 보건부 장관과 주지사들, 그리고 무엇보다 유럽 연합도 발언권이 있었기 때문이다.

코로나 팬데믹 상황에서는 정치적 책임이 누구에게 있는지 따지기 어려울 때가 많다. 당시 베를린의 집권 형태는 연정이었다. 그렇다면 코로나로 고통받는 기업이나 자영업자에 대한 11월의 지원이 제대로 이루어지지 못한 것이 실탄을 충분히 확보하지 못한 기민련 경제부 장관 알트마이어 책임일까? 아니면 제때 자금을 대주지 않은 사민당 재무부 장관 숄츠의 책임일까? 전염병과 관련된 법의 시행은 주로 연방주들의 소관이다. 그렇다면 2020년과 2021년 겨울의 봉쇄 정책은 기사련 주지사 죄더의 책임일까? 튀링겐의 좌파 정치인 보도 라멜로가 한없이 지루한 회의 시간에 가끔 아이패드로 게임을 했다는 고백은 얼마나 비난을 받아야 할까? 녹색당의 바덴뷔르템베르크 주지사 빈프리트 크레치만은 지방 선거 전 해당 지역구 내 학교의 개학 시점과 관련해서 얼마만큼 책임이 있을까? 봉쇄령 연장 상황에서도 품위 있는 삶을 위해 미용실 문은 열게 하자던 기민련 대표 라셰트는 어떤 책임을 져야 할까? 로베르트 코흐 연구소 소장 로타어 빌러는 봉쇄 해제에 반대함으로써 사실 오래전부터 자기 정치를 했던 게 아닐까?

많은 법도 마찬가지다. 연정 파트너들끼리 먼저 합의해야 하고, 그 뒤에는 의회의 동의를 얻고 상원에 조회해야 하며, 중재 위원회의 손도 거쳐야 한다. 사민당의 전 원내 대표이자 국방부 장관이던 슈트루크의 이름을 따서 붙인 〈슈트루크 법칙〉은 결코 틀리지 않았다. 그 내용은 〈제출된 그대로 연방 의회를 통과하는 법은 없다〉는 것이다.[1]

정치적 결정이 내려지기까지 많은 요소가 작용한다. 그때 실수를 먼저 인정하는 사람은 위험에 빠질 수밖에 없다. 남의 잘못까지 덤터기를 쓸 수 있기 때문이다. 따라서 누군가 먼저 잘못을 시인하면 다른 당사자들은 숨죽인 채 속으로 안도의 한숨을 내쉰다. 2013년 기사련의 내무부 장관 한스페터 프리드리히는 연정 협상 과정에서 사민당의 떠오르는 샛별 제바스티안 에다티를 영향력 있는 고위직에 앉히지 말 것을 사민당에 경고했다. 에다티가 아동이 등장하는 음란물(사진)을 인터넷에서 다운로드한 혐의로 조사받고 있다고 수사관들로부터 보고받았다는 것이다. 그런데 프리드리히는 범죄 정보를 누설했다는 것이 문제가 되면서 사임해야 했다. 하지만 사민당 정치인 가브리엘과 토마스 오페르만은 관련 정보를 남들에게 전달하고, 심지어 연방 형사청에 은밀히 수사 상황까지 문의했음에도 책임을 지지 않았다. 프리드리히가 먼저 실수를 인정했기 때문이다.

따라서 실수를 인정하지 않는 것은 권력과 권위를 유지하기 위한 수단이다. 〈물리학자〉로서 메르켈은 정치적 행동의 근거를 줄곧 과학적으로 뒷받침함으로써 큰 성공을 거뒀다. 그녀의 설명대로 과학적 실험은 중립적이기 때문이다. 실험은 하나의 가정을 검증하기 위한 수단이다. 만일 어떤 가설이 참으로 확인되지 않았다고 해도, 그것은 오류가 아니라 유용한 결과로서 충분한 가치가 있다. 과학자는 가정이 참으로 확인되거나 최종적으로 배척될 때까지 실험을 거듭한다. 메르켈 역시 이 원칙에 따라 정부 업무를 수행했다. 하나의 조치가 원하는 결과를 가져오지 않으면 다른 조치가 시도되었다. 「정치에서는 (과학처럼) 실험을 하는 것은 아니지만 (과학과의) 유사점이 존재합니다. 정치적 과정에서는 정치 목표를 달성하기 위해 정말 많은 시도가 필요합니다. (……) 실패한 시도도 삶의 일부입니다.」 정치적 업무에 대한 그녀의 신조다.[2]

문제는 정치가 과학과 달리 인식이 아니라 결과를 추구한다는 사실이다. 정치에서는 내세울 만한 결과가 없으면 시도 과정에서 아무리 많은 깨달음을 얻었더라도 문제가 생긴다. 게다가 끝없이 시도하다 보면 실제 목표를 놓치는 위험도 따른다. 그러면 일상 업무에 끌려다니는 신세가 되고 만다.

끝부터 생각하는 것은 그녀의 가장 큰 강점 중 하나다. 다만 일을 끝까지 밀어붙이지 않는 것은 확연한 약점이다. 그것은 탈원전뿐 아니라 병역 의무 폐지, 그리스 문제, 그리고 난민 위기를 다룰 때도 마찬가지였다. 단기 조치는 현 상황을 완화할 뿐 문제를 해결하는 경우는 아주 드물다.

국내 안보와 극우 테러

의회, 기민련, 독일 정당 시스템과 메르켈의 관계에 대해서는 많은 성찰이 이뤄졌다. 그런데 이상하게도 이런 성찰에서 국가 기관과 그녀의 관계가 언급되는 일은 매우 드물었다. 메르켈 총리가 임기 중에 저지른 여러 중대 실수의 원인이 실은 경찰과 정보기관, 연방군에 대한 그녀의 지나친 중립성에 있는데 말이다.

병역 의무가 폐지된 후 그녀는 독일 연방군을 등한시했고, 트럼프 대통령이 나중에 극단으로 몰고 갈 동맹국 미국과의 심각한 충돌도 불사했다. 그녀는 정보기관, 연방 형사청, 헌법 수호청과의 접촉을 되도록 피했다. 그로써 세 기관과 사이가 틀어졌다. 그러나 국내에서 가장 큰 정치 현안인 난민 위기 때는 그 기관들에 의지할 수밖에 없었다.

그녀는 국내에서 극우 테러의 위험을 무시했다. 그러다가 카셀의 지방 자치 단체 수장 발터 륍케가 살해되고, 할레의 유대교 회당이 공격받고, 하나우에서 인종 혐오로 사람들이 죽어 나가자 국내 안보를 소홀히 했다는 비난을 받았다. 이런 상황에서 국방부 장관과 내무부 장관에게 책임을 떠넘기고 모든 것을 부처장의 잘못으로 돌리는 것은 정부 수반에게 도움이 되지 않았다. 어쨌든 최초의 결정은 총리청에서 내렸기 때문이다. 게다가 총리가 이 문제를 앞장서서 처리해야 함에도 방치한 것은 부인할 수 없는 사실이었다.

영원히 갈 거라고 생각한 벽이 하루아침에 허물어지듯, 국가가 얼마나 빨리 무너지는지 직접 경험한 사람은 안정된 모습을 모두 허상이라고 여긴다. 메르켈은 국가 기관과의 관계에서 서독의 많은 정치인과 다른 관점을 갖고 있는 이유를 그런 식으로 설명했다. 그녀에게는 그 어떤 것도 당연하지 않았고, 그 어떤 것도 최종적일 수 없었다.

메르켈은 정보기관들을 가까이하지 않았다. 그 과정에서 가끔 답답할 정도로 순진한 근거를 대기도 했다. 「친구들을 염탐하는 것은 절대 안 될 일입니다.」[3] 동독 슈타지와는 상종도 하지 않겠다던 젊을 때의 다짐은 통일 독일의 자유 민주주의 시스템에서도 그대로 이어졌다. 그녀는 통일 독일의 정보기관들과도 되도록 거리를 두었고, 그로써 중요한 정보를 접할 기회를 스스로 박탈했으며, 빨리 손써야 할 순간에 계속 수동적인 태도를 고수했다.

독일 통일 이후 메르켈은 당과 정부에서 경력을 쌓아 나갈 때 불투명한 방식으로 운영되는 기관들을 이용해서는 정치적으로 많은 것을 얻을 수 없음을 경험했다. 따라서 처음에는 그런 기관장들과의 접촉을 쇼이블레에게 일임했다. 그는 정보기관의 고위 인사들을 잘 알고, 심지어 내무부 장관에 있을 때는 고위급 인사들을 개인적으로 직접 임명하고 승진까지 시켰다.

주로 동구권의 국경 문제와 첩보만 다루던 냉전 시대와 달리, 밀레니엄 전환기 이후에는 이슬람 테러 위험에 대한 대응이 정보기관의 주 임무가 되었다. 이것은 자국이나 동맹 국가에서 테러가 발생할지, 혹은 사전에 테러를 저지할 수 있을지 결정할 만큼 중요한 임무였다. 그럼에도 총리는 특정 시점에 필요한 정보기관의 정비와 개편 작업에 거의 관여하지 않았다. 아니, 그런 업무와는 일부러 거리를 두었다.

슈미트와 콜도 독일의 정보기관에 별 비중을 두지 않았다. 오히려 뭔가 잘못될 조짐이 있을 때면, 동맹국 미국이 독일 당국에 미리 알려 주는 정보를 더 신뢰했다. 슈미트는 재임 기간 중 정보 보고서를 단 한 번도 읽은 적이 없다고 자랑하기까지 했다. 「저는 13년 동안 연방 정부에서 일했습니다만, 연방 정보국 수장을 만난 것은 딱 한 번 10분간뿐이었습니다. 내가 개인적으로 아는 사람이었거든요.」 그가 로렌초 기자에게 한 말이다.[4]

정보기관들도 최고 지도자에게 사랑받지 못하고 있음을 느꼈고, 실제로도 그랬다. 그들은 총리청에 매주 보고해야 하는 화요일을, 누가 또는 무엇이 인정받을지 아무도 모르는 〈제식의 날〉이라고 불렀다. 가끔 회의 시간에 제공되는 점심 식사에 대한 불평이 나올 정도로 그들은 찬밥 신세였다.[5]

그것은 총리의 정보기관 방문 때도 드러났다. 2014년 10월 메르켈 총리가 쾰른에 있는 헌법 수호청을 찾았을 때 연방 정부의 메시지는 큼지막한 글씨로 한 페이지도 채 되지 않았다. 총리가 읽은 쪽지 내용은 간단했다. 그간의 노고에 감사하다, 그리고 〈마지막으로 다시 한 번 진심으로 감사드린다〉가 전부였다.[6] 물론 이마저 이 기관에 대한 전임자들의 가치 평가에 비하면 후한 편이었다. 이 기관은 1950년에 설립되었는데, 메르켈은 헌법 수호청을 방문한 두 번째 정부 수반이었다.

그러나 2001년 9월 11일 뉴욕 세계 무역 센터에 대한 테러는 정보 업무가 얼마나 중요하고, 정보기관이 어떤 실수를 저지를 수 있는지 일깨우는 계기가 되었다. 9·11 테러범 중 한 명이 함부르크에서 아무런 감시도 받지 않고 태평하게 살았고, 크리스마스 마켓 테러리스트 암리가 사전에 당국의 감시망에 포착되기는 했지만 비중 없는 인물로 여겨졌으며, 잠재적 위험 분자들에 대한 정보가 대부분 우호적인 외국 정보기관에서 온다는 사실이 차례로 밝혀졌다. 이는 독일 정보 업무의 효율성에 대한 의구심을 불러일으켰지만, 정보기관을 완전하게 새판으로 짜는 것으로 이어지지는 않았다.

우익 테러리스트 그룹 NSU(국가 사회주의 지하 조직)의 테러범 우베 문틀로스와 우베 뵌하르트는 2011년 은행 강도 사건 이후 체포될까 두려워 자살한 뒤에나 그간의 행적이 드러났다. 그들은 뿌리박힌 외국인 혐오로 1998년부터 열 명을 살해하고 마흔세 명을 죽이려고 시도했다. 2019년 6월 2일, 카셀의 지방 자치 단체장 뤼케가 보안 당국의 감시 대상에서 해제된 우익 극단주의자의 총에 맞아 사망했다. 2015년에 공개적으로 난민들의 편을 들었다는 이유였다. 같은 해 10월에는 한 반유대주의자가 할레의 유대교 회당에 침입하려다 실패하자 두 명을 살해했다. 2020년 2월에는 헤센 지방의 하나우에서 우익 성향의 남성이 총기를 난사해 이주자 출신 아홉 명을 비롯해 자신의 어머니를 죽이고 스스로 목숨을 끊었다. 이 테러범들은 정보기관의 정보 파일에 없었다. 심지어 정보기관이 파악하고 있던 테러범도 눈앞에서 놓쳤다.

총리는 극우를 누구보다 싫어했다. 연방 공화국이 이스라엘과의 우호 관계를 〈국가 이성〉, 즉 국가 원칙으로 삼은 것도 잊지 않았다.[7] 다만 행동이 따르지 않았다. 그녀는 극우의 물결이 점점 강해지고, 반유대주의적 사건이 점점 자주 발생하는 것을 알고 있었다. 동독 시절 국가가 무너지는 것을 직접 경험했기에 다들 그에 대한 경계심과 결단력 있는 행동이 이어지리라 기대했다. 그러나 독일을 위한 대안당의 출현을 보면서도 그녀는 경기장 안으로 들어올 생각을 하지 않았다. 극우주의에 대한 무기력한 대처는 그녀의 실수 중 하나였다.

나토의 대외 안보와 파트너십

연방군에 대한 무관심에는 다른 이유가 있었다. 야당 정치인 시절 메르켈은 서방 방위 동맹에 대한 확고한 신념을 자주 토로했다. 2003년 2월 『워싱턴 포스트 The washington Post』에 〈슈뢰더는 모든 독일인을 대변하지 않는다〉라는 제목의 객원 기고문을 보내 사민당 총리를 신랄하게 비판했다.[8] 적록 정부가 이라크 침공을 위한 〈유지(有志) 연합〉, 즉 뜻 맞는 국가들의 군사 동맹에 합류하기를 거부했기 때문이다.

메르켈은 곧 자신의 입장을 철회해야 했다. 전쟁의 출발점이 된 이유가 뒤늦게 근거 없는 것으로 드러났기 때문만이 아니었다(이라크에는 대량 살상 무기가 없었다). 메르켈은 2002년 선거전에서 독일인의 절반 이상이 참전에 반대한다는 사실을 깨달았다. 그녀로서는 독일인들이 대서양 축의 강화보다 본토의 평온을 더 중시한다는 사실이 놀라웠다. 하지만 어쩔 수 없었다. 그녀가 사는 나라는 기본적으로 평화주의적 분위기가 강했다. 여기서는 단순히 생태주의자와 평화주의 운동가만 〈무기 없는 평화를!〉(서독) 또는 〈칼을 쟁기로!〉(동독)라는 구호를 외치는 것이 아니었다.

그전에 슈뢰더가 의회에 자신의 신임까지 물어 가며 관철시켰던 1999년의 코소보 전쟁과 2001년 아프가니스탄 전쟁 참전은 국민을 깊은 분열에 빠뜨렸다. 제2차 세계 대전 후 독일이 군사 행동에 나선 것은 이때가 처음이었고, 연방군이 국방 정책상 안전지대를 벗어난 것도 처음이었다.

원래 보수적인 부모와 조부모는 물론이고 평소 정치에 관심 없던 자매와 여자 친구들도 아들과 애인이 전쟁에 나가는 것을 보고 싶어 하지 않았다. 그렇다면 독일이 정말 외국에서 일어나는 전쟁에 동참할 필요가 있을까? 답은 분명했다. 한때 확고한 전사였던 사람들조차 이미 평화로운 집의 가장으로 바뀌어 있었다. 이런 분위기는 사회 모든 계층에 폭넓게 퍼져 있었다. 독일은 국제적으로 인정받는 지도국과 중재국, 모범국으로서 역할을 기꺼이, 그리고 점점 자신감 넘치게 받아들일 용의가 있었지만, 그 대가를 군사적 행동으로 치르고 싶지는 않았다.

2002년에 미국으로부터 세 번째 참전 요청이 들어왔을 때 슈뢰더 총리와 녹색당 외무부 장관 피셔는 거부했다. 반면에 메르켈은 미국 대통령의 편에 서서 기민련이 정권을 잡으면 이라크에 참전할 거라는 점을 배제하지 않았다. 선거전이 펼쳐졌다. 적록 연합은 초반의 열세를 유례없는 기세로 따라잡아 결국 승리를 거두었다. 거기엔 동독 엘베강에서 홍수가 났을 때 슈뢰더가 고무장화까지 신고 재해에 대처한 장면이 큰 역할을 했지만, 계획된 이라크 전쟁에 대한 명백한 반대도 영향이 적지 않았다.

기민련 당 대표는 이 일로 깨달음을 얻었다. 기존 노선을 바꿔 온건파에 합류한 것이다. 그녀는 지금까지도 이 노선을 유지하면서 군사 수단 사용을 되도록 배제하려고 애쓴다. 저널리스트 슈테판 코르넬리우스는 이를 가리켜 〈완화된 실용주의〉라고 부른다.[9]

독일은 아프가니스탄 작전에는 동참했지만, 2011년 봄 프랑스가 유엔 안전 보장 이사회에 리비아에 대한 군사 개입을 안건으로 제출했을 때는 동의하지 않았다. 당시 안전 보장 이사회 비상임 이사국의 독일 대표로 참석한 자민당 외무부 장관 기도 베스터벨레는 기권했다. 이는 국제적 갈등으로 비화했다. 미국과 영국, 프랑스는 동의했기 때문이다. 총리청과 외무부는 미국도 군사 개입에 동의하지 않을 거라고 생각했지만, 예상이 빗나 갔다. 그럼에도 베스터벨레의 기권은 독일의 국내 정치적 관점에서 보면 어쩔 수 없는 측면이 있었다. 독일이 동조했다면 연방군은 리비아에 참전할 수밖에 없었을 텐데, 흑황 연정은 그런 결의안을 연방 의회에 제출할 엄두를 내지 못했다.

2015년 9월 프랑스가 시리아를 폭격했을 때, 독일 연방군은 샤를 드골 항공 모함의 호위를 위해 프리깃함을 제공했을 뿐 직접적인 전투에는 참여하지 않았다. 정찰과 연료 보급, 호위가 임무의 전부였다. 유럽의 우호적 패권국 독일은 메르켈의 임기가 끝날 때까지 해외 작전에 열두 번 참여했지만, 초기의 아프가니스탄 전쟁을 제외하고는 테러와의 전쟁에서 동맹국들을 군사적으로 지원하지 않았다.

메르켈 정부 시절 연방군은 해외에서 중장비를 갖춘 일종의 지원군 역할을 했다. 난민을 구조하고, 우물을 파고, 학교를 세웠다. 또한 에볼라 병원을 호위하고, 구호품 수송을 위한 해상로를 확보하고, 코로나 백신 접종을 도왔다. 이라크와 말리, 포츠담과 바네아이켈, 아프리카의 뿔 지역, 함부르크호른에서의 임무는 군인들이 기꺼이 도울 준비가 되어 있음을 보여 주었다. 하지만 전투에 나갈 준비는 되어 있지 않았다. 국민이 동의하지 않았기 때문만이 아니었다. 현실적으로 함정과 비행기, 헬리콥터, 무기가 부족했고, 특히 그에 필요한 인원이 턱없이 모자랐다.

메르켈이 총리가 되었을 때, 적어도 서류상으로는 아직 병역 의무가 존재했다. 독일의 모든 젊은 남자는 9개월 동안 연방군에서 복무해야 했다. 그런데 이것은 밀레니엄 전환기에 이미 보편적 징병제라고 할 수 없었다. 건강하고 복무 의사가 있는 청년 중 절반이 채 안 되는 인원만 징집되었기 때문이다. 병역 정의라는 말이 무색할 정도였다. 또한 병역 의무는 비용이 많이 들고 인력 집약적이었다. 게다가 자민당의 요구로 연정 협정서에 명기된 것처럼 복무 기간이 6개월로 단축되면 군 운영에 적합한 군인을 길러 내기가 불가능했다.

2010년 6월 내각 예산 심의회에서, 국방부 장관 구텐베르크는 군 예산이 계속 삭감된다면 병역 의무가 더 이상 유지될 수 없을 거라고 주장했다. 그런데 국방부 장관이 병역 의무 폐지라는 말을 불쑥 끄집어냈을 때 머릿속에 실제로 그런 계획이 있었던 것은 결코 아니다. 이 위협으로 국방부에 제시된 80억 유로 이상의 예산 삭감을 피할 수 있을 거라고 믿었을 뿐이다. 충분히 일리 있는 믿음이었다. 기민련과 기사련은 많은 반항적인 젊은이를 유순하게 만드는 병역 의무의 신성한 수호자를 자처했다. 철부지를 어른으로 만드는 이 좋은 성인 의식을 다른 사람도 아니고 그들이 포기할 수는 없으리라 생각했다. 게다가 전국의 양로원과 요양원, 병원, 장애인 시설, 대학생 기숙사 수위실, 담배 연기 자욱한 청소년 클럽들도 큰 비용 없이 부족한 노동력을 메워 줄 병역 대체 근무를 포기하지 못할 거라고 예상했다. 따라서 국방부 장관은 자신 있었다.

「콜이었다면 이쯤에서 이 문제를 정리했을 겁니다. 그러나 메르켈에게는 그것이 시작이었습니다.」당시 내각 예산 심의회에 참석했던 사람의 말이다. 총리는 〈생각에는 금기가 없다〉고 하면서 두 번째 내각의 그 젊은 스타에게 진군 명령을 내렸다. 이 사안은 메르켈 특유의 자가 동력 장치에 의해 계속 발전했고, 연합당의 안보 보수주의에 대한 기습 명령이 되었다. 그때부터 병역 의무로 징집되어 해외 작전에 투입된 병사들이 처할 수 있는 위험에 대한 광범한 공개 토론이 시작되었다. 게다가 그해 4월 아프가니스탄에서 두 차례 교전으로 독일군 일곱 명이 사망하자 대대적인 개혁 동력이 생겨났다. 통합당을 분열시키지 않으면서 이 사안을 추진해 나갈 사람도 있었고, 대중을 설득할 이야기도 존재했다. 해외에서 점점 증가하는 독일의 책임에 걸맞게 연방군은 이제 자발적으로 입대하는 직업군 조직으로 개편되어야 한다는 것이다.

이후 독일 최고 행정 쇄신가 프랑크위르겐 바이제가 이끄는 〈연방군 구조 조정 위원회〉가 설치되었고, 몇 개월 뒤 원하던 결과가 나왔다. 병역 의무 폐지가 권고된 것이다. 이런 전문 감정서는 바이제 같은 성공적인 기관장이자 예비역 장교가 내놓았기에 더더욱 믿을 만했다. 게다가 구텐베르크 같은 전 산악 부대원이자 골수 기사련 당원만이 이런 권고를 정치적으로 실현시킬 수 있었다. 6개월 뒤에는 심지어 병역 의무 수호자를 자처하던 기사련조차 이 계획을 지지했다.

전국의 청년들과 그들의 부모, 여자 친구, 조부모에게 이보다 더 좋은 선물은 없었다. 그러나 여기에는 함정이 있었다. 병역 의무 폐지와 함께 연방군 문제가 대중의 뇌리에서 사라졌다. 해외 파병에 관한 비판적 입장도 더는 주목거리가 아니었다. 독일군이 아프가니스탄에서 사망하는 것과 같은 일이 생길 때만 이따금, 그것도 일시적으로 슬픔과 당혹감이 나타날 뿐이었다. 연방군이 무슨 일을 하는지, 어떻게 무장하는지, 또 군부대가 헌법을 충실히 따르고 있는지와 같은 문제는 이제 병영 밖에서 묻는 사람이 거의 없었고, 내부에서도 특별한 관심을 받지 못했다. 과거에 군인들로 인해 자주 생겨났던 날선 비판 여론도 지금의 연방군에는 해당하지 않았다. 이 문제에 더는 아무도 관심을 갖거나 흥분하지 않는다면, 총리도 굳이 이 문제를 서랍에서 꺼내 들 이유가 없었다.

독일 내 모든 정치적 관심이 유로화 위기 극복으로 쏠려 있는 동안, 혼돈 속에서 침몰하고 있는 연방군의 실상을 눈치챈 사람은 아무도 없었다. 2010년 11월 역사적인 해군 훈련선 〈고르히 포크〉호에서 담력을 키운다는 명분으로 돛대에 오른 한 여군 간부 후보생이 떨어져 사망하는 사건이 발생했을 때만 잠시 군인의 임무와 훈련, 업무에 대한 이야기가 다시 언론의 주목을 받았다. 하지만 주로 언급된 것은 그사이 연방군의 상징이 된 〈고르히 포크〉호에 관한 이야기뿐이었다. 중간의 짧은 기간만 빼면 10년 넘게 도크에서 온갖 스캔들에 휩싸이며 비싸게 수리된 그 훈련선 말이다.

연방군의 전면 개혁은 〈고르히 포크〉호의 녹을 제거하고 설비를 수리하는 기간보다 훨씬 오래 걸렸다. 젊은 국방부 장관은 정책 결정에 필요한 신뢰할 만한 토대를 제공하지 않았고, 총리 역시 딱히 강요하지 않았다. 메르켈은 이 문제를 질질 끌기만 했다. 당내 보수파가 총리의 미적거림을 기민·기사 연합의 전통적 자산에 대한 배신으로 여기고, 그게 아니더라도 현실적으로 군 개혁이 독일의 안보 정책과 군사적 행위 능력에 결정적 의미가 있었는데도 말이다.

총리청은 연방군의 상태에 대해 잘 알고 있었다. 2010년에서 2011년으로 넘어갈 즈음 국방부가 〈통제되지 않은 개혁 작업〉으로 자원만 소모하고, 개혁 담당 부서 역시 혼란스럽게 분열된 채 비효율적으로 운영되고 있음이 밝혀졌다. 바이제의 군 개혁 위원회는 이를 〈실패작〉이라 결론 내렸다.[10]

구텐베르크가 논문 표절 시비로 물러나고 데메지에르가 국방부 장관에 오른 뒤에야 개혁의 방향이 잡혔다. 〈현재 나로서도 도저히 지휘할 수 없는〉[11](데메지에르) 독일군을 최소한 이론적으로는 동맹의 의무를 다할 수 있도록 전문성을 갖춘 직업군으로 바꾸자는 것이었다. 그러나 그 뒤로도 몇 년 동안 연방 정부의 국방 개혁 담당자들이 반복해서 확인한 것은 한 가지였다. 군은 더 효율적으로 바뀌지 않았고, 전투력이 더 강해지지도 않았으며, 계획된 구조 조정 비용은 정부 예산에 맞지 않았고, 무기와 장비의 현대화는 우선순위에서 밀려나 있다는 것이었다. 데메지에르를 비롯해 뒤이어 국방부 장관에 오른 폰데어라이엔, 크람프카렌바워도 많은 공을 들였지만, 결과는 별무신통이었다.

총리의 적극적인 지원 없이는, 그리고 재무부의 추가 자금 없이는 아무것도 바뀌지 않는다는 사실이 곧 명확해졌다. 그러나 지원은 없었다. 21세기 미래를 위해 군을 무장시키고 연방군을 독선적 고립에서 벗어나게 하려면 고도의 정치적 의지가 필요했는데, 그게 보이지 않았다. 냉전이 종식된 후 독일은 전력 증강을 위한 비용을 사회 복지 영역으로 돌렸다.

2014년 9월 웨일스에서 열린 나토 정상 회의에서 이 방위 동맹의 다른 모든 회원국처럼 국방 예산을 GDP의 2퍼센트로 늘리겠다고 약속했을 때, 메르켈은 남들이 혹시 자신의 말을 곧이곧대로 믿을까 걱정하지 않았다. 그녀가 볼 때 이 합의는 크림반도를 막 점령한 러시아에 겁을 주기 위한 상징적 제스처에 가까웠다. 그녀는 〈10년 안에는〉 이 목표에 분명 도달할 수 있을 거라고 중얼거렸다. 예비역 장성이자 총리의 군사 참모인 에리히 파트는 독일의 이런 태도를 〈밤에 지하철에서 궁지에 몰린 승객을 돕기 위해 급히 달려가지만 (……) 동시에 불한당한테는 경찰에 전화하지 않겠다고 약속하는〉 전략과 비슷하다고 말했다.[12]

수송 헬기를 예로 들어 보자. 이것은 해외 작전에서 중추 역할을 한다. 수송 헬기 없이는 아무것도 할 수 없다. 그런데 독일 함대에 적재된 헬기 가운데 3분의 1만 작전 수행이 가능하다. 그도 그럴 것이 CH-53 헬기는 1972년에 도입했기 때문이다. 당시 총리는 브란트였고, 현 국방부 장관은 그때 초등학생이었다. 2020년 새로운 헬리콥터 구매 사업이 떠들썩하게 변죽만 울리다 좌절되었고, 그와 함께 입찰은 중단되고 재무부 장관은 국방부에 대한 충분한 예산 지원을 거부했다. 연방군이 장차 군인과 탄약, 무기를 어떻게 수송할지는 미지수다.

2014년 독일의 국방 예산은 GDP의 1.3퍼센트였다. 당시 총리에게는 두 가지 문제가 있었다. 첫째, 연방군의 증강에 공감하는 여론이 없었다. 둘째, 2024년까지 국방 예산을 GDP의 2퍼센트로 올린다는 것은 당시의 강력한 경제 성장을 감안하면 약 3백억 유로에서 6백억 유로로 거의 두 배나 늘려야 한다는 의미였다. 그녀는 도저히 자신 없었다. 군이 그런 일을 해낼 수 있을 것 같지도 않았고, 평화를 지극히 사랑하는 이 나라의 국민이 그것을 허용할 것 같지도 않았다.

2015년 프랑스 항공 모함 〈샤를 드골〉호의 작전 수행을 위해 시리아 앞바다까지 호위하라는 임무를 받았을 때 독일 프리깃함 〈아우크스부르크〉에는 필요한 헬리콥터조차 없었다. 해상에서 난민을 구조하고(이 군함에는 맞지 않는 일이다) 밀입국 브로커들의 활동을 저지하는 민간 임무를 수행하기 위해 고국의 빌헬름스하펜에 두고 왔던 것이다. 그러다가 무장이 필요해지자 추후에 헬기 수송이 이루어졌다. 대신 이제는 난민과 아이들을 위해 선내에 비치해 둔 야전 침대와 이불, 장난감을 배에서 내려야 했다. 이후 이 민간 물품들이 어떻게 됐는지는 알려진 바 없다.

아이러니하게도 독일의 방위비와 관련해서 총리에게 책임을 물은 것은 포퓰리스트인 트럼프였다. 그는 철강 및 자동차 관세를 두고 유럽 연합과 치열한 논쟁을 벌이던 와중에, 독일에 주둔 중인 미군의 철수와 미국의 나토 참여 축소에 대한 근거로 독일의 낮은 방위비 지출을 들었다. 독일이 국방을 나토에 일임함으로써 방위 동맹 시스템에 무임승차하고 있다는 것이다. 그렇게 해서 독일이 그동안 나토에 진 빚이 〈수십억 달러〉[13]에 이른다면서 독일의 방위비 증액을 주문했다.

이 압박으로 국방 예산이 약간 증액되기는 했지만 그뿐이었다. 2020년 엘리트 〈특수 부대〉에서 이전에 개인적으로 빼돌린 탄약에 대한 대대적 수거 작업이 진행되었다. 자발적으로 반납하면 문제 삼지 않겠다는 조건을 내걸자, 무려 수만 발이 회수되었다. 이것 하나만 보더라도 연방군 내부 문제는 지금까지 해결된 것이 별로 없어 보인다. 특수 부대의 병력은 1천1백 명밖에 안 되는데, 장부상 행방불명된 탄환 수는 반납된 것보다 훨씬 적었다. 이 역시 조직의 부실한 관리 실태를 적나라하게 보여 주었다.

군사력과 작전 수행 능력은 더더욱 문제다. 물론 독일 내에서 군의 봉사 활동은 늘 고맙고 반갑다. 헌법상으로는 미심쩍은 구석이 있지만 말이다. 아무튼 홍수와 자연재해가 발생하면 군인들은 늘 삽과 모래주머니를 들고 부리나케 달려간다. 코로나 팬데믹 상황에서는 핵과 생물학적·화학적 공격에 대한 방어를 전문으로 하는 NBC 특수 부대가 요양원용 소독제를 제조하고, 산악 부대원들은 노인들과 보드게임을 하고, 해군은 빌헬름스하펜에서 거동이 불편한 노인들을 위해 장을 봐주고, 기갑 부대원들은 기동 훈련을 하는 대신 코로나 전선에서 보건 당국의 통신 업무를 담당했다.

16년간의 기민련 집권 이후, 정치권의 그 어떤 연정 조합에서도 연방군의 해외 파병과 관련해서는 과반의 찬성표를 얻기 힘들다. 야당 정치인 시절 메르켈이 강력히 주창한, 군사 동맹에 의한 독일의 안보는 슈뢰더 시절보다 훨씬 더 취약해졌다. 안보 측면에서만 보면, 메르켈이 처음 임기를 시작한 2005년이나 임기 말이나 달라진 것이 거의 없다. 해결되지 않은 연방군의 문제는 다음 정권으로 그대로 넘어갈 것이다. 트럼프가 대통령에 당선된 2016년 11월 『뉴욕 타임스*The New York Times*』가 〈자유세계의 마지막 수호자〉[14]라고 치켜세웠던 독일 총리는 야당 지도자 시절에만 강철 헬멧을 썼다. 이후 총리 취임 첫날부터 그 헬멧은 정보기관의 상징인 챙 넓은 슬라우치 해트와 마찬가지로 총리의 책상 맨 뒤쪽 서랍 속에 처박혔다.

연금

메르켈의 원칙은 하루가 시급한 문제에서 특히 명확하게 드러났다. 바로 연금 문제다. 국가는 연금 부족분으로 매년 약 1천억 유로를 출연하고, 그 금액은 점점 더 늘어나는 추세다. 그녀가 취임했을 때 이미, 인구 변동을 고려하면(물론 이 요소만 있는 것은 아니다) 이 문제에 손을 대야 한다는 압박이 분명히 존재했다. 그런데 이 내키지 않는 과제는 부총리 겸 노동부 장관 뮌테페링(사민당)이 떠맡았고, 연금 개시 연령을 단계적으로 67세로 늘리는 안을 관철했다. 유권자들은 당연히 그런 사민당을 곱게 볼 리 없었다.

총리의 두 번째 행운은 코로나 펜데믹 때까지 상당 기간 동안 사회적 지출을 충분히 감당할 만큼 경제가 잘 돌아갔다는 것이다. 메르켈 시대는 연금 수급자들의 황금기였다. 경제적 호황과 사회 보장 보험에 가입할 의무가 있는 수십만 개의 일자리 창출로 사회 정책 입안자들이 예상한 것보다 훨씬 많은 돈이 연금 공단으로 쏟아져 들어오는 바람에 정부는 마음껏 인심을 쓸 수 있었다.

예를 들어, 정부는 근로자의 임금이 감소한 금융 위기 때도 연금 수급자에게 피해가 가지 않도록 금액을 보전해 주었고, 주부들에게는 가사 노동에 대한 추가 지원금을 약속했으며, 특히 부지런한 사람들에게는 일찍 생업 전선에서 은퇴할 수 있도록 허용했다. 또한 연금만으로 생활이 안 되는 가난한 사람들에게는 기초 연금을 도입해 가계 안정을 도왔다. 연방 정부의 새로운 공식에 따르면 보험료는 임금의 20퍼센트를 초과해서는 안 되고, 연금 수령액은 임금의 48퍼센트 이하로 떨어져서는 안 된다. 그러려면 2022년부터 연간 최소 5억 유로의 추가 재정을 사회 안정을 위해 투입해야 할 것으로 보인다.

늦어도 2020년대 중반부터는 연금 정책에 근본적인 수술이 필요하다는 것을 누구나 안다. 그럼에도 정부는 지금까지 해오던 대로 한다. 그냥 손을 놓은 것이다. 정부가 발족한 한 위원회는 2020년 3월 누구나 예상할 수 있는 심각한 소견을 담은 최종 보고서를 발표했다. 「이대로 가면 보험료는 점점 높아지고 보장금액은 떨어질 수밖에 없다. 이 추세는 2025년부터 10년 동안 가속화될 것으로 보인다.」[15] 그러나 임기는 이제 얼마 남지 않았고, 당장 해결할 수 없는 문제는 충분히 〈무르익은〉 것이 아니었다. 그렇다면 다음 세대 정치인이 처리해야 한다. 각 세대는 각자의 임무가 있는 법이니까. 메르켈의 원칙은 그렇다. 그러나 그녀가 연금 정책에서 남긴 유산은 유산이 아니라 과거의 무거운 짐이다.

난민 위기

2015년의 난민 위기는 총리 임기 동안 특별한 의미가 있다. 아니, 혹자는 결정적인 의미라고 말하기도 한다. 그녀의 많은 정치적 동지를 비롯해 적들은 총리가 지금껏 다른 어디서도 보여 주지 못한 면모를 보여 주었다고 확신한다. 그러니까 그녀는 확고한 정치적 신념이 있는 사람이고, 비상시에는 자신과 생각이 다른 여론에 맞서 신념을 꺾지 않기도 한다는 것이다.

2015년 여름 이후 1백만 명에 이르는 난민이 독일에 들어왔다. 지금껏 유례가 없을 만큼 따뜻한 환대가 준비된 나라였다. 독일 시민 사회가 갈수록 점점 증가하는 과도한 국가적 짐을 이렇게 흔쾌히, 그리고 지속적으로 받아들인 사례는 이전에도 이후에도 없었다. 총리 역시 이번만큼 많은 지지를 받은 적이 없었고, 아울러 반대편으로부터 이번만큼 강한 반대에 직면한 적도 없었다.

　사태의 전개를 보면, 9월 초 부다페스트 기차역의 열악한 환경에서 야영을 하던 난민들의 독일 입국을 허용한 첫 번째 결정만 제외하면 뭔가를 강력하게 뚫고 나가려는 정치적 의지가 별로 보이지 않는다. 저널리스트 로빈 알렉산더는 『내몰린 자들 Die Getriebenen』이라는 책에서 2015년 8월과 9월의 정치 상황을 세밀하게 추적했다. 독일 국경을 폐쇄한 2015년 9월 12일과 13일의 긴박했던 밤에 그는 무엇보다 한 가지 사실을 깨달았다. 바로 결정에 대한 두려움이었다. 메르켈의 반대자들은 오랫동안 그녀가 〈국경을 열었다〉고 비난했고, 그녀의 지지자들은 그 결단을 칭찬했다. 그러나 둘 다 틀렸다.

　당시 독일 국경은 연 것이 아니라 그냥 폐쇄되지 않았을 뿐이다. 누군가 반대해서 일어난 일이 아니었다. 알렉산더는 이렇게 썼다. 「결정적인 순간에 국경 폐쇄에 대한 책임을 지고 싶어 하는 사람은 아무도 없다.」[16]

　사람들의 마음을 움직이고 난민들에게 독일로의 길을 터준 사진들이 있다. 2015년 8월 28일 오스트리아 아우토반 갓길에 버려진 채 발견된, 헝가리 자동차 번호판을 단 소시지 화물차 사진이 그중 하나였다. 냉동 트럭 안에는 고통스럽게 질식사한 71명의 난민이 있었다. 또한 9월 2일 터키의 휴가지 보드룸 해변에서 익사한 채 발견된 세 살배기 시리아 어린이 알란 쿠르디의 사진도 난민들의 운명을 바꿔 놓았다.

반면에 희망과 감동의 사진도 있었다. 기차역 난민을 받아들이는 〈예외적 장면〉을 보며 과거 프라하 주재 독일 대사관 사진을 떠올린 사람은 메르켈만이 아니었다. 1989년 10월 초 독일 대사관에 난입한 동독 난민들이 서독으로 출발한 사건이 11월 9일의 장벽 붕괴와 동독 붕괴로 이어진 것처럼, 기차역 난민들과 함께 통일 독일의 혁명적 사건이 시작되었다. 난민을 태운 기차가 독일을 향해 출발하는 장면이 관찰자들에게는 마치 역사의 희망찬 소환처럼 느껴졌다.

다들 사진의 힘을 과소평가했다. 이미지는 사람들을 한순간에 휘어잡는 압도적인 힘이 있었다. 부다페스트에서 기차로 출발해 뮌헨에 도착한 난민들의 사진은 핸드폰과 메신저, 기타 소셜 미디어를 통해 급속도로 퍼졌다. 독일의 국경이 열려 있고 들어오는 사람은 누구나 환영받는다는 소식이 난민을 비롯해 밀입국자와 아직 미적거리는 사람들 사이에서 들불처럼 번져 나갔다. 그러자 점점 더 많은 사람이 독일로 움직였다.

이 대량 이주 사태는 이주민들의 출신 지역뿐 아니라 그들이 목적지로 삼은 지역까지 불안정한 상태로 몰아넣을 위험이 있었다. 그러나 총리는 어떤 대응도 하지 않았다.

메르켈은 오랜 경험을 통해 위기에도 나름의 동력이 있다고 믿었다. 위기가 닥치면 다들 일단 흥분하고 불안해하면서 즉각적인 행동과 감동적인 연설을 요구한다. 집단적 패닉 직전 상태다. 연방 정부는 꾸준히 신뢰를 선사하고, 사회·경제적 상황을 안정시키고, 위기를 극복할 자금이 충분하다고 장담한다. 그러나 몇 주 지나면 불만과 익숙함이 교차한다. 처음의 불안은 사라지지만 위기는 여전히 존재한다. 이 국면에서 총리와 연방 정부에 대한 비판은 커져 간다. 금융 위기 때도 그랬고, 난민 사태 때도 그랬다. 심지어 코로나 팬데믹에서도 동일한 동력이 나타났다. 정치인들에게는 사회적 혼란을 감수하고, 이 위기가 어떻게 전개될지 지켜보기만 하고, 위기를 극복할 아이디어나 정치적 상상력이 없다는 비판이 쏟아진다. 그러나 메르켈의 경험으로 볼 때, 결국 모든 것이 잘 풀린다. 독일은 적절한 위기관리로 찬사를 받고, 사람들은 분노에 지치고, 경제는 성장하고, 복지는 증가하고, 그러면서 모든 것이 위기 전과 똑같은 모습으로 돌아간다. 총리의 구호는 〈우리 독일인들이 해냈다!〉이다. 사실 모든 것이 기적처럼 이루어졌다. 독일에는 사회 구성원에게 고통을 안기는 구조 조정도 없었고, 피와 땀과 눈물의 격정적인 연설도 없었으며, 극적인 반전 드라마도 없었다. 그럼에도 해냈다. 총리가 존경스러운 점이다.

그런데 난민 위기는 좀 다르게 흘러갔다. 환영의 분위기는 가라앉았지만 분노는 가라앉지 않았다. 메르켈 총리는 몇 년이 지나도록 자국뿐 아니라 유럽 안에서도 이민자들을 다룰 통일적인 노선에 대한 합의를 이끌어 내지 못했다. 심지어 자기 당과 바이에른 기사련의 공조 체제까지 붕괴 직전으로 몰고 갔으며,

결국에는 자신의 내무부 장관이자 전 바이에른 주지사 제호퍼와 관계가 완전히 틀어졌다. 대신 유럽의 파트너들에게 모욕적인 말을 서슴지 않고 점점 더 독재적으로 변해 가는 터키 대통령 레제프 타이이프 에르도안에게 자존심을 버리고 이 문제를 떠넘겼다. 터키에 많은 돈을 주면서 난민 대부분을 떠안게 한 것이다. 2015년과 2016년에 독일에서 발생한 사건들은 영국이 유럽 연합을 탈퇴하는 데 영향을 크게 미쳤다. 「그냥 솔직히 말해, 우리 잔류파가 어떤 논리를 갖다 대더라도 너무 많은 이주민이 너무 오랫동안 유럽으로 들어온 것은 사실입니다.」[17]

지금까지처럼 메르켈이 위기 상황의 통상적인 호전을 기대하기에는 너무 많은 영역에서 너무 많은 일이 동시에 일어났다. 어쩌면 이번 경우에는 그녀도 그것을 기대할 수 없었을지 모른다.

독일 사회가 분열되었다. 〈한쪽에는 환하게 묘사된 밝은 독일〉이 있고 다른 쪽에는 〈망명 신청자 숙소에 대한 공격이나 외국인 혐오 행위에 관한 이야기를 들을 때 느끼는 어두운 독일〉[18]이 있었다. 전 연방 대통령 가우크의 말이다. 2016년 새해 전야에는 이 〈어두운 독일〉에 단순히 외국인 혐오자와 인종주의자, 극우주의자만 있는 것이 아니라 폭력적인 외국인도 있다는 사실이 밝혀졌다. 수백 명의 젊은 이민자가 쾰른 중앙역에서 파티를 즐기는 여성들을 추근거리며 괴롭힌 것이다. 사건은 며칠 뒤에야 공개되었고, 그와 함께 분위기도 확 바뀌었다. 총리와 언론을 향해, 한편으론 이주민 가운데 범죄자들의 정보를 은

폐하고 회의적인 목소리를 억누르면서 다른 한편으론 오래전에 가라앉은 환영의 분위기를 일부러 키우려 했다는 비난이 쏟아졌다. 이제 국내 안보가 정치의 최우선 과제로 떠올랐다.

고도의 압박 속에서 경찰과 헌법 수호청, 연방 정보국은 정부와의 긴밀한 협조 아래 국민의 신뢰를 회복하는 작업에 착수해야 했다. 위기에 대처하기 위한 대규모 인원과 조직은 이미 준비되어 있었다. 그런데 정작 심각한 상황에서는 국가 시스템이 제대로 작동하지 않았다. 금융 위기에서는 지금까지의 은행 감독이 부실했고, 난민 사태에서는 이민과 난민 문제를 다루는 주무 관청이 제대로 역할을 하지 않았으며, 코로나 팬데믹에서는 보건 당국이 힘을 쓰지 못했다. 게다가 위기 상황이 지나가면 늘 망각이 찾아왔다. 시스템의 효율성 제고와 행정의 현대화를 위해 부산스럽게 대규모 위원회가 설치되지만, 총리든 내무부 장관이든 위원회의 조사 결과를 일관되고 총체적으로 행정 시스템에 반영하려는 시도를 하지 않았다.

난민 위기에서 총리는 그동안 자신이 거리를 둔 정보기관들로부터 복수를 당한다. 연방 범죄 수사청, 연방 경찰청, 헌법 수호청, 연방 정보국의 수장들은 기존의 난민 정책으로 독일의 안보가 심각하게 훼손될 수 있다는 우려를 반공개적으로 밝혔고, 심지어 나중에는 그와 관련해서 총리에 대한 반감을 노골적으로 드러내기도 했다. 마치 공화국의 안보가 아니라, 이 정부의 실각이 그들의 임무라도 되는 것처럼.

총리와 정보기관 수장들이 얼마나 급속도로 멀어졌는지는

당시 헌법 수호청장이던 한스게오르크 마센이 극명하게 보여 주었다. 2015년 9월에만 해도 마센은 난민들 틈에 의심스러운 위험 분자가 섞여 있다는 징후를 전혀 눈치채지 못했다. 그러다가 몇 주 뒤에야 이슬람 극단주의자들이 집단 숙소의 난민들을 자기편으로 끌어들이려 한다는 첩보를 언론에 공개하면서 난민 정책의 위험성을 경고했다. 그 무렵 헌법 수호청장은 총리와 이미 거리가 멀어질 대로 멀어져, 총리를 정치적으로 배려하려는 마음이 전혀 없었다. 나중에 테러리스트 중 일부가 유럽에서 테러를 저지르기 위해 실제로 난민 물결을 타고 독일과 프랑스, 덴마크, 오스트리아로 들어왔다는 사실이 밝혀졌을 때는 처음부터 그런 점을 염려하고 있었다는 말까지 덧붙였다.

2018년 8월, 한때 〈카를 마르크스 도시〉라고 불렸던 켐니츠의 도시 축제에서 한 독일인이 시리아 망명 신청자의 칼에 찔려 사망하자 독일 전역에서 분노가 들끓었다. 이후 거리에서 극우파뿐 아니라 일반 시민도 이민자들을 공격하는 장면이 일반인들의 카메라에 잡혔다. 연방 정부와 주 정부는 〈몰이사냥〉[19]이라는 말까지 내세우며 자제를 당부했다. 그러나 마센은 그러지 않았다. 아니, 오히려 일반인들이 찍은 영상의 진위까지 의심하고 나섰다. 결국 그는 직위에서 물러나야 했다. 그의 교체를 두고 한바탕 소란이 일었다. 이후부터 그는 대놓고 난민 정책을 비판했고, 이 모든 사태의 책임을 총리에게 돌렸다.

사실 마센은 총리가 너무 늦게 깨달은, 광범한 난민 정책 철회 운동의 간판일 뿐이었다. 2015년 가을만 해도 메르켈은 국민 다수가 여전히 자신을 지지한다고 느꼈다. 지금껏 어느 누구도 그녀만큼 〈밝은〉 독일의 대변자였던 적이 없고, 국내적으로든 국제적으로든 그녀만큼 추앙받은 정치인이 없었다. 지금껏 선거에서 기민련을 한 번도 뽑지 않은 사람들조차 총리에게 열광적인 지지를 보냈다. 내각도 동조했다. 국방부 장관 폰데어라이엔은 난민들의 훌륭한 직업 훈련 결과를 칭찬했고, 사민당 정치인 가브리엘은 〈난민 환영〉 배지를 달고 사진을 찍기도 했다.

몇 주 동안 메르켈은 독일인 다수가 자신이 지난 10년 동안 알던 독일인과 다르다는 것에 희망을 걸었다. 그들은 이제 도움이 필요한 곳이면 어디든 달려갔고, 난민들을 위해서 독일어 강좌 프로그램과 의류 바자회, 숙소, 독일에서의 적응을 위한 코스를 스스로 알아서 조직했다. 2006년 독일 월드컵 때처럼 독일 국민들 사이에서는 다시 겸손한 자부심이 널리 퍼져 나갔다. 독일인은 결코 그렇게 나쁘지 않고, 생각보다 꽤 괜찮은 사람들이라는 것이었다. 그들은 역사에서 올바른 교훈을 얻었다. 게다가 이번에는 스스로도 깜짝 놀랄 모습을 무척 유쾌하고 편안한 방식으로 보여 주었다.

총리는 감히 꿈에서도 상상할 수 없었던 존경과 찬사를 받았다. 연설을 못 하고, 허영기 없는 소박한 슈바벤 주부가 독일의 이상적인 인물이 되었다. 그전에는 냉정한 비판자였던 『차이트』의 언론인 헨젤조차 나중에 메르켈이 난민 문제로 당 대표직에서 물러나야 했을 때 다음과 같은 찬사를 보냈다. 「나는 (……) 우리가 언젠가 그녀가 옳았음을 확인하는 날이 올 거라고 확신한다. 〈우리는 할 수 있다〉라는 말은 그녀가 우리에게 준 최고의 칭찬이었다. 그로써 그녀는 우리 독일인에게 위대함과 품위를 앞으로 성취해야 할 사명으로 남겨 주었다. 이제 우리는 그녀 없이도 해낼 것이다.」[20]

부다페스트 기차역의 난민을 독일에 받아들인 지 5년 후, 그리스 모리아 난민촌에서는 천막이 불타올랐다. 캠프 전체가 파괴되었고, 불행과 절망의 사진이 공개되었다. 그러나 이번에는 난민들의 고통에 관심을 가지는 사람이 많지 않았다. 2020년 유럽 연합 이사회 의장국이 된 독일은 영국과의 무역 협정, 7천 5백억 유로 규모의 코로나 지원 프로그램, 회원국의 법치주의 향상과 연계한 유럽 연합 예산안 등 많은 일을 했지만, 난민 문제에서는 진전이 없었다. 동유럽인들은 난민 위기에서 메르켈이 보여 준 역할에 대해 여전히 분개하고 있었다. 우호적이고 순박한 패권자의 겉모습에서 걸핏하면 동유럽의 신생 민주주의 국가들을 가르치고 들볶는 옛 군주의 오만함을 보았던 것이다. 메르켈과 함께한 지 16년이 지났지만, 그들은 자신들도 포함된 유럽의 정신을 보지 못했다. 그들을 유럽에 묶어 둔 것은 기껏해야 독일의 돈이 전부였다.

그게 단지 총리만의 잘못일까? 분명 아니다. 메르켈의 개입이 없었더라도 이주 갈등은 존재했을 것이고, 영국인들은 이미 오래전부터 유럽 연합 탈퇴를 논의해 왔으며, 트럼프는 어디로 튈지 알 수 없는 사람이었고, 동유럽 국가들은 독일뿐 아니라 프랑스와 영국으로부터도 제대로 대우받지 못한다고 느꼈다. 그렇지만 2015년 9월 상반기에 총리가 처음 결정을 내리고도 뒤이은 결정을 내리지 않은 것은 실수였다. 물론 그와 다르게 보는 사람도 많지만.

그런데 다른 사람도 아니고, 총리청의 여론 조사 예산을 해마다 늘리고 여론 변동을 대체로 누구보다 일찍 간파하던 메르켈이 남을 도와주려는 독일인들의 선한 마음씨에 계속 기댄 것은 하나의 사건이다. 그전에는 없던 일이다. 그녀는 파도가 언제 부서질지 귀신처럼 미리 감지하던 동물적 촉수를 잃어 버렸다. 그 몇 주 동안 그녀는 마치 현재 너머의 딴 세상을 지배하는 사람처럼 보였다.

2015년과 2016년에 독일로 이주한 사람 가운데 셋 중 하나가 코로나 팬데믹이 일어나기 전에 이미 취업했거나 직업 훈련을 받고 있다. 시리아와 이라크, 아프가니스탄에서 온 난민들이 가까운 장래에 고국으로 돌아갈 거라고 예상하는 이는 거의 없다. 이들이 중기적 관점에서 이민자로 전환된 지는 이미 오래되었다. 기민·기사 연합이 수십 년 동안 저지해 온 이민법은 경제 이민에 대한 규정을 마련하고, 그 문제를 적절하게 해결하기 위해 만들어졌다. 그렇다면 흥분이 가라앉은 지금 독일인은 그것을 해냈을까?

이번에는 그렇다. 그러나 이주 전문가들의 예상에 따르면 수십만 명이 다시 유럽으로 들어오는 것은 시간문제다. 그때쯤이면 메르켈은 더 이상 총리가 아니다. 다만 총리 시절에 미래를 대비해 예방 조치를 취했어야 하는데 거부했다. 세대마다 각각의 문제가 있고, 정치인은 각 세대의 문제를 스스로 해결해야한다는 것이 그녀의 신조였다. 현실주의라 부를 수도 있겠으나, 개혁에 대한 거부라고도 할 수 있다.

탈원전과 에너지 전환

메르켈은 기술 진보를 기후 보호만큼이나 중시했다. 이 둘을 하나로 결합하는 테크놀로지가 있다면 금상첨화였다. 그게 바로 원자력이었다. 전기를 안정적으로 공급하면서도 이산화 탄소를 배출하지 않으니까 말이다. 이런 특성 덕분에 원자력은 콜정권에서 보수적 에너지 및 기후 정책의 근간이 되었다. 그들에게 원자력 발전소는 문제가 아니라 해결책이었다. 이런 확신 때문에 기민·기사 연합은 대학생과 대안 운동, 좌파 세력을 상대로 당당하게 자기주장을 펼쳤다. 좀 더 정확히 말하면 자녀 세대와 맞붙었다. 정부 여당은 이 세대 갈등을 회피하지 않았고, 그 대가로 1998년 총선에서 패배했다.

2005년 메르켈이 총리가 되었을 때는 상황이 근본적으로 바뀌었다. 그전의 적록 정부는 원자력 발전소를 단계적으로 폐지하기로 결정했고, 대신 그 자리를 재생 에너지로 채워 넣기로했다. 이를 위해 재생 에너지에 대한 대규모 지원 프로젝트가막 시동을 걸었다. 메르켈은 탈원전 정책을 다시 원점으로 되돌리겠다고 약속했다. 그러나 재생 에너지 지원 프로그램은 유지되고 확대되었다. 메르켈 정권하에서 독일의 에너지 정책에 대한 성적표는 참혹했다. 마지막에는 재차 원전에 올라탔다가 얼마 뒤 다시 원전에 대한 의존에서 최종적으로 벗어났는데, 세계에서 가장 비싼 에너지 시스템을 운영하면서도 온실가스 배출량은 별로 줄이지 못했다. 이 정부는 〈재생 에너지를 위해 많은 일을 했지만 역설적으로 기후 보호를 위해서는 별로 한 일이 없다〉. 경제학자 유스투스 하우카프의 한숨 어린 하소연이다.[21]

작은 걸음으로 느릿느릿 나아간 메르켈의 재생 에너지 정책은 규정과 금지, 보조금, 지원 프로그램, 세금, 부과금, 오염 인증서, 예외, 의무 사항들로 이루어진 복잡한 미로나 다름없었다. 거기에 비하면 인도의 수도 뉴델리의 어지러운 버스 노선도조차 어린아이 장난처럼 느껴질 정도다. 아무튼 그런 미로를 잘 아는 사람은 많은 혜택을 받았다. 매년 3백억 유로가 넘는 금액이 눈먼 돈처럼 배분되었고, 그 돈은 결국 그런 제도에 대해 잘 모르는 소비자들이 부담했다.

원자력은 서독 역사에서 상징적인 정치 이슈였다. 68세대는 원자력에 대한 저항의 기치를 내걸고 정계와 의회, 정부에 진출했다. 〈원자력? – 사양하겠습니다!〉 이 슬로건은 녹색당의 태생적 유전자였다. 반면에 과거의 사민당은 오랫동안 원자력 기술의 발전에서 진보 낙관주의를 길어 올렸고, 기민·기사 연합은 1970년대 석유 파동 이후 원자력을 안전하고 무한한 전력 공급원으로 보았다.

이런 상황은 1986년 4월 체르노빌 원전 사고가 터지면서

180도로 바뀌었다. 구 동독에서는 대개 교회와 관련 있는 환경 단체들이 은밀하게 사고 경위와 결과를 논의하기 시작했다. 「그 때부터 많은 사람이 지속적으로 원자력 문제에 관심을 보였죠.」 녹색당 괴링에카르트의 회상이다.[22] 게다가 이 나라의 양대 전력 공급원인 라인스베르크와 그라이프스발트 원자력 발전소는 소련의 설계로 제작되었다. 두 발전소는 혁명 지도자 블라디미르 레닌의 〈공산주의는 소비에트의 힘과 전동화로 굴러간다〉라는 모토를 충실하게 따른 동독 경제의 자부심이었다. 동독 공산당과 슈타지는 색출과 체포, 염탐으로 환경 단체를 탄압했다. 그러나 이 단체들은 무너지지 않았다. 아니, 꿋꿋이 살아남아 나중에 평화 혁명의 원동력이 되었다. 동독의 양대 원자력 발전소는 통일 전에 심각한 결함으로 운영이 중단되었다.

서독은 조금 달랐다. 체르노빌 원전 사고 이후 원자력에 대한 논란이 일반 시민들 사이로 깊숙이 파고들었다. 핵에너지에 대한 태도는 곧 그 사람의 사회적·정치적 지표가 되었다. 새천년기에 들어서면서 기후 변화에 대한 입장이 그 사람이 어떤 사회적 집단에 속하는지 보여 주는 잣대가 된 것처럼 말이다. 원자력 찬성파는 보수적이고, 결혼을 하고, 시골이나 중소 도시에 사는 사람이 많았다. 반면에 반대파는 주로 정치적으로 좌파이고, 결혼을 하지 않은 상태로 파트너와 동거하고, 베를린 같은 대도시에 거주했다.

메르켈은 기민련 환경부 장관 시절 당연히 찬성파에 속했다. 원자력이 〈충분히 관리 가능한〉 에너지라는 깊은 확신을 갖고 있었다.[23] 1994년 이후 그녀는 고어레벤으로의 핵폐기물 수송을 위해 열심히 뛰었다. 그 과정에서 그녀의 이후 정치 경력에서 정말 중요한 경험을 했다. 다 괜찮을 거라고 말하는 경제계 지도자들의 말을 절대 믿지 말아야 하며, 그러지 않을 경우 자신의 자리까지 잃을 수 있다는 것이었다.

슈뢰더 주지사가 이끄는 니더작센주 정부는 원자력 발전소의 단계적 폐지를 원했고, 고어레벤으로의 핵폐기물 수송을 차단한 것도 주 정부의 입장을 연방 차원에서 압박하기 위해서였다. 결정권은 메르켈에게 있었다. 당과 에너지 회사도 그녀 편이었다. 하지만 국민은 이미 오래전부터 찬성하지 않았다. 그러던 차에 사고가 터졌다. 1998년 산업계의 장담과 달리 핵폐기물 수송 과정에서 방사능이 누출되었다는 사실이 드러났다. 메르켈의 인내심도 바닥나고 말았다. 지금까지는 전문 지식도 없으면서 물어뜯기만 하는 반대파들의 비판을 전문 지식을 갖춘 물리학자의 도도한 태도로 뿌리쳐 왔다. 「사실 주방에서 케이크를 구울 때 베이킹파우더가 약간 잘못될 수도 있지 않나요?」[24] 이런 말로 옹호하던 사람이 이제 핵폐기물 수송을 중단시켰다. 정치생명이 위태로웠다. 다만 초기에 재빨리 정보를 여론에 제공했다는 사실이 증명되어 장관직을 지킬 수 있었다.

이 일로 경제계와 그녀의 관계는 심각하게 삐걱거리기 시작했다. 메르켈은 자신이 그들에게 속았고, 결정적 순간에 배신당했다고 느꼈다. 「완전히 뒤통수를 맞은 기분이었죠.」 2004년 뮐러포크 기자와의 인터뷰에서 한 말이다. 어차피 그녀는 기업과 경제 단체들이 자신의 당에 너무 무례하고 뻔뻔하게 군다고 생각했다. 「경제계 일부는 기사·기민 연합이 이끄는 연방 정부에 고분고분 따라 주지 않을 때가 많습니다. 특히 생태 환경 문제에서요.」[25] 다른 사람도 아니고, 당시 독일 산업 협회 회장이던 한스올라프 헨켈이 1998년 총선 결과가 나온 날 밤에 〈나는 항상 승자와 함께합니다〉[26]라고 말하면서 사민당의 승리를 축하한 것을 그녀는 결코 잊지 않았다.

총리가 되었을 때 메르켈은 상당수의 경제계 고문들에 둘러싸여 있었다. 독일 은행가 아커만, 미디어 사업가 슈프링거와 몬, 매킨지 대표 위르겐 클루게, SAP 경영인 헤닝 카거만, 족벌 기업인 니콜라 라이빙거카뮐러 같은 사람들이었다. 그녀는 이들을 총리청으로 불러 자주 대화를 나누었다. 그중 일부와는 한동안 사적 친분 관계를 유지하기도 했다.

그런데 핵폐기물 수송 과정에서 방사능이 누출된 사건 이후 그녀는 확신이 서지 않을 때 기업인들의 말을 더는 믿으면 안 된다는 사실을 깨달았다. 기민련·자민당 연정의 대대적인 법인세 개혁을 두고 기업인들이 지루한 소모성 논쟁을 벌였으나 어떤 길이 옳은지 합의를 이루지 못하고 그에 대한 책임을 총리실로 돌렸을 때, 메르켈은 〈더는 경제 문제로 나를 찾아오지 말라〉고 단단히 못 박았다. 이렇게 해서 그들 사이에 서서히 소원함이 깃들기 시작했다. 그것은 그녀의 임기가 끝날 때까지도 해소되지 않았다. 그런 섭섭함은 그녀의 라이벌인 메르츠에 대한 많은 기업인의 호감으로 표출되기도 했다.

「총리는 나를 사랑합니다.」 폴크스바겐 전 대표 마르틴 빈터코른이 예전에 한 말이다.[27] 실제로 금융 위기 이후 연방 정부는 대규모 폐차 지원 사업으로 자동차업계를 도왔을 뿐 아니라 자동차의 나라 독일을 위해 전 유럽 차원에서 배기가스 제한치를 과도하게 높이지 못하도록 애썼다.

그러나 보답은 없었다. 폴크스바겐은 교묘한 장치로 배기가스 수치를 조작했고, 2015년 9월에 이 사실이 적발되어 수십억 유로의 벌금이 부과되었다. 또한 경영자는 감옥에 갔고, 자동차 고객들은 손해의 일부라도 보상받으려고 집단 소송에 들어갔다.

핵폐기물 사건 이후 메르켈은 기업인들에게 어차피 과도한 기대를 갖지 않았다. 그럼에도 당 대표 시절, 1998년부터 우군이라고 생각해 온 기업인들이 새로운 적록 정부에 얼마나 순순히 따르는지 보면서 놀라움을 금치 못했다. 정부와 산업계 간에 탈원전 협약이 큰 잡음 없이 순조롭게 마무리된 것이다. 전 환경부 장관이자 원자력 옹호자였던 메르켈은 갑자기 혼자만 남은 것 같다는 느낌이 들었다.

물론 전력 생산 업체들도 대외적으로는 여전히 적록 정부의 탈원전 정책을 날카롭게 비판했지만, 내부적으로는 새로 마련된 규정에 충분히 만족했다. 일단 2022년까지는 발전소를 계속 운영할 수 있었다. 게다가 새로운 원자력 발전소 건설은 어차피 불가능했다. 그렇게 엄청난 돈을 퍼부을 만한 가치가 없을 정도로 전기료가 너무 저렴한 데다 국민도 새로운 발전소 건설을 용납하지 않았다. 방사성 폐기물의 최종 저장고도 아직 해결되지 않았다. 또한 재생 에너지 장려 정책의 전망이 너무 밝아 그동안 입을 비죽거리던 대형 공장 사업주들도 장기적으로 재생 에너지 사용을 더는 배제하려 하지 않았다.

메르켈만 이 문제에서 아직 빠져나오지 못했다. 그 와중에 기민련은 자신들이 다시 집권하면 탈원전 정책을 폐기하겠다는 당론을 정했다. 원자력에 비판적인 사민당과 공동으로 국정을 운영하는 동안에는 메르켈도 유예 기간을 가질 수밖에 없었고, 첫 임기에는 이 문제를 다루지 않았다. 그러다가 2009년 자민당과 〈꿈의 연정〉이 가능해진 순간 탈원전 문제는 연정 협정문의 최상단에 올랐다.

그러잖아도 독일의 에너지 정책은 지금껏 구제 불능의 혼란에 빠져 있었는데, 기민련과 자민당은 이 미친 이야기에 또 하나의 장을 추가했다. 2010년 가을에 원전으로의 복귀를 선언하면서 원자력 발전소의 가동 시간을 연장한 것이다. 그들은 원전을 기후 보호로 가는 길에서 어쩔 수 없이 사용해야 할 과도기적 기술로 포장했다. 「재생 에너지 기술이 우리의 전기 수요를 모두 충당할 만큼 발전하지 못했기 때문에 현 상황에서는 핵에너지를 포기할 수 없습니다.」 바이에른 주지사 제호퍼가 자신들의 에너지 정책 전환에 대해 시민들에게 설명한 내용이다.[28]

그러나 모두 공염불이었다. 국민은 이해하지 못했다. 여당의 지지율은 곤두박질쳤고, 대신 반핵을 내건 녹색당이 두 자릿수의 지지율을 얻었다.

2010년 3월 11일 일본에서 지진 발생과 함께 거대한 해일이 해안을 덮쳤다. 이로 인해 후쿠시마 원자력 발전소도 직격탄을 맞았다. 냉각 장치가 정지되고 원자로가 녹기 시작해, 엄청난 양의 방사능이 유출되었다. 최소 10만 명이 이 지역을 영원히 떠나야 했고, 방사능 제거 작업은 지금까지도 계속되고 있다. 그날 아침까지 굳건한 원전 옹호자였던 총리는 저녁에 이렇게 말했다. 「일본에서 일어난 일은 세계사적 전환점입니다. 일본처럼 안전 기준이 매우 높은 나라에서도 지진과 해일로 인한 핵 피해를 막을 수 없다면 독일 같은 나라에서는 재앙을 넘어 일상으로 돌아가는 일이 불가능할 수도 있습니다.」[29]

탈원전 시간표가 나오기까지 이틀이 채 걸리지 않았다. 즉각적인 원전 가동 중단 조치가 내려지고, 전문가 위원회가 설치되고, 가을에 벌써 법률 초안이 나왔다. 시대 흐름은 막을 수 없는 법이다. 그렇다면 입장을 선회하는 편이 나았다. 메르켈은 역시 냉정했다.

그런데 기민·기사 연합의 본거지 중 하나인 바덴뷔르템베르크주 유권자들도 놀랄 만큼 냉정했다. 3월 말 선거에서 여당에 등을 돌린 것이다. 너무 저돌적인 젊은 주지사 슈테판 마푸스에 대한 반감, 그의 원자력 사랑에 대한 의구심, 슈투트가르트 21 프로젝트인 철도 개선 사업에 대한 분노가 패인이었다. 이렇게 해서 기민련은 손 한번 써보지 못하고 자신들의 뿌리 깊은 지지 기반인 바덴뷔르템베르크를 내줘야 했다. 그것도 다른 거대 정당이 아닌 녹색당에 말이다. 이렇게 해서 녹색당의 크레치만이 새로운 주지사로 뽑혔다. 이는 독일 정치사에서 거대한 산사태나 다름없었다. 녹색당이 중도층의 지지를 업고 유서 깊은 집권당이자 전국당인 기민련에 당당하게 도전장을 내밀며 어깨를 겨룬 것은 처음이었다.

그럼에도 메르켈 진영은 마치 아무 일 없는 듯이 굴었다. 뒷정리를 계속하고 에너지 정책을 전체적으로 재정비하는 것 말고는 별다른 일을 하지 않았다. 탄소세 같은 새롭고 의미 있는 정책 수단들이 수년간 지연된 끝에 의회에서 통과되면서 시행되기는 했지만, 기존의 장려 수단들은 폐지되지 않았다. 다만 변경되거나, 참여 그룹이 제한되거나 확장되거나, 아니면 지원금 규모만 조정되었을 뿐이다.

현재 독일 전기 에너지의 3분의 1 이상이 풍력과 태양광에서 나온다. 그러나 재생 에너지 장려책이라고 해봤자, 여전히 라인강 하류의 완고한 농부들에게 주변에 풍력 발전기 설치를 권고하고 축사 지붕에 태양 전지를 설치하도록 설득하는 수준밖에 안 된다. 그사이 전기 소비자는 재생 에너지 촉진을 위해 매년 330억 유로를 부담하며 재생 에너지 사업자의 배만 불리고 있다. 게다가 햇빛이 비치지 않거나 바람이 충분하지 않을 때를 대비해 예비 전력을 보관해 두는 비용도 소비자가 지불하고, 바람이 많은 북쪽에서 남쪽 산업 지대로 전기를 보내는 비용도 소비자에게 청구된다. 2021년 1월부터는 온실가스 배출 비용도 탄소 누진세를 통해 소비자가 부담한다.

당장 필요한 것은 연방 정부가 지금까지의 노선을 확실히 수정하고, 여러 보조금과 부담금, 직접 지원 및 투자 진흥책이 중구난방으로 뒤섞인 지난 20년간의 에너지 정책을 종식시키는 일이다. 예를 들어, 엔진과 공장, 난방에 대해 지금껏 배출 가격과 배출 상한선에만 치중해 온 정책을 끝내라는 말이다. 메르켈 정부는 그것을 해내지 못했다.

그녀의 실수는 후쿠시마 원전 사고 이후 독일의 원자력 시대를 끝낸 것이 아니라, 에너지 전환 정책을 일관되게 완수하지 못한 것이다. 그 때문에라도 2020년에는 석탄을 단계적으로 폐지하는 수십억 유로 규모의 정책 결정이 필요하고, 2020년 여름부터는 전기 자동차 구매 시 한 대당 9천 유로의 보조금이 지급되어야 한다.

7
실망

2021년 1월 금요일 저녁, 크람프카렌바워는 간신히 눈물을 참고 있었다. 기민련 당 대표직을 사임하는 자리였다. 그녀는 드넓은 베를린 전시장 〈Hub27〉에 홀로 서 있었고, 고성능 카메라의 차가운 눈은 그녀에게 초점을 맞추고 있었다. 디지털 전당대회였다. 크람프카렌바워는 코로나 팬데믹으로 컴퓨터 화면 앞에 앉아 있는 대의원들 앞에서 작별 인사를 하는 중이었고, 대의원들은 안타까운 마음으로 지켜보고 있었다. 「여러분의 기대와 나 자신의 요구에 항상 부응하지는 못했다는 사실이 지금 이 순간까지도 가슴이 아픕니다.」[1] 그녀의 목소리는 잠겨 있었다.

크람프카렌바워는 자기 말마따나 사람들에게 실망을 주었다. 기민련 당 대표로서뿐 아니라 어쩌면 가능했을 수도 있는 총리 후계자로서도. 결국 그녀는 자리를 내놓아야 했다.

크람프카렌바워와 메르켈이 되는 기술

　메르켈은 나중에 총리실에서 디지털 전당 대회 장소와 연결했다. 익숙한 장면이 화면에 잡혔다. 유럽 국기와 독일 국기, 테이블 그리고 그 위의 물잔이었다. 그녀는 자신의 총리 임기에 대해 총평을 내렸고, 미래의 과제를 간략하게 설명했다. 냉철하고 분석적이고 건조했다. 크람프카렌바워에 대해서는 개인적 소회라도 한마디 할 법한데 전혀 언급하지 않았다. 두 여성의 차이를 극명하게 보여 주는 장면이 있다면 바로 이 전당 대회 자리였다. 한 사람은 눈물이 북받쳐 오르는 감동적인 고별사로 당원들의 가슴에 따뜻한 모닥불을 지폈다. 그녀는 자기 당에 많은 신세를 졌지만, 대표로서 당을 이끄는 것은 힘에 부쳤다. 반면에 당이 오히려 많은 신세를 진 다른 여성은 마치 남의 당에 와서 인사말을 하는 손님 같았다. 「그날 저녁 그녀는 기민련이 자신에게 얼마나 의미 없는 존재인지 보여 주었습니다.」 그녀를 오랫동안 알아 온 사람의 말이다. 이로써 메르켈이 이 당에 처음 들어올 때부터 받았던 의심이 마지막으로 다시 확인되었다. 그녀는 권력의 탁월한 관리자였지만 오직 머리로만 움직이고, 기민련과 그 구성원, 소속 정치인에 대해서는 별로 애정이 없는 사람이라는 것이다. 「그녀는 자기 정당을 이해했지만 마음으로 받아들이지는 않았습니다.」 그녀의 오랜 지기가 그녀의 임기 말에 한 말이다.

　크람프카렌바워는 2018년 당 대표 선거에서 모든 보수 후보

가운데 메르켈과 가장 유사한 후보로서 그녀의 후임으로 선출되었다. 절반이 살짝 넘는 대의원들의 눈에 그녀는 메르켈에게 없는 것이 있었기 때문이다. 그러니까 메르켈과 무척 유사하면서도 감정이 있는 여성이었다. 새 당수로서 그녀는 메르켈이 예전에 그랬듯이 〈민심 청취 투어〉에 나섰고, 메르켈처럼 밑바닥에서부터 점수를 따기 시작했다. 또한 난민 정책과 관련해 〈난상 토론회〉를 열었고, 난민 위기 5년 뒤인 2020년 2월에는 기사련과 기민련의 화해를 성사시켰다. 그녀는 전임자의 길을 복사하듯이 따라갔지만, 그 과정에서 메르켈과 일정한 거리를 두었으며, 공개 석상에서는 부인하지만 총리가 알아서 자리를 비워주기를 기대했다. 그러나 메르켈은 비켜 줄 생각이 없었다.

당 대표실과 총리청, 즉 감정과 권력을 분리하는 것은 결코 좋은 생각이 아니었다. 특히 기민련 내에서는 더더욱 그랬다. 갈등이 격화되면 총리는 어떻게 해야 할지 정확히 알고 있었다. 결국, 오고야 말 일이 오고 말았다. 자리를 떠난 것은 총리가 아니라 당 대표였다.

옛 권력인 메르켈이 주도권을 잡을 수 있었던 것은 새 권력이 자제력을 잃었기 때문이다. 2020년 튀링겐주 선거에서 대참사가 일어났다. 기민련이 극우 정당인 독일을 위한 대안당과 암묵적으로 손잡고 자민당에 주지사직을 맡긴 것이다. 독일의 책임 있는 거대 정당이 극우 세력과 공조한다는 것은 있을 수 없는 일이었다. 베를린 전시장에 외롭게 서 있던 크람프카렌바워는 당시 자신이 항복할 수밖에 없었던 이유를 〈당의 영혼〉 때문이라고 말했다.[2] 기독교 민주주의자들은 오랫동안 당 대표의 입에서 그런 말을 들은 적이 없었다. 당의 영혼이라니?

사실 그것은 치명적인 착각이었다. 그녀가 에르푸르트에서 독일을 위한 대안당과 힘을 합쳐 자민당 후보를 주지사로 선출한 자당 우파들을 다룬 방식은 기민련의 영혼과 아무 상관이 없었다. 전술과 권위, 불신과는 더더욱 관련이 없었다. 크람프카렌바워는 당 대표 선거에서 자신이 과반을 간신히 넘긴 것을 당연히 잊지 않았다. 또한 일반 당원이 투표했더라면 자우어란트의 메르츠가 뽑혔으리라는 것도 잘 알고 있었다. 그런데 튀링겐 사건을 바로잡으려고 에르푸르트로 달려갈 때는 그런 사실들을 잊어 버렸다. 자신에게 없는 권위를 내세운 것이다. 튀링겐 당원들은 그녀를 비웃었다. 결국 메르켈이 나섰다. 당시 해외 순방 중이던 총리는 남아프리카 공화국에서 짧고 분명한 말로 이 문제를 정리했다. 누구에게 힘이 있는지 명확하게 보여 주는 순간이었다. 「이 사건은 결코 용서할 수 없고, 따라서 그 결과도 다시 뒤집어져야 합니다. 어쨌든 기민련이 자민당 주도의 정부 구성에 참여하면 안 된다는 것은 명약관화한 일입니다.」[3]

그것은 당의 영혼이 아니라 권력의 문제였다. 크람프카렌바워는 그것을 착각했다. 만일 그녀가 그 정치적 참사로부터 무언가 배운 게 있어 몇 주간 버텼다면, 예를 들어 튀링겐에서 최소한 그만큼 실패했던 자민당 당수 린드너처럼 버텼다면, 어쩌면 기민련 여성 정치인 가운데 가장 메르켈과 유사한 사람이 되었을지도 모른다. 그러나 그녀에게는 부족한 게 너무 많았다. 권력 의지에서부터 분석적 지능, 인내심, 독기까지. 그리고 개인적으로 의미 있는 사건과 굴욕을 개인적으로 받아들이지 않는 능력이 특히 부족했다. 바로 이 점에서 그녀는 총리와 구분될 뿐 아니라 후임 당수 라셰트와도 차이를 보였다.

정치적 실수는 나쁘다. 그러나 실망을 주는 것은 더 나쁘다. 실망 속에는 도저히 회복될 수 없는 상처가 도사리고 있다. 두 여성 사이의 실망감이 아주 또렷이 느껴진다.

대중 정당인 기민련과 기사련, 사민당은 오늘날까지도 스스로를 권력 획득과 행사를 위한 정치적 결사체로 여길 뿐 아니라 목표와 가치 공동체로 여긴다. 설립된 지 160년 가까이 된 사민당은 지금도 더 나은 세상과 정의로운 사회에 대한 희망을 전파하고, 기민련은 자유와 안보, 사회적 시장 경제, 서방과의 확고한 유대를 핵심 이념으로 삼고 있다. 이런 차이 외에 양당의 근본적 차이는, 사민당의 DNA는 확정되어 있지 않고 다른 것들과 연결이 가능하다는 점이다. 사회 민주주의자들은 정치적 경쟁 체제에서 더는 독보적이지 않다. 그사이 그들의 이념을 더 훌륭하게 다듬고 현명하게 해석하는 정당들이 나타났다. 반면에 기민련의 영혼은 먼지를 켜켜이 뒤집어쓴 채 1990년 무렵부터 완전히 얼어붙은 것처럼 보인다. 그사이 강령을 두 번이나 새로 제정하고, 지금은 세 번째 강령을 준비하고 있음에도 말이다.

냉전 종식과 급격한 세계화, 기술 변화의 가속화와 함께 보수주의자들에겐 새로운 고통이 시작되었다. 그들은 자신들의 가치를 훼손하지 않으면서 시대정신에 맞추는 데 실패했다. 그들의 핵심 브랜드는 어디에 있을까? 마인츠 대학교의 역사가이자 기민련 당원인 안드레아스 뢰더는 이렇게 말한다. 「보수주의에 영원한 진리는 없다. (……) 오늘 옳다고 생각하는 것이 내일은 틀릴 수 있다는 인식이 보수를 엄격한 독단주의로부터 지켜 준다.」[4] 그런데 이는 단순한 수사가 아닐까? 기민련은 오늘과 내일을 제대로 구별하지 못하고, 시대는 그들이 따라갈 수 없을 만큼 빠르게 변하고 있다. 메르츠와 그 추종자들의 〈주도 문화〉에 대한 동경은 급속도로 변해 가는 현재에 시간의 닻을 내리려는 시도다. 최소한 잠시라도 걸음을 멈추고 당의 영혼을 돌아볼 수 있도록 말이다.

변하지 않는 신념은 없다, 어디에도

메르켈의 접근 방식은 다르다. 그녀는 정당이 왜 존재하는지가 아니라 무엇에 좋은지 묻는다. 그녀가 볼 때, 정당은 정치적 신념 공동체나 절대 뒤집을 수 없는 확실한 가치의 안전 금고가 아니라 합리적 통치를 위한 대리 기관일 뿐이다. 이런 가치관에 비춰 보면 기민련에는 영혼이 필요 없다. 필요한 것은 통치할 수 있는 권력과 그것을 행사할 수 있는 총리직이다.

권력을 위해서라면 메르켈은 자신의 후계자가 될 뻔한 크람 프카렌바워와 자신의 당, 그리고 유권자를 실망시키는 일도 마다하지 않는다. 또한 권력 유지 말고는 어떤 가치와 목적도 정당의 소명에서 박탈해 버린다. 바그너 숭배자인 메르켈은 오늘날의 정치 현실에서 낭만에 눈길 한 번 주지 않는다. 그녀에게 기민련은 감정이 아닌 이성의 정치를 해야 할 기관이다. 정당이 신념과 가치, 돌이킬 수 없는 입장에 끌려다닐수록 연정에서 필요한 타협 능력은 빨리 소실되고, 위기에 신속하고 단호하게 대응하지 못할 위험은 더욱 커진다.

바로 이것이 메르켈이 기민련의 전통적 가치를 더는 지킬 수 없다고 판단될 때 가차 없이 치워 버리는 이유다. 게다가 그것을 못마땅하게 생각하는 사람이 있으면 즉각 제거해 버린다. 나머지 가치들은 라인 계곡의 버려진 성터처럼 당에 남아 있도록 허용한다. 옛 시절의 향수를 즐기려는 사람들을 위해.

예를 들어, 21세기 민주 사회에서는 더 이상 이성애자가 누리는 권리를 동성애자에게 허용하지 않는 것이 정당화될 수 없다. 기민련도 이제는 결혼과 가족을 남성과 여성의 결합으로만 보는 전통적 관점을 바꿔야 한다. 단순히 헌법 재판소가 이를 여러 차례 명시했기 때문만이 아니다. 이미 진 전투에 정치적 에너지를 투입하는 것은 무의미하다고 생각하는 당 대표가 있기 때문이다.

메르켈은 2017년 선거전에서 〈모두를 위한 결혼〉에 대한 공격으로 독일을 위한 대안당에 빼앗긴 이전의 집토끼들을 다시 데려오려는 전통적 보수파들의 시도에 차갑게 반응했다. 그녀의 계산은 분명했다. 기민련이 극우파에서 얻을 수 있는 표보다 중도에서 잃는 표가 더 많다는 것이었다. 물론 그녀는 오해를 사지 않도록 이 문제를 직접 꺼내 들지 않았다. 선거가 있던 2017년 초여름, 메르켈은 독일에서 가장 혁신적인 무대 중 하나인 베를린의 막심 고리키 극장에서 잡지 『브리기테』의 초청으로 자신의 일과 정치, 그리고 가족과 직업의 균형에 대해 토론을 벌였다. 일상적인 자리였다. 그런데 앞서 언급했듯이 이 자리에 불쑥 비일상적인 일이 끼어들었다. 한 시간쯤 진행되었을 때, 기민련의 지지자라는 한 남자가 왜 이성애 커플처럼 자신은 동성 파트너와 결혼하는 것이 허용되지 않느냐고 물었다. 메르켈은 같은 말만 반복하고 끝없이 변죽만 울리다가, 마침내 〈양심에 따른 결정〉이라는 말을 입에 올렸다. 그녀의 생각이 속에서 어떻게 정리되고, 말하는 동안 어떻게 결정이 만들어지는지 잘 보여 주는 대목이다.[5]

이 사안에 대한 법안이 의회에 제출되고, 의원들에게 당론이 아닌 자유 투표가 권고되었을 때 다들 〈모두를 위한 결혼〉이 독일에서도 가능해지리라 예측했다. 기민·기사 연합의 상당수 의원만 빼면 압도적 다수가 모든 커플을 동등하게 대우하는 법에 찬성했기 때문이다.

사실 이것은 기민련의 영혼과 머리 사이에서 도저히 해결되지 않는 갈등 문제였다. 기민련의 보수파가 크게 실망한 것은 충분히 이해할 만했다. 그들이 당의 영혼 사무국 안에서 영구적일 거라고 생각한 가치들이 폭넓은 대중의 눈에는 되도록 빨리 폐기되어야 할 지루하거나 심지어 위험한 폐물로 비쳤기 때문이다. 게다가 독일의 가장 중요한 두 권력 기관인 총리청과 헌법 재판소까지 그 대열에 합류한 것은 그들에게 충격이었다.

이런 식으로 보수파들의 신념 저장고는 하나씩 비어 갔고, 그럼에도 총리 겸 당 대표는 빈 저장고를 다른 가치로 채우겠다고 약속하지 않거나 아니면 아예 그럴 마음이 없었다. 그런 상태에서 하필 기민련의 젊은 정치인, 그중에서도 특히 중산층을 대표하는 카르스텐 리네만과 청년 연합 회장 틸만 쿠반이 2021년 2월 〈성취욕과 자기 책임, 개인의 자유〉[6]를 당의 새로운 핵심 이념으로 설정하자고 제안했을 때 메르켈은 씁쓸한 데자뷔를 느꼈다. 자신이 2003년 라이프치히 전당 대회에서 제안한 내용과 똑같았기 때문이다. 당시 그녀는 과반을 얻었지만, 이후로는 당이든 국내에서든 다시 과반을 차지한 적이 없었다. 따라서 그녀는 그 가치를 위해 싸우지 않았고 오히려 거기서 교훈을 얻었다. 그 문제는 그것으로 끝났다.

의지와 표상으로서의 세계

뇌 연구자 징거는 2004년 베를린에서 자신의 50회 생일에 강연을 했다. 당시 메르켈은 야당 정치인으로서 개혁과 새로운 미래 창조를 힘차게 부르짖고 있었다. 징거는 인간의 자유 의지뿐 아니라 인간의 창조적 힘도 부정하는 과학자였다. 「우리는 우리가 조종할 수 없는 거대한 진화 과정의 일부라는 사실을 인정해야 합니다. 그렇다면 오류도 우리에게 필수적 요소임을 알아야 합니다. 모든 것을 아우르는 상위 지능은 있을 수 없습니다. 우리는 미래를 설계할 수 있다는 유토피아와 작별해야 하고, 그런 한계에 대한 통찰을 견뎌 내야 합니다.」

물론 이 신경 과학자는 정치 이야기를 한 것이 아니라 자신의 과학적 연구, 즉 인간과 달팽이 뇌세포 사이의 차이점을 말했을 뿐이다. 당시 강연을 들은 당의 일부 사람들은 그때 좀 더 유심히 들었으면 어땠을까 하는 생각을 가질지도 모른다. 왜냐하면 그날 저녁 대다수 청중이 꾸벅꾸벅 조는 사이 메르켈은 훗날 자신의 통치 스타일에 대한 과학적 근거를 찾았기 때문이다. 그녀는 여전히 대의를 부르짖는 강령 정치인으로서 슈뢰더화된 공화국의 홀을 배회하고 있었다. 그러다가 얼마 뒤 자신을 재발견했다. 정치라는 진화 과정의 일부로서.

야당 시절에는 정당의 영혼을 어루만져 준다 하더라도 비용이 들지 않는다. 반면에 정권을 잡은 상태에서 당의 마음을 보살핀답시고 유하게 굴면 정치적 반대자들의 준동으로 자칫 권력을 잃을 수도 있다. 이것 역시 2005년 이후 메르켈이 당에 위로와 추켜세움, 따뜻한 태도를 거부한 이유 중 하나다. 기민련은 다른 정당들보다 책임이 더 크다. 통치해야 하기 때문이다. 메르켈은 당의 감정을 헤아리고 당의 영혼을 탐구할 여유가 없다고 생각한다. 당이 원만하게 기능하는 것이 우선이기 때문이다. 다시 말해 기능이 원칙보다 중요하다는 것이다. 하지만 이는 당원들뿐 아니라 국민들에게도 너무 과해 보였다. 내용을 따지지 않고 기능만 중시하는 것을 악덕이 아닌 미덕으로 보라는 요구였으니까.

징거가 권고한 대로였다. 메르켈은 세기 전환기부터 이 과학자와 알고 지냈다. 당시 그녀는 프랑크푸르트의 막스 플랑크 연구소를 직접 찾아가 그를 만났다. 두 사람은 서로 깊은 인상을 받았고, 이후 자주 보았다. 나중에 총리가 된 메르켈은 법학과 정치학을 주로 공부한 권력 경쟁자들과 달리 여론 조사 기관의 대표와 역사가, 정치학자만 만난 것이 아니라 자연 과학자들과도 긴밀한 관계를 유지했다. 그중 한 명인 자우어는 그녀의 아침 식탁에 자주 초대받았다. 「그녀는 과학과 함께 사는 자연 과학자입니다.」 메르켈의 한 참모가 회고하는 말이다. 그녀와 징거는 주로 뇌 연구와 자연 과학, 정치에 대해 대화를 나눴다. 몇 년 뒤 징거는 『슈피겔』과의 인터뷰에서 이렇게 말했다. 「당시 우리는 자연에서 배울 게 있는지를 두고 토론을 벌였던 것으로 기억합니다.」[8] 당시 총리는 그 질문에 그렇다고 대답했다. 대부분의 당 동료들과는 상반된 의견이었다.

이런 이유로 메르켈과 당의 관계는 외적 성공에도 불구하고 내적 거리감이 있었다. 콜은 그녀의 정치적 재능과 실패에도 꿋꿋이 버티는 힘을 알아보고 그녀를 장관 및 당 부대표직에 앉혔다. 그런데 1998년 선거에서 패배한 이후 동독 출신이라는 그녀의 특성이 정치적으로 크게 부각되었다. 패배 후유증과 기민련의 기부금 스캔들을 서둘러 정리하고, 콜의 기존 시스템을 싹 갈아엎을 사람이 필요했는데, 당시 당을 새롭게 혁신하고 재편할 수 있는 사람은 동독 출신인 그녀밖에 없었다. 그녀의 부상은 서독 기민련의 관행과 도덕, 체질, 핵심 정치인에 대한 통일 독일의 해고 선고나 다름없었다.

기민련에서는 지금도 많은 사람이 그때의 일을 원망하고 있다. 그들에게 메르켈은 그 사건으로 생겨난 트라우마의 원흉이었다. 좀 더 순화해서 표현하자면, 자기들 당에 불쑥 찾아온 손님에 지나지 않았다.

메르켈은 감정을 드러내는 법이 없었고, 남들도 그녀를 스스로 감정 분출을 허용하지 않는 사람이라고 믿었다. 그러나 임기 말에 가까워질수록 그녀 역시 실망감으로 괴로워하고 있다는 사실이 점점 더 자주 드러났다. 지난 몇 년 동안 몇 번 되지 않는 감정 분출이 그녀의 실망감을 잘 보여 주었다. 2015년 9월 15일 난민과의 다정한 셀카로 괜한 파동을 불러일으켰다는 비난이 쏟아졌을 때 그녀는 이렇게 말했다. 「위기에 처한 사람에게 다정한 표정을 지은 것을 사과해야 한다면 여긴 내 나라가 아닙니다.」[9] 그녀는 그 비난을 자기만의 전형적인 방식으로 막아 내며 그 뒤에 숨었다. 독일이 어떤 나라인지 세계에 보여 주는 것은 그녀와 난민의 사진이 아니라, 뮌헨 기차역에서 난민을 환영하는 다정한 시민들의 사진이라는 것이었다. 이로써 독일이라는 나라를 방패막이로 끌어들였다. 「우리는 세계에 다정한 얼굴을 보여 줘야 합니다.」[10] 난민 행렬이 밀려온 지 불과 며칠 만에 이 사건이 단순히 국경과 외국인 관청, 긴급 숙소의 문제만이 아님을 모두가 느꼈다. 내부의 비상사태이자, 그녀와 독일을 몹시 지치게 만드는 예외 상황이었다.

어쩌면 그것은 개인적 비상 상황이기도 했다. 2015년 7월, 메르켈은 로스토크에서 여학생들과 토론을 벌였다. 팔레스타인 출신의 한 여학생(이름은 렘 사윌이다)이 미래에 관한 계획을 세울 수 없고, 늘 추방에 대한 두려움을 안고 사는 것이 얼마나 힘든 일인지 이야기했다. 「저는 대학교에 들어가 공부를 계속하고 싶어요. 남들은 인생을 즐길 수 있는데 저는 함께할 수 없는 것이 정말 견디기 힘들어요.」[11] 이때 총리는 몇 달 뒤 역사적 차원에서 다시 철회하게 되는 말을 한다. 우선 소녀에게 정치인의 딜레마를 설명했다. 개별 경우에는 어떤 정치인이든 즉시 긍정적인 결정을 내리고 싶어 하지만, 레바논과 아프리카에서 유럽으로 들어오려고 대기하는 사람이 〈수천수만 명〉에 이른다는 사실을 알게 되면 상황은 달라질 수밖에 없다는 것이다. 「안타깝지만, 우리는 그렇게 할 수가 없어요.」

여기까지는 평범했다. 그런데 소녀가 울기 시작했고, 메르켈도 울컥했다. 「우리도 너희를 그런 상황에 빠지게 하고 싶지 않아. 네가 힘든 시간을 보내고 있다는 것도 알아.」 그녀는 정치인으로서 역할을 내려놓고 소녀에게 다가가 위로했다. 그로써 비웃음을 샀다. 소셜 미디어에서는 총리와 팔레스타인 소녀에 대한 무자비한 난도질이 시작되었다. 수십만 명의 난민이 실제로 들어오기 훨씬 전임에도 과거 어느 때보다 극단적인 대립 양상이 노출되었다. 한쪽에서는 난민과 총리에게 욕을 퍼붓는 사람들을 피도 눈물도 없는 인간이라 비난했고, 다른 쪽에서는 그럴 것 같으면 그냥 다른 나라로 가서 살라고 비아냥거렸다. 소녀는 며칠 후『빌트 암 존타크Bild am Sonntag』와의 인터뷰에서 이렇게 말했다. 「총리님이 그렇게 솔직히 얘기해 주지 않았더라면 기분이 더 상했을 거예요.」[12]

『뉴욕 타임스』는 〈모든 것을 반전시키는〉 순간이었다고 보도했고,[13] 좀 더 냉정한 관찰자들은 메르켈이 변화를 일으켰다고 말했다. 어쨌든 6주 후 그녀는 여름 기자 회견에서 이렇게 밝혔다. 「우리가 이 일에 접근하는 동기는 분명 우리가 그걸 할 수 있기 때문입니다.」[14] 드디어 〈우리는 할 수 있다〉는 문장이 나왔고, 이것은 향후 몇 년 동안 그녀의 모토가 되었다. 누군가에게는 희망찬 약속이고, 누군가에게는 뼈아픈 실망이었을 구호다.

그즈음 또 다른 위기가 시작되고 있었다. 총리가 계속해서 재선될 정도로 훌륭하게 대처한 많은 위기 중 하나였다. 아울러 메르켈 총리의 거대한 결산표도 시작되었다. 코로나 위기와 놀랄 정도로 비슷한 결산표였다. 그녀는 차단과 개방이라는 가능한 정책적 경로 중 하나를 명확하게 선택한 것이 아니라 하나를 요구하면서 다른 하나의 길을 열어 주었다.

샤이어 나라의 메르켈

2015년의 몇 주는 한편으로 그녀를 노벨 평화상 후보에 오르게 할 정도로 빛나는 시기였다. 각성 체험과 비슷하다고 할까! 메르켈이라는 인물이 처음으로 명확히 드러나는 순간이었다. 그녀는 마침내 진정한 신념을 드러냈고, 마침내 전 지구적 기후 위기와 빈곤 위기에 적극적으로 나섰고, 마침내 목사의 딸에서 진정한 그리스도인으로 거듭났고, 마침내 주저 없이 행동했고, 또 마침내, 마침내, 마침내…… 총리직에 자기만의 색깔과 의미를 부여했다.

하지만 다른 한편으로는 실망과 분노를 불러일으켰다. 그 무렵 자신들의 〈샤이어〉에서 추방되었다고 느끼는 사람들로부터 말이다. 쾰른 대학교 심리학자 슈테판 그뤼네발트는 J. R. R. 톨킨의 소설 『반지의 제왕』에 나오는 이 은유를 사용해 난민 위기 이전의 독일을 묘사했다.[15] 소설 속 샤이어 마을에 사는 호빗은 평화롭고, 안온하고, 게걸스럽게 먹고, 누구로부터도 방해받고 싶어 하지 않는 종족이다. 평온하게 살아가는 그들은 언덕 뒤에서 적이 나타나 자신들의 손에서 맥주잔을 빼앗을 때에야 외부의 위협과 도전을 알아차리고 불같이 화를 낸다.

그뤼네발트에 따르면, 그런 샤이어는 메르켈의 통치 기간에 생겨났다. 그녀는 평온하게 사는 사람들에게 조금씩 부담을 안겨 주었고, 그것은 그녀에 대한 커다란 정치적 실망감을 불러일으켰다. 샤이어 주민들은 변화를 원하지 않았고, 더 많은 성취욕과 개인적 책임에 별 관심이 없었다. 그런데도 총리는 그런 호빗들에게 계속 불안한 메시지를 던졌다. 「우리 유럽 연합의 인구는 세계 인구의 7퍼센트에 지나지 않습니다. 분명 많지 않지요. (……) 반면에 유럽 연합의 GDP는 세계 총생산(GWP)의 약 25퍼센트를 차지합니다. 또한 사회 복지 금액은 세계의 50퍼센트에 육박합니다. 그것은 우리가 어떤 도전에 직면해 있는지를 보여 줍니다.」[16]

메르켈이 한때 매우 진지하게 여긴 이 인상적인 수치들은 사실 베를린 정가에서는 모든 정치 진영의 다목적 무기로 사용되다가 퇴색한 자료였다. 그것들은 국경 개방에 대한 찬반 도구로 사용되기도 하고, 이주민들의 과감한 통합 정책에 대한 찬반 도구로 사용되기도 했으며, 자유 무역이나 유럽 연합 공동의 경제 정책에 대한 찬반 도구로 사용되기도 했다. 메르켈은 이 수치들을 원래 독일에 더 많은 혁신과 열정, 근면함, 투자를 고무하려고 꺼내 들었다. 그런데 일이 엉뚱하게 흘러갔다. 그것은 그녀 자신이 지난 16년간 실용 정치를 통해 유권자들의 머릿속에서 지워 버린 사회적 문제의식을 요구했기 때문이다. 메르켈은 2005년 선거에서 승리한 날 밤 동지들에게 약속한 〈명확한 콘셉트 전환〉[17]을 달성하지 못했다.

능력과 재분배의 관계에 대해 이야기하는 걸 들어 보면, 그녀는 꼭 유령 열차에 탄 귀여운 유령 같다. 사람들은 〈유령이다!〉라고 소리 지르고는 잠시 겁먹은 것에 대한 보상으로 얼른 솜사탕 가판대로 달려간다. 「사회와 국가를 움직여야 할 일이 있을

때 정작 그녀는 없습니다.」 그녀의 동지가 한 말이다. 대신 그녀
는 스스로를 시대 흐름의 인질로 삼았다.

메르켈은 시민들의 이런 현실 거부에 크게 실망했지만, 시민
과의 대화나 타운 홀 미팅, 토론회장에서는 대개 그런 감정을
매우 조심스럽게 숨긴다. 다만 미간을 찡그리거나 약간 짜증스
러운 눈빛을 보이기는 한다. 그럴 때면 화가 난 게 아니라고 주
장하지만, 그렇게 보이는 것은 어쩔 수 없다. 마지못해 단답형
으로 대답하는 것만 봐도 그녀가 시민들의 그런 태도에 얼마나
넌더리가 났는지 알 수 있다.

2015년 9월 3일 아름다운 늦여름 저녁에 메르켈은 스위스 베
른 대학교에서 명예 박사 학위를 받았다. 인사말과 치사, 명예
박사 학위 수여, 감사 연설, 학생들과의 대화가 예정되어 있었
다. 그 시각 부다페스트 기차역에서는 상황이 극단으로 치닫고
있었다. 몇 시간 안에 어떤 결정이든 내려야 했다. 그때 한 중년
여성이 물었다. 「총리께서는 우리 문화를 어떻게 보호하고 싶으
십니까?」

총리는 눈살을 찌푸리고 두 팔을 살짝 들어 올리더니 말했다.
「두려움에 질린 문화와 사회는 미래를 지배하지 못합니다. 물론
모든 사람에겐 우리의 종교를 선택할 기회와 자유가 있습니다.」
이런 식으로 그녀는 유럽으로 오고 있는 많은 난민과 유럽 시민
사이의 근본적인 차이점을 청중에게 상기시켰다.[18] 그런데 그게
끝이 아니었다. 메르켈은 이때 몇 안 되는 자기만의 어록을 하
나 만들어 낸다. 「누군가 이슬람을 믿는다고 비난하는 것은 있

을 수 없는 일이에요. 그래야 우리도 그리스도인이라고 당당하게 밝힐 수 있으니까요. 예배를 드리고 성경적인 삶을 살려고 노력하는 것도 마찬가지예요. 얼마든지 그렇게 할 수 있어요. 만일 당신이 독일에서 오순절이 무슨 의미인지 아이들에게 에세이를 쓰게 한다면 나는 이렇게 말할 거예요. 서양의 기독교 전통에 대해 잘 모르신다고요. 이슬람교도들이 성경보다 코란을 더 잘 안다고 불평하는 건 내가 볼 때 좀 이상한 일이에요. 어쩌면 이 논쟁은 우리가 우리 자신의 뿌리를 되돌아보고 그에 대해 좀 더 잘 아는 계기가 될 수도 있다고 생각해요. (……) 우리는 오만할 이유가 전혀 없어요.」[19]

분명 스위스 국민만을 대상으로 한 것이 아닌 이 말은 집권 10년 후의 좌절을 잘 드러내고 있다. 임기 중 가장 힘든 몇 달이 목전에 있지만, 지금 벌써 독일의 위선적인 이중 잣대가 뼈저리게 느껴졌다. 점점 감소하는 독일의 인구 문제를 해결하려면 향후 몇 년 동안 이주민을 받아들일 수밖에 없는 처지임에도 말이다.

바로 이 지점에서 샤이어 전략은 한계에 봉착했다. 코로나 팬데믹 기간에 극에 달했던 한계다. 총리는 자국민에게 유연성과 관용만 기대했을 뿐 국민이 편안함을 포기할 수 있도록 적극적으로 설득하는 노력을 기울이지 않았다. 아니, 그 반대였다. 수년 동안 그녀는 타협했고, 샤이어의 구조 변경이 아니라 보존을 정책 목표로 삼았다. 또한 독일인들을 과학에 대한 자신의 호기심과 열정에 동참하도록 노력하지도 않았다. 그녀는 기후, 연금,

의료, 광대역 확대, 교육, 도농 격차, 경쟁력 같은 국가의 모든 구조적 문제를 머리로는 매우 정확히 설명할 수 있었다. 그러나 구체적인 정책 아이디어를 가지고 유권자들을 변화의 길로 설득하는 위험을 시도하지는 않았다. 재선이 우선이었다. 그녀는 자신이 통일과 함께 받은 가장 큰 선물인 자유의 가치조차 대단히 높이지도 않았다. 그것이 현재 위협받고 있는 게 아니라 다시 미래의 약속처럼 느껴질 정도로.

그녀는 16년 동안 자신이 잃은 유권자와 지지자, 당원에 대해서는 별로 개의치 않았다. 연합당이 충분히 집권할 수만 있다면 당과 지지층이 어느 정도 떨어져 나가는 것은 충분히 감수했다. 당내 비판가들은 그녀가 독일을 위한 대안당의 부상을 별 관심 없이 무덤덤하게 받아들인다고 비난한다. 이유는 분명하다. 독일을 위한 대안당이 연방 하원에서 강해질수록, 역설적으로 집권 여당으로서 연합당의 기반은 안정되기 때문이다. 이념적으로 점점 사회 민주주의 쪽으로 기우는 기민련과 확실하게 선을 긋기 위해 창설된 정당이 이제 기민련의 권력 기반을 오히려 강화해 주다니 아이러니하다. 원내에 어떤 정치 세력도 극우와 손잡을 수 없고, 잡으려고도 하지 않는 한 기민·기사 연합은 선거 결과가 나빠도 얼마든지 집권할 수 있다. 그들 없이는 누구도 과반을 넘지 못하기 때문이다. 총리가 2020년 튀링겐 사태 때 단호하게 개입한 것도 그것으로 설명된다. 그곳 기민련 동지들은 독일을 위한 대안당과 한 번쯤 공조하는 것도 그리 나쁘지 않다고 생각했는데, 그것은 기민련의 권력 기반을 흔들 수도 있는 일이었다.

　메르켈 전기 작가 랑구트의 말처럼 기민련 동지들은 이러한 〈권력에 대한 무조건적 의지〉의 혜택을 입었다. 그러나 당의 내실과 관련해서 안에서건 밖에서건 더 이상 도전을 받아들이지 않는 정당은 서서히 경직될 수밖에 없다. 연합당이 얼마나 석화되었는지 그들에게 명확하게 보여 준 한 젊은 남자가 있다. 퀴프 스타일로 머리를 파랗게 물들인 유튜버 레조다.

　〈기민련 파괴〉[20]는 레조가 2019년 5월 유럽 총선을 며칠 앞두고 공개한 영상의 제목이다. 기민련의 정체 상태에 대한 고발이자, 실용주의 정부에 대한 비난이자, 권력을 위해서라면 모든 것을 버리면서 미래를 위해서는 아무것도 하지 않는 그들의 행태에 대한 항의였다. 한 시간짜리 독백 영상에서 레조는 불평등과 기후, 디지털 문제에 대한 정부의 실패를 진단한다. 이 영상은 며칠 만에 조회 수가 5백만 회를 넘었고, 2년 뒤에는 무려 1천8백만 명이 시청했다.

　영상은 환경 단체 〈미래를 위한 금요일〉에 관한 이야기로 시작된다. 부모 세대를 향해 기후 보호에 더 많은 노력을 기울여 달라는 시위에서 출발한 이 단체의 이야기는 젊은 층에 대한 기민련의 정치적 배신과 연결된다. 기민련은 일종의 쇼크성 마비에 빠진다. 그들은 일단 자신들의 젊은 희망인 필리프 암토어가 주연으로 등장하는 반박 영상을 제작하기로 한다. 그런데 당 지도부가 보기에 반박 영상의 내용이 너무 과감한 듯했다. 그 때문에 몇 페이지짜리 PDF를 제작해 입장을 밝히면서 레조 영상의 영향을 반감시키려 했다.

기민련 지도부는 이 사건의 폭발성을 간과했다. 메르켈 시대에 정치적으로 사회화 과정을 거친 세대의 상당수가 진저리를 치며 기민련에 등을 돌렸다. 정치적 타협에 대한 경멸은 그들의 지당한 권리였다. 그렇다면 그에 답하는 것은 기성세대의 의무였다. 그런데 늘 반복되어 온 세대 갈등이 여기에도 표출되었다. 젊은이들은 혁명을 요구한 것이 아니었다. 레조는 부실한 통치 행위와 무능한 정치인, 부패한 메커니즘을 신랄하게 비판했다. 많은 점에서 그의 말이 옳다. 젊은이들이 원하는 것은 거대한 정치 프로젝트나 미래에 대한 비전, 새로운 프로그램이 아니다(기후 보호는 예외다). 그들은 그저 정치인들이 상식에 맞고 성실하고 유능하고 정확하게 일해 주기를 바랄 뿐이다.

미래 세대의 요구가 이렇게 소박했던 적은 거의 없다. 그런데 그런 요구조차 충족시켜 주지 못했다는 것이 영원한 여당인 기민련으로선 당혹감을 넘어 충격이었다. 아니, 참담했다. 그와 함께 메르켈 정부의 큰 약점이 들춰졌다. 즉, 어떤 문제를 시작하긴 하지만 정상적으로 끝맺지 못한다는 것이다. 실수를 인정하면서도 바로잡지 못하는 정치인들의 형태가 젊은 세대에게 주는 것은 단 하나다. 깊은 실망감. 새천년 첫 20년 동안 독일 땅에 펼쳐진 샤이어의 나라는 더 이상 그들과 아무 관련이 없었다.

인물과 이야기

총리는 늘 하던 대로 반응했다. 중앙당과 새 지도부의 잘못을 지적하고, 그로써 유튜브 영상에 하필 〈메르켈 정부의 파괴〉라는 제목이 붙은 사실도 의도적으로 외면했다.

내각에서 쓰는 수법도 비슷했다. 그녀는 내각 수반으로서 어떤 일을 직접 나서서 끌고 나가는 것이 아니라 각료들에게 변화의 공간만 마련해 준다. 한 전직 각료가 메르켈의 리더십을 설명하는 말이다. 그런 여지를 활용할 줄 아는 사람은 정치적 성공을 거두고, 활용할 줄 모르는 사람은 떠나야 한다.

실제로 어떤 일을 구체적으로 이루기 위해 메르켈에게 필요한 것은 정치적 계획이나 전당 대회의 결정이 아니다. 대개 연정 협정문에 명시되어 있거나 위기 상황에서 자연스럽게 생겨나는 전권과 적절한 타이밍이다.

정치적 현실에 결정적인 두 가지 요소가 있다. 정치적 실현을 위해 자기 한 몸을 헌신할 인물이 있는가? 그와 관련해서 시민들이 이해하고 좋아할 만한 스토리가 있는가?

연정 협정문은 항상 타협의 산물이기에 실망스러울 수밖에 없다. 그런데 하원에서 대개 가장 큰 정치 세력인 기민·기사 연합이 연정 협상에서 내용적으로 가장 양보를 많이 한다는 사실은 퍽 아이러니하다. 그들은 스스로를 영구 집권당으로 보기 때문에 잠깐 함께하는 연정 파트너는 연합당에 특별한 대우를 요구할 수 있다. 4년 뒤에는 교체될 수도 있다는 점을 감안해야 하기 때문이다. 사실 기민·기사 연합과의 연정은 파트너 정당들에 별로 득이 되지 않는다. 예를 들어, 두 번의 〈대연정〉을 거치면서 사민당은 쪼그라들었다. 자민당은 2013년 총선에서 참패하면서 정부뿐 아니라 스스로도 큰 피해를 봤다. 그 트라우마는 2017년에도 영향을 끼쳤다. 자민당 당수 린드너는 〈잘못된 통치〉[21]에 대한 우려를 표명하면서 기민련 및 녹색당과의 연정을 포기했다. 실제로는 4년 전과 같은 몰락을 두려워했지만.

연정 협정문에는 무엇을, 언제, 어떻게 실행할지 구체적인 내용이 명기되지 않고, 정부가 행동할 수 있는 큰 틀만 제시된다. 게다가 갑자기 발생하는 위기 상황에 대한 언급도 없다.

총리는 주력 과제를 찾고 지정하는 일을 책임졌으며, 나머지는 전문 장관에게 맡겼다. 탈원전이라는 국정 과제에는 인물도 있고 이야기도 있었다. 게다가 후쿠시마 원전 사고에 따른 동력도 분명 존재했다. 원전의 조속한 폐쇄에 반대하는 사람은 거의 없었다. 이 과제를 추진할 적임자는 환경부 장관 뢰트겐이었다. 그는 몇 달 전 적록 정부의 원전 정책을 유지하면서 가동 시간의 부분적 연장만 주장했다. 그러면서 원자력이 기후 목표 달성의 왕도라고 여기는 연합당의 보수파들에게 일부러 시비를 걸었다. 물론 연방 의회에서 후쿠시마 원전 사고 이후의 〈학습 과정〉과 〈혁명〉에 대해 얘기했을 때는 신랄한 조롱을 받았다.[22] 하지만 연합당이든 자민당이든 이 문제에서 그만 한 적임자는 없어 보였다. 그전에 그는 이미 이 문제 해결의 올바른 방향에 서 있었다.

병역 의무 문제에서도 적합한 인물과 이야기가 있었다. 늠름하고 절도 있는 국방부 장관 구텐베르크는 독일군을 전문적 직업군으로 편제할 21세기 독일군의 간판이었다. 반면에 라이프치히 전당 대회에서 메르켈이 약속한 대대적인 개혁 문제에서는 인물과 이야기, 둘 다 없었다. 특히 연합당과 자민당으로 구성된 정부에서는 말이다. 다른 나라도 아니고 〈사회적 시장 경제〉로 공정 자본주의의 창시자로 꼽히는 나라에서, 제대로 된 경제 정책에 관심을 가진 사람이 없다는 것은 놀라웠다. 경제 부처는 축구 우승컵처럼 연정 파트너들이 돌아가면서 맡았다. 큰 꿈을 품은 정치인치고 기업들의 손에 놀아나고 싶은 사람은 아무도 없었다. 게다가 정치적 무게 중심이 이미 재무부로 넘어간 지 오래였다.

법인세 개혁에 필요한 정치 인력은 소리 소문 없이 떠나갔다. 슈뢰더가 〈하이델베르크의 교수 나부랭이〉라고 조롱했던 메르켈의 그림자 장관 키르히호프는 이미 오래전에 상아탑으로 돌아갔다. 자민당 당수 베스터벨레는 여전히 당원들에게 곧 세금 인하가 있을 거라고 큰소리쳤지만, 자민당은 물론이고 연정 내부에도 이 프로젝트를 실현할 인물이 없었다. 더 나쁜 것은 시대 흐름이 바뀌면서 그 계획이 아예 물 건너가 버렸다는 것이다. 금융 위기가 끝날 무렵 너무 힘센 정부에 대한 불만의 목소리는 더 이상 기를 쓰지 못했다. 이때 재무부 장관 쇼이블레가 새로 강력하게 부상했다. 그는 장관 업무를 시작하기도 전에 이미 머릿속에 자기만의 이야기를 갖고 있었다. 부채 없이 세출과

세입을 맞춘 〈균형 예산〉이 그것이었는데, 이는 세금 인하 이야기보다 더 강력했다.

그렇다면 메르켈은 어떨까? 네 번의 총리 임기 동안 아데나워의 서방 동맹, 브란트의 동방 정책, 콜의 독일 통일, 슈뢰더의 어젠다 2010에 버금갈 만한 개인적 성취는 없었다. 다만 유로화 위기와 금융 위기 같은 비상 상황에서는 그녀의 정치력이 빛났다. 그것도 변화의 전망이 아닌, 되도록 빨리 일상의 삶으로 돌아갈 거라는 약속으로 말이다.

위기는 점점 더 짧은 간격으로 찾아온다. 이제는 정상이라는 개념에도 많은 의문 부호가 달린다. 코로나 팬데믹 이전처럼 1년에 서너 번 여행을 떠나는 게 정상일까? 아니면 기후 위기 때문에 더는 해외여행을 가지 않는 게 정상일까? 회사로 출근해서 일하는 게 정상일까, 아니면 재택근무가 정상일까? 기업인 수당과 무조건적 기본 소득, 단축 근무 손실 보전금은 비상 대책일 뿐일까, 아니면 뉴노멀일까? 이런 질문은 선거 기간에만 제기되지 않고, 이제는 일상에서도 얼마든지 제기될 수 있다. 앞으로 위기는 언제든, 그것도 복합적으로 발생할 수 있기 때문이다. 메르켈은 이런 상황을 2021년 1월 기민련 전당 대회에서 열정 없는 연설로 간략하게 설명했다. 「우리는 항상 집권에 도움이 되는 행위 가능성을 지속적으로 찾아 내야 합니다.」[23] 그렇다. 그녀에게 가장 중요한 가치와 목표는 집권 능력이다. 그녀는 그에 대해 어떤 의심도 허용하지 않는다. 그렇다면 이런 상황에선, 그것도 최소한 민주주의 사회에선 단 하나의 성공적인 통치 형태만 존재한다. 우아하지 않고, 환상적이지 않고, 일관성 없을 때가 많은 거친 통치 형태다. 그것이 메르켈이고, 16년 동안 보여 준 기민련의 모습이다.

8
재앙

2021년 3월 어느 수요일, 베를린 정치 무대 관찰자들의 눈에 예전과 달라진 듯한 총리의 모습이 똑똑히 포착되었다. 그날 이른 아침, 전용차를 타고 총리청 앞에서 내린 총리는 머리 손질과 화장을 하지 않았고 피곤해 보였다. 아직 잠이 덜 깬 사람처럼 고개를 내민 채 약간 구부정하게 걸었다. 겨자색 블레이저 때문에 얼굴이 더 창백해 보였다. 사진사가 측면에서 찍은 사진은 곧장 부속실로 넘어갔다. 그날 늦은 시각에 메르켈은 독일 국민에게 사과할 일이 있었다. 이례적인 사건이었다.

총리의 측근들은 누가, 언제, 어떻게, 어떤 거리에서 총리의 사진을 찍을지에 대해 임기를 시작할 때부터 세심하게 주의를 기울여 왔다. 그로 인해 좋지 않은 이미지 노출이 드물어졌다. 그러다가 그런 사진들이 다시 나타난 것이다. 그날 메르켈은 제3차 코로나 유행을 막기 위한 〈부활절 셧다운〉* 싸움에서 결국

---

* 원래의 부활절 공휴일에 이틀을 더해 총 5일간 집에서 쉬게 함으로써 3차 대유행을 막으려 했던 메르켈의 계획(부활절 셧다운)은 경제계의 반발과 다른 여러 가

백기를 들었다. 그런데 그날의 모습은 단순히 정책상 패배를 넘어 이미지 추락을 의미했다. 잘못 고른 비즈니스 룩을 입은 지친 노부인의 모습이었다. 그 사진은 위기에서 이 나라를 조종하던 그녀의 능력과 영향력이 쇠퇴하고 있음을 보여 주는 상징이었다.

위기의 구원자에서 위기의 총리로

메르켈은 위기의 구원자일까? 그렇다. 여러 복잡한 이해관계를 중재하고 균형을 맞출 힘이 있는 동안은 그랬다. 코로나 팬데믹에서 그녀는 처음엔 성공적인 정치에 필요한 모든 것을 갖고 있었다. 그러나 결국 그녀의 손에 남은 것은 절망에 빠진 사람의 용기뿐이었다. 코로나 위기는 임기 동안 그녀의 정치적 경력에서 고점이면서 저점이자, 종점이었다. 독일이 유럽에서 위기를 가장 잘 극복했다고 칭찬이 자자하던 2020년 봄과 여름이 정점이었다면, 이듬해 3월 주지사들과의 회의에서 내린 결정이 결국 실행 불가한 것으로 판명되었을 때는 바닥이었다. 종점은 9월 총선 이후 스스로 선택한 정치적 은퇴였다.

코로나 팬데믹의 마지막 국면에서 성공과 실패는 역사적으로 총리의 이미지만 결정지은 것이 아니다. 메르켈 치하에서 영원한 집권 여당으로서 입지를 굳게 다진 기민련과 그 형제당 기지 문제로 인해 결국 철회되었다.

사련도 그로 인해 쇠퇴할 위기에 처했고, 포스트 코로나 시대에 독일과 유럽이 여전히 세계에서 주도적 역할을 할 수 있을 거라는 전망에도 의문 부호가 찍혔다.

임기 마지막 18개월 동안 메르켈은 총리로서 최고의 자질과 최악의 자질을 다시 한번 극명하게 드러냈다. 그녀는 일단 해야 할 일을 정확히 알고 행동으로 옮기는 냉철한 정치인이었다. 게다가 코로나 감염률이 어떻게 기하급수적으로 증가하는지 굳이 설명할 필요가 없는 과학자였고, 독일과 유럽 내의 그 어떤 사람보다 경험이 많고 그것을 적절히 활용할 줄 알았다. 그녀가 자기만의 정치적 의제나 다음 선거에 나올 욕심이 없다고 다들 생각했기에 신뢰성 면에서 그녀를 따라올 사람이 없었다. 또한 권위까지 갖추고 있었다. 독일인들은 메르켈 총리 같은 사람이 자신들에게 〈위기에 대한 지침〉을 내리고 있다는 사실에 안도했다.[1]

그녀의 대처 능력은 성공적이었다. 첫 번째 대유행의 파고를 병원들에 큰 부담을 지우지 않으면서 잘 넘겼다. 이후 감염자 수가 감소했다. 그것도 유럽의 이웃 국가들과 달리 단 한 차례 중급 봉쇄만으로 이뤄 낸 성취였다. 더구나 해외에 나갔다가 비행기가 없어 낭패를 겪는 독일인 20만 명이 외무부의 긴급 조치로 무사히 고국으로 돌아왔다. 기업들에는 긴급 자금이 지원되었고, 불완전 고용 상태의 근로자에게는 단축 근무 손실 보전금이 지급되었다. 슈퍼마켓 진열대에는 화장지와 효모, 설탕이 다시 채워졌고, 마스크는 저렴한 가격에 제공되었으며, 경제는 속도를 냈다. 독일이 또다시 해냈다. 사람들은 만족과 안도감에 젖어 총리의 현명함과 주지사들의 냉철함, 국민의 규율성이 유럽에서 독일만의 유례없는 특별한 길을 완수해 냈다는 감정에 푹 빠졌다. 독일은 다시 유럽의 모범이 되었고, 사람들은 높은 지지율로 메르켈 총리에게 감사를 표했다.

그러나 안타깝게도 바이러스는 독일의 이런 상황을 알 리 없었고, 또한 독일이라고 특별히 봐줄 이유가 없었다. 이른바 유럽의 모범 국가에도 2차 유행이 덮쳤다. 이후 몇 개월 동안 메르켈은 모범적인 위기 극복 지도자에서 무력한 진행자로 추락했다. 겨울에 감염자가 다시 늘었을 때 그녀의 권고는 주지사들에게 더는 먹히지 않았고, 의회는 투덜댔으며, 국민은 각자 마음대로 행동했다. 어떤 주에서는 규제가 완화되었고, 어떤 주에서는 새로운 실험이 실시되었으며, 크리스마스 시즌은 예외로 하자는 협의가 이뤄졌고, 송년회 이후 규제는 다시 엄격해졌다. 시민들은 각자 재량에 따라 움직였다. 다수는 여전히 마스크 착용 의무와 거리 두기, 위생 권장 사항을 지지했지만, 그와 동시에 온갖 권고에도 불구하고 재택근무자 수는 줄고, 이동은 늘고, 가족들은 다시 모이기 시작했다.

바이러스가 변하고 있었다. 전파력이 더 강하고 더 위험한 변종이 무서운 속도로 확산되었다. 그런데 정작 독일에서는 언제 미용실에 갈 수 있느냐가 가장 큰 관심거리인 듯했다. 그에 비하면, 코로나로부터 노인과 요양원을 여전히 지키지 못하고, 특히 수천 명의 노인이 중병에 걸려 죽어 가고, 어린이와 청소년, 대학생이 학교에 가지 못해 제대로 배울 기회를 놓치고, 11월과 12월에 수십억 유로의 코로나 지원금이 신속하게 집행되지 못하고, 많은 보건 관련 관청이 여전히 로베르트 코흐 연구소에 보고서를 내고 있다는 사실은 부차적인 문제로 보였다. 2차 유행과 3차 유행 초기에 결국 정부는 현실에 대한 통제력을 잃었다.

저점은 2021년 3월 말이었다. 정부는 방금 결정된 부활절 휴일 연장에 대한 긴급 인터뷰에서 여러 질문에 제대로 답하지 못했다. 강제로 지정된 휴일 동안 안전은 누가 책임지는가? 보건 시스템의 안정성은 누가 책임지는가? 휴일은 유급 휴가인가, 무급 휴가인가? 유급이라면 비용은 고용주가 대는가, 정부가 대는가? 트럭 운전사들이 최단 시간 안에 그렇게 많은 양의 기저귀와 채소, 냉동 피자를 슈퍼마켓에 운송할 수 있는가? 당국은 이 질문 중 어떤 것에도 만족스럽게 대답하지 못했다. 결국 메르켈은 사안 자체를 원점으로 돌리면서 16년 만에 처음으로 아주 솔직하게 실수를 인정했다. 「이것은 전적으로 제 잘못입니다. 모든 것에 대한 최종 책임은 결국 저한테 있기 때문입니다. (……) 혼선을 빚게 한 점에 대해 국민 여러분께 사죄드립니다.」[2]

전후 최대 위기 중 하나인 코로나 위기에서 연방 국가는 너무 큰 부담에 짓눌렸다. 전체가 감당할 만한 통일적 전략은 더 이상 불가능했다. 그런 와중에 총리와 주지사들이 비밀리에 가진 화상 회의가 외부에 고스란히 노출되었다. 총리와 주지사들, 총리청 장관은 자기들 말고 이 회의에 누가 참석하고 있는지 꿈에도 몰랐다. 누군가 몰래 핸드폰으로 회의 장면을 주요 신문사 편집국으로 전송하고 있었다. 결국 이 작은 회의에서 오간 말과 제안이 실시간으로 전달되었다.

정치학자 아르민 셰퍼와 미하엘 취른은 이렇게 말한다. 「위기는 고도의 정치적 행위이면서 동시에 이상한 비정치적 행위다.」[3] 위기의 순간은 모든 기대가 총리에게 쏠린다는 점에서는 매우 정치적인 반면, 민주주의적 메커니즘을 무력화한다는 점에서는 비정치적이다. 당시 총리와 주지사들은 합법화되지 않은 회의를 열어 중요한 결정을 내렸다. 그로 인해 실질적 입법 기관이자 국민의 대의 기관인 연방 하원은 엑스트라로 밀려났고, 독일의 강점으로 여겨지던 연방주의가 갑자기 문제로 등장했다.

총리에 반기를 든 주지사들

2009년 이후 경제 호황기에도 연방주들은 자체적으로 많은 일을 했고, 그 대가로 연방 정부로부터 수십억 유로의 지원을 받았다. 형편이 넉넉한 연방주와 그렇지 못한 연방주 간 재정 균형은 매출세액 담당 연방 재분배 기관이 맞추었다. 학교와 대학교는 연방 보조금에 의존했고, 어린이집 확충도 연방 정부의 재정 지원에 점점 더 많이 기댔다. 난민 숙소 관리나 노년층에 대한 기본 보장도 마찬가지다. 코로나 팬데믹 초기에 연방주들은 재정적으로 수십억 유로 규모의 여유가 있었다. 물론 내용적으로 보면, 그들이 주로 담당하는 분야는 의료와 문화 일부, 그리고 교육과 경찰이었다. 주지사들은 풍요로운 재정 상태에서 황금기의 습성에 젖어 코로나 같은 위기 상황에서 어떻게 대처해야 하는지 잊어 버렸다.

팬데믹이 시작되고 몇 주 지나자 벌써 지원금 규모와 정치적 이해득실을 두고 줄다리기가 시작되었다. 그것은 같은 시기에 막을 올린 총리 후보직 경쟁으로 더욱 불이 붙었다. 2020년 4월 노르트라인베스트팔렌 주지사 라셰트가 독자 노선의 시동을 걸었다. 몇 개월 뒤 메르켈의 후임으로 당 대표에 오를 사람이었다. 「내가 볼 때는 (……) 모든 것을 너무 바이러스학적으로만 생각하는 것 같습니다.」 4월 19일, 공영 라디오 〈도이칠란트풍크〉에서 라셰트가 말했다.[4] 그러면서 이제는 정치인들이 다시 운전대를 잡아야 하고, 첫 봉쇄령을 완화하는 결정을 내려야 한다고 요구했다. 몇 주 뒤 그는 총리와 주지사들의 대표가 취하는 강력한 규제 방침에 반대하는 그룹의 대표자가 되었다. 여기서 주지사들의 대표는 2020년 9월까지 바이에른 주지사 죄더였는데, 그 역시 몇 달 뒤 총리 후보직 경쟁 대열에 성큼 합류했다.

여름에는 라셰트의 말이 옳아 보였다. 그러나 가을이 되자 상황이 바뀌었다.

10월에 감염자 수가 폭발적으로 늘었다. 그럼에도 일부 주지사들은 신속하고 강력한 대응을 거부했다. 총리는 경고도 하고 간청도 했다. 아울러 수일 내 감염 속도가 얼마나 빨라질지 수

학자들에게 다시 한번 계산을 의뢰하고는 결과를 발표했다. 그러나 소용없었다. 주지사들의 눈에는 부모의 피로감, 자녀들의 교육 부진, 자영업자와 소상공인들의 절망밖에 보이지 않았다. 물론 그들의 판단은 틀렸다. 「우리는 잘못 행동하지 않았습니다. 다만 충분히 행동하지 않았을 뿐입니다.」[5] 바덴뷔르템베르크 주지사 크레치만은 불과 몇 주 뒤 자신의 실수를 인정하며 말했다. 튀링겐 주지사 라멜로도 이듬해 1월 자신의 〈쓰라린 실수〉를 입에 올리면서 메르켈에게 경의를 표했다. 「그녀가 맞았고, 내가 틀렸습니다.」[6]

총리는 지난 몇 년간 연방주들과의 관계를 소홀히 한 대가를 이때 치렀다. 제왕적 총리로서 메르켈은 통치를 위해 주로 총리청의 자기 사람들만 중시했고, 아울러 다른 유럽 국가들의 정부 수반, 미국 대통령, 러시아 대통령, 중국 주석 및 총리와의 관계에만 주력했다.

코로나 팬데믹은 총리 개인에게만 정치적 종착점이 아니었다. 독일의 위기 극복 전략도 종말에 이르렀다. 위기 상황에서는 무엇보다 신속한 행동이 요구되지만, 독일 정치는 오히려 계속 발목을 잡는 시스템이었다. 모든 법안은 연방 하원에서 세 번의 심의를 거친 뒤 대개 연방 상원으로 넘어가고, 그러면 여기서 다시 중재 위원회로 회부될 때가 많았다. 그리고 이 모든 과정을 거치면 다시 하원으로 넘어가 최종 심의를 받았다.

따라서 위급한 상황에서는 정부 수반의 역할이 무척 중요했다. 금융 위기, 쓰나미 위기, 유로화 위기, 난민 위기와 마찬가지로 총리는 코로나 팬데믹 상황에서도 일치된 행동과 결정이 중요하다면서 전권을 주장했다. 그러나 이전의 위기들과 달리, 전염병 보호법에는 팬데믹 퇴치를 위한 주요 권한이 연방주에 있다고 명기되어 있었다. 게다가 이번에는 주지사 두 명이 그보다 더 큰 권한을 원했다. 라셰트와 죄더는 나중에 메르켈의 후임 자리를 놓고 다퉜다. 처음에는 물밑에서, 나중에는 대놓고 치열하게 전개된 이 내부 선거전은 코로나 논쟁에 한층 더 불을 붙였다.

11월에야 총리와 주지사들은 극심한 대립 끝에 강력한 이동 금지 결정을 내렸다. 크리스마스 휴일은 연장되었고, 크리스마스 시장은 열리지 않았고, 강림절 노래는 들리지 않았고, 유치원에서는 쿠키를 굽지 않았고, 새해를 축하하는 불꽃놀이도 없었다. 그 무렵 중앙 정부와 주 정부의 관계는 이미 심각하게 파탄나 있었다. 11월 26일에 총리의 성명이 나가자 기민·기사 연합의 원내 대표 브링크하우스는 폭발했다. 「연방 정부와 주 정부의 재정 분담 방식이 옳지 않다고 생각합니다.」 그가 연방 의회에서 작심하고 비난했다. 「연방주와 지방 자치 단체는 세수의 절반 이상을 가져갑니다. 나는 앞으로 연방주들이 항상 결정을 먼저 내려 놓고 나중에 연방 의회에 청구서를 제출하지 말고, 재정적으로 충분히 검토한 뒤 의회에 제출해 주기를 바랍니다.」[7] 이 발언은 기민·기사 연합뿐 아니라 사민당과 녹색당, 자민당으로부터도 박수갈채를 받았다.

전투가 시작되었다. 주지사들은 분노했다. 이제 전선은 두 개

로 확장되었다. 바이러스와의 전투와 서로에 대한 전투였다. 정
치인 중에서 여전히 지지율이 가장 양호한 사람은 메르켈이었다.
그러나 그녀의 별은 지고 있었다. 1월에 부모들은 휴교 조치에 강
력히 항의했고, 노인들은 백신 접종 예약에 필사적이었으며, 대
부분 기업은 시간이 한참 지났는데도 11월 지원금을 여전히 받지
못하고 있었다. 이런 상황에서 확진자 수가 벌써 다시 증가하고
있었음에도 연방주들은 봉쇄 조치 해제를 원했다. 결국 메르켈과
주지사들은 3월에 박물관과 원예 시장, 미용실을 엄격한 조건하
에서 문 열도록 허용했다. 그런데 하필 그때 새로운 바이러스 변
종이 창궐하기 시작했다.

　계산서가 곧 도착했다. 병원은 다시 코로나 환자로 가득 찼다.
3월 말에는 반드시 3차 유행을 끊어 내야 했다. 총리와 주지사
들이 회의에서 내린 결정은 아직 효과가 거의 나타나지 않고 있
었다. 결국 총리는 자신의 패턴에 따라 전염병 관리 전환을 시도
했다. 자신이 다시 키를 쥐고 현 상황에 선제적으로 대응하고자
한 것이다. 그 결과가 〈부활절 셧다운〉 계획에 대한 대국민 사
과, 이어 ARD 프로그램 「아네 빌」 토크 쇼 출연, 그리고 비공식
채널로 영향력을 행사하던 주지사들에 대한 권력 박탈이었다.

여름잠

　코로나 극복에 책임이 있는 사람들은 지난 18개월 동안 단계

적 제한 조치와 긴급 지원, 관할권 다툼에만 치중하느라 전염병이 오래 지속될 경우에 대비해 감당할 만한 시스템을 갖춰야 한다는 것을 까맣게 잊고 있었다. 사태의 장기화 가능성을 누구보다 일찍 예감한 총리조차 적절한 행동을 취하지 않았다. 「그녀는 많은 사람처럼 희망을 품지는 않았습니다. 다만 손 놓고 구경만 한 셈이죠.」 저널리스트 카트야 글로거와 게오르크 마스콜로가 노르트라인베스트팔렌주 내무부 장관 헤르베르트 로일의 발언을 인용한 말이다.[8]

총리는 여름을 그냥 흘려보냈다. 그로써 감염률이 낮은 호기를 놓쳤다. 해당 부처들의 우수한 인력을 뽑아 특별 위기 대책반을 꾸리지 않았고, 제2차 및 제3차 팬데믹 유행에 대비한 전략도 짜놓지 않았다. 코로나 앱 개발을 외부 기관에 의뢰하기는 했지만, 정보 보호법에 따른 엄격한 규제를 지키게 했다. 이 앱으로 나중에 어떤 일을 할지는 보건부나 내무부는 물론이고 총리청에서도 정해져 있지 않았다.

디지털화를 위해 많은 돈이 학교에 지원되었지만, 연방주와 교육청, 심지어 교장까지 그 돈에 손을 대고, 학생들에게 필요한 기기들이 적절히 제공되는지 주의를 기울이는 사람은 거의 없었다. 보건 당국은 새로운 중앙 관제 소프트웨어를 지급받았지만, 그것을 가르칠 사람이 없었다. 경제부는 기업에 1차 긴급 자금을 서둘러 지급하고는 할 일을 다했다는 듯 태평했다. 이런 상황에서 추가 지원을 위한 효과적인 시스템이 구축될 리 없었다. 연방 정부는 백신 생산의 잠재력을 갖춘 업체에 투자하고 있었지만, 독일과 유럽에 백신을 생산할 공장이 충분한지에는 관심이 없었다. 모두 메르켈 시대에 자주 있던 일이다. 올바른 결정은 많았지만 전략이 없었다는 말이다. 게다가 임기 종료까지 몇 개월 남지 않은 상태여서 총리가 의지할 인력도 점점 줄어들고 있었다. 어쨌든 2020년 여름에는 규율과 통제 대신 희망이 만연했다.

코로나 앱을 예로 들어 보자. 약 2천7백만 명이 감염자의 동선을 보여 주는 앱을 스마트폰에 깔았다. 그런데 총리청장 브라운이 〈팬데믹 극복을 위한 큰 진전〉[9]으로 칭찬한 이 앱을 사용한 사람은 제한적이었다. 주로 교육 수준이 상대적으로 높고, 어차피 재택근무가 가능하면서 타인과의 우연한 접촉이 적은 사람들이었다. 반면에 훨씬 더 큰 위험에 노출된 슈퍼마켓 계산원이나 기차 승무원 중에는 앱을 설치한 사람이 많지 않았다. 게다가 작은 집에 사는 대가족은 서로 피하고 싶어도 피할 수가 없었다. 그런 사람들의 상당수는 이런 코로나 경보가 별 의미 없는 짓이라고 생각했다.

결국 새로운 경쟁 앱이 나오면서 그런 프로그램이 제 기능을 하려면 어찌해야 하는지 잘 보여 주었다. 그제야 정부 여당도 우여곡절 끝에 자신들의 앱에 백신 접종 증명서와 신속 항원 검사 결과 인증 기능을 장착하기로 결정했다. 무려 9개월이라는 시간과 1억 유로라는 비용을 들인 뒤에야 이루어진 결과였다. 평소 친정부적 성향의 베텔스만 재단조차 이런 일처리를 두고 참담한 결론을 내렸다. 「새로운 디지털 응용 프로그램은 제대로 기능하고, 또한 기대하는 바를 적절히 수행할 때만 수용과 동력을 얻을 수 있습니다.」[10]

　백신 전략도 비슷했다. 독일 연구원들이 이번만큼 자신의 능력을 인상적으로 보여 준 예는 드물었다. 기업인 부부 외즐렘 튀레치와 우구어 자인은 탄탄한 기초 연구와 혁신적인 자회사 설립, 그리고 국가 및 민간의 지원에 힘입어 바이온텍 백신을 성공적으로 개발했다. 바이온텍은 미국 콘체른 화이자와 손잡고 승인된 제제로 백신 개발의 선두 주자로 나섰고, 몇 달 후 독일은 큐어백으로 자국에서 두 번째 백신 후보를 확보했다. 그런데 여기서도 희소식이 곧 실망으로 바뀌었다. 독일과 유럽 연합은 백신 접종이 가장 먼저 실시된 지역이 아니었다.

　봄에 유럽 정부 수반들은 전염병 관리의 상당 권한을 유럽 집행 위원회로 이관했다. 거기엔 메르켈 총리의 역할이 컸다. 유럽 연합 회원국들은 부족한 백신을 놓고 서로 경쟁해서는 안 되고, 이미 공급하기로 약속된 마스크와 인공호흡기를 각국 정부가 물밑에서 손써 서로 빼앗아 간 그해 초와 같은 장면이 유럽에서 다시 반복되어서는 안 되며, 경제적으로 취약한 회원국들도 팬데믹을 동등한 입장에서 극복해 나갈 수 있도록 배려해야 한다는 것이 그녀의 생각이었다. 따라서 백신은 공동으로 구매해야 하고, 경제 재건 프로그램은 브뤼셀에서 조율되어야 했다.

　그런데 브뤼셀에서는 새로운 일들이 벌어지고 있었다. 유럽 연합 집행 위원장 폰데어라이엔은 처음 몇 주 동안 유럽 연합

내 국경 폐쇄를 저지하는 데 실패해 브뤼셀에 대한 불신을 키웠다. 이후에는 팬데믹 종식에 너무 일찍 집중했고, 그와 병행해서 코로나로 침체된 경제를 살리려고 대규모 재건 프로그램 〈유럽 그린 딜〉을 활기차게 추진해 나갔다. 일부 국가에서는 여전히 사망자가 병원에서 군용 트럭으로 이송되는 상황이었는데 말이다. 게다가 백신 관리를 처음에는 청렴하지만 전염병 문제에 전혀 경험이 없는 유럽 연합 위원 스텔라 키리아키데스에게 맡기더니, 다음에는 너무 저돌적인 무역 전문가 산드라 갈리나에게 맡겼다. 새 보건 위원은 최저가로 백신을 구입하기는 했지만, 작은 글자로 적힌 계약서의 세부 항목까지 신경 쓰지 못했다. 거기에는 구속력 있는 인도 의무가 없는 것으로 명기되어 있었다. 다른 나라들에는 백신이 원활하게 공급되는데, 유럽에는 약속된 백신이 늦어지거나 아예 공급되지 않는 상황이 벌어지면서 그 사실이 알려졌다. 메르켈은 자기 밑에서 여성부와 노동부, 국방부 장관을 지낸 폰데어라이엔이 아이디어와 마케팅 재능 면에서는 유럽 어디에 내놓아도 모자라지 않지만, 추진력 면에서는 심각한 약점이 있다는 사실을 잘 알고 있었다. 그럼에도 집행 위원회의 지체와 늑장 대응에 대해 전혀 경고하지 않았다. 나중에 약간 손을 쓰긴 했지만, 폰데어라이엔을 몰아붙이기에는 턱없이 부족했다.

유럽 의약청(EMA)이 백신 승인을 목표로 밤낮없이 뛰기 전에 먼저 유럽 정부 수반들을 쫓아다니며 수없이 경고하고 설득해야 했던 것도 또 다른 무능의 증명이었다. EMA는 12월 중순에야, 모든 관계자가 밤잠도 자지 않고 일한 덕분에 계획보다 8일 일찍 〈유럽 연합의 높은 기준〉에 맞게 승인받을 수 있었다고 보고했다.[11] 평상시라면 일주일은 그리 긴 시간이 아니지만, 코로나 팬데믹 같은 비상 상황에서는 촌각을 다투기에 일주일의 의미가 다르다.

국민의 마음을 잡지 못한 총리

위기 상황에서는 4단계 시스템, 즉 유럽 연합, 연방 정부 및 연방 의회, 주 정부, 지방 자치 단체로 이루어진 정치 시스템이 비효율적인 것으로 드러났다. 그럼에도 메르켈 총리는 복잡한 정치 구조를 뚫고 나갈 마땅한 수단을 찾지 못했다. 다수의 국민은 여전히 그녀에게 신뢰를 보냈지만, 정작 그녀는 정치인들을 움직일 수 있는 권력 수단이 수중에 없었다. 「주지사들이 조율도 없이 밀어붙이고 각자의 길을 걸었기 때문에 총리의 권위는 비극적으로 무너질 수밖에 없었죠.」 녹색당 대표 하베크가 2021년 초에 『타게스슈피겔』과의 인터뷰에서 밝힌 말이다.[12]

난민 위기와 마찬가지로 코로나 위기에서도 분명히 확인된 사실이 있다. 국가의 역할이 점점 더 중요해지고 있지만, 동시에 시민 사회의 지원 없이는 어떤 일도 제대로 돌아가지 않는다는 점이다. 정치학자 페터 그라프 킬만제크는 〈국가의 전능함과 무력함〉은 동시에 발생한다고 말한다.[13] 그로써 국가는 이중

딜레마에 빠진다. 법치 국가는 규칙을 제정할 수 있지만 더는 안정적으로 시행할 수 없다. 법치 국가가 만들어 낼 수 있는 것은 〈돌봄 체제〉뿐이다. 그것도 뭔가 단호한 조치를 취하려고 하면 항상 〈억압 체제〉, 즉 통제 및 감시 국가로 빠질 위험이 있는 체제다.[14] 따라서 국가는 시민들의 협력에 의존할 수밖에 없다. 집에 있어 달라고 하면 집에 있어 주고, 교과 과정을 따라가지 못하는 아이들에게 무료 과외로 학습 공백을 메워 주고, 아픈 이웃을 위해 장을 대신 봐주는 그런 시민들 말이다.

그런데 더 나쁜 것은 독일 시민 사회가 둘로 분열되어 있다는 점이다. 자발적으로 흔쾌히 국가에 협조하는 시민이 있는가 하면 극렬하게 협조를 거부하는 시민이 있다. 가우크 연방 대통령이 난민 위기에서 묘사했던 〈밝은〉 독일과 〈어두운〉 독일이 코로나 위기에서도 그대로 나타났다. 2020년 8월 말, 코로나 반대파들이 베를린 연방 의회를 습격해 제국 국기를 흔들던 모습이 그런 분열의 절정이었다.

이때는 시민들과 직접 소통하는 통로가 필요했다. 그러나 메르켈은 네 번의 총리 임기 중 그런 통로를 활용하지 않았다. 물론 〈타운 홀 미팅〉이나 〈시민과의 대화〉를 개최했고, 이런 자리에서 다정하고 관심이 많은 사람으로 묘사되기도 했지만, 정작 가장 효과가 큰 대중 연설은 뒷전으로 밀쳐 두었다. 환경부 장관 시절 그녀는 사진작가 코엘블에게, 다시는 대중에게 잘 보이는 방법에 대해 조언을 구하지 않겠다고 말했다. 「나는 그런 게

끔찍하다고 생각해요. (……) 그건 경험으로 깨달았어요.」[15]

메르켈은 이런 태도를 고수했다. 물론 총리청에서 모든 것을 계획하고, 설문 조사로 안전장치를 마련하고, 국민 여론을 자세히 살폈다. 심지어 총리가 연사로서 경직된 모습을 보이고 총리청 뒤로 숨은 것도 의도된 것이었다. 지금까지는 총리의 이런 모습이 유권자와 국민의 뇌리에 각인되었고, 기민련을 모든 가능한 조합으로 연정에 성공할 수 있게 했다. 게다가 메르켈의 재치와 유머 감각이 시민들과의 직접적인 소통에서 종종 빛을 발하기도 했다.

그런데 임기 마지막 해에는 그 때문에라도 더는 답을 찾을 수 없는 상황에 직면했다. 법과 통제, 처벌만으로 팬데믹 상황을 극복하기는 불가능에 가까웠다. 총리는 규칙을 지키도록 시민들에게 직접 호소해야 했고, 국민을 자신의 길로 끌어들여야 했다. 거리 두기를 지키고, 마스크 착용 규정을 따르고, 격리 의무를 준수하는 것은 8천2백만 시민의 분별력에 달려 있었다.

2020년 3월 총리의 TV 연설은 그전에 유럽 축구 선수권 대회 결승전에서나 볼 수 있을 시청률을 기록했다. 국민을 〈부활절 셧다운〉으로 이끌려고 했지만 중도에 포기한 일에 대한 그녀의 사과는 2021년 3월 역사적인 것으로 평가받았다. 당연히 그럴 만했다. 서독 역사에서 지금껏 어떤 정부 수반도 주권자에게 그렇게 직접적으로 용서를 구한 적이 없었기 때문이다. 그러나 메르켈의 톤은 여전히 신년 연설 때의 어조였다. 그것은 그녀도 어쩔 수 없는 일이었다.

「연설로 국민에게 방향을 제시하지 못하는 것은 정치인에게 제공된 좋은 기회를 충분히 활용하지 못한다는 뜻이다.」『슈피겔』의 기자 디르크 쿠르뷰바이트가 메르켈의 첫 임기 말에 한 말이다.[16] 이때까지는 비판의 톤이 아직 부드러웠다. 사실 당시는 어떻게 보면 단순히 금융 위기일 뿐이었다. 하지만 이번에는 생사가 걸린 위기였다. 그렇다면 다른 어조로 말해야 했지만, 늘 그렇듯 총리는 적당한 어조를 찾지 못했다.

이제껏 당이나 의회 어디에도 관심을 두지 않았던 메르켈의 태도는 하필 그때 기민련의 존립을 위협하는 중대 문제로 떠올랐다. 일부 기민련 의원들이 보건부 장관에게 자신들이 운영하는 회사의 마스크를 구입하게 함으로써 뻔뻔하게 사적 이익을 취했고, 또 다른 기민련 의원들은 아제르바이잔의 독재 정권을 위해 일하면서 경제적 보상을 받았다. 사실 메르켈은 자신의 청렴함과 소박함이 당내 의원들에게도 모범적으로 영향을 끼칠 거라고 믿었다. 그 때문에 그런 부분에 대해서는 전혀 신경을 쓰지 않았다. 1999년 12월, 그녀는『프랑크푸르터 알게마이네 차이퉁』에 보낸 자신의 전설적인 객원 칼럼에서 미래는 〈진정한 토대 위에서만 건설될 수 있다〉고 썼다. 그러나 당내 많은 사람이 증언하는 그녀의 〈전설적인 불신〉은 팬데믹 기간에 효과를 발휘하지 못했다. 그것은 정권의 안정성에만 도움이 되었을 뿐, 당과 의원들의 도덕적 청렴성을 감시하는 부분에서는 영향을 끼치지 못했다.

4월에 적합한 총리 후보를 놓고 벌어진 치열한 대결 속에서 지원자뿐 아니라 자신의 당에도 치명상을 입힌 사람들은 주로 연합당 의원들이었다. 그 상처는 이후 몇 달간 이어진 선거전에서도 치유되지 않았다. 그런데 녹색당은 후보 선출 과정이 다르게 진행될 수도 있다는 것을 보여 주었고, 그로써 봄에 지지율 상승이라는 보상을 받았다. 메르켈의 임기 말에 이르자 70년이 넘는 연방 공화국 역사상 두 번째로 기민·기사 연합이 독일 하원에서 가장 강력한 정파 자리를 유지하지 못할지도 모른다는 실질적인 위험이 커졌다. 메르켈도 그것을 모르지 않았지만, 당에서 자신의 후계자 문제를 정리하는 데 힘을 쏟을 준비가 되어 있지 않았다.

다만 그녀는 총리직을 포기하지 않으려고 해서 당을 패배의 수렁으로 몰아넣은 콜과는 다른 방식으로 일을 처리하고 싶었다. 그러나 메르켈의 임기 말 상황 역시 전임자이자 정치적 스승이던 콜과 비슷하게 흘러간 것은 역사의 아이러니가 아닐 수 없다. 권력과 통치 방식이 시효를 다해, 이제 떠날 때가 된 것이다.

9
유산

「견고하고 변하지 않을 것처럼 보이는 것도 바뀔 수 있다.」[1]

세계에서 독일의 명성이 정점과 잠정적 종점에 이른 2016년 어느 서늘하고 습한 11월 오후, 오바마 미국 대통령이 베를린을 방문했다. 공식적인 고별 방문이었다. 그에게는 마지막 임무가 하나 있었다. 서방 민주 세계의 지휘봉을 메르켈에게 넘기고, 그녀를 설득해서 4선 도전에 나서게 하는 것이었다. 「내가 여기 산다면 내가 독일인이라면, 그녀에게 투표할 것입니다. 나는 그녀를 지지합니다.」 나중에 그가 한 말이다.[2] 약간 낭만적으로 들린다. 메르켈이 그 말을 듣고 기뻐했는지는 확실치 않지만 미소는 지었다. 그녀가 칭찬받을 때 잘 짓는, 입꼬리가 살짝 올라가는 우쭐한 미소 말이다.

미국에서는 트럼프의 대통령 당선이 일주일 전부터 분명해졌다. 푸틴 러시아 대통령은 여름부터 우크라이나에 노골적으로 전쟁 위협을 가했다. 터키에서는 에르도안 대통령이 군대, 공직 사회, 시민 사회 할 것 없이 그해 7월 쿠데타 시도에 실제로 가담했거나 가담한 것으로 의심되는 사람들을 닥치는 대로 잡아들였다. 영국은 브렉시트 국민 투표 후 몇 개월 동안 정치적 혼란 상태에 빠졌다. 프랑스는 2017년 5월 대통령 선거를 앞두고 있었는데, 많은 사람이 우익 국민 전선의 마린 르펜 대표가 집권할지도 모른다고 우려했다. 물론 결선 투표까지 가서 결국 마크롱에게 패하기는 했지만 말이다.

그렇다면 베를린의 상황은 어땠을까? 총리는 난민 사태로 인한 정치적 위기를 웬만큼 극복했고, 경제는 호황을 누렸으며, 부채 비율은 떨어졌고, 노동 시장에서는 전문 기술 인력에 대한 수요가 만연했다. 국내 분위기는 그렇게 화창하지 않았지만, 그렇다고 그렇게 나쁜 것도 아니었다. 제호퍼가 난민 상한선 요구를 비롯해 몇 가지 문제를 일으켰지만, 이제는 다들 그러려니 했다. 게다가 지난 지방 선거에서 독일을 위한 대안당이 부상하면서 대연정 내에서는 오히려 약간 긴장된 평화로움이 흐르고 있었다.

국제 사회는 이런 독일을 안정과 신뢰의 아성, 유럽의 지도국, 서방의 보루로 보았다. 그들에게 메르켈은 미쳐 돌아가는 세상에 맞설 대항마로 비쳤다. 그녀는 독재자들에게는 공조와 협력으로 맞서고, 싸움닭들에게는 중재와 협상 카드를 내밀고, 협박에는 유화적인 태도로 대응하고, 프랑스의 다혈질적인 비전에는 조용한 기다림으로 반격하고, 양자택일밖에 모르는 사람에게는 타협점을 제공하고, 트럼프 같은 사람과 도저히 말이 통하지 않는다 싶으면 자신의 여성 장관들을 대화 자리에 초대했다.

그리고 오바마가 자신을 칭찬하면 입꼬리가 살짝 올라간 우쭐한 미소를 지었다.

다른 나라도 아니고 20세기 전반기에 민족주의와 반유대주의, 전쟁욕으로 세계를 불행에 빠뜨린 나라가 이제는 평화의 사도로 여겨졌다. 독일과 프랑스는 우크라이나에서 전쟁을 막기 위해 중재에 나섰고, 그들의 외무부 장관은 중동과 이란에서 갈등 조정자로 뛰고 있었다. 터키에서는 슈뢰더 전 총리가 메르켈 총리의 요청으로 독일 국민의 석방 문제를 협상하고, 아프리카에서는 쾰러 전 연방 대통령이 총리의 평화 메신저로 활동했다.

평화 주도국으로서 독일의 위상은 유로화 위기, 2015년 여름의 난민 사태, 트럼프의 대통령 당선으로 심각한 도전에 처했다. 그리스에서는 히틀러 수염을 달고 나치 완장을 찬 메르켈의 사진이 공개되었다. 터키는 난민 협상 과정에서 유럽 연합에 막대한 비용을 지불하게 하고, 씁쓸한 조롱과 함께 서방으로부터 등을 돌렸다. 트럼프는 독일에 더 많은 군비 지출을 요구하고, 유럽 경제를 미국의 〈안보 위협〉으로 간주하면서 제재를 가했다. 독일이 자신의 과거 그늘에서 편안히 벗어나, 우호적이고 합리적이고 도덕적인 태도와 돈으로 세계의 존경을 받았던 평화로운 시대는 이제 끝났다. 격동의 2010년대에 총리는 국제 분쟁의 중재자 역할에서 투쟁의 장으로 끌려 들어갔다.

현실에 대한 공통적인 인식이 더는 존재하지 않을 시점에 메르켈은 빛을 잃어 갔다. 물론 그럼에도 그녀에겐 여전히 이점이 하나 있었다. 그녀가 늘 충분히 이용해 온 이점이었다. 「메르켈의 가장 큰 우군은 시간이었습니다.」언론인 코르넬리우스가 유로화 위기 시절, 그리고 메르켈과 올랑드 프랑스 대통령의 관계가 꼬였던 시절을 평하면서 쓴 말이다.[3] 이는 다른 충돌에도 그대로 적용되었다. 총리는 남들보다 시간이 많았다. 상대가 선거에서 떨어질 때까지 충분히 기다릴 수 있었기 때문이다.

메르켈은 선거 때마다 독일 유권자들의 열광적인 지지 덕분에 그 자리를 오래 지킨 것이 아니었다. 아니, 그 반대였다. 기민련은 메르켈 시대 네 번의 선거 중 세 번에서 표를 깎아 먹었다. 심지어 가끔은 그 손실이 지대했다. 그러나 총리는 비례 대표제의 혜택을 보았고, 정치적 반대파의 기를 꺾는 트릭으로 이익을 얻었다. 그녀가 믿은 것은 집권에 모든 것을 거는 자신의 당과 변화를 꺼리는 유권자들의 심리였다. 아무튼 장기 집권을 통해 그녀의 경험과 통찰력, 관계, 지식은 시간이 갈수록 늘어났다. 다른 국가 지도자들은 대부분 누리지 못한 혜택이었다.

사실 모든 정부 수반에게는 하나의 특권이 있었다. 누구든 초대할 수 있고, 누구든 불러서 조언을 구할 수 있었다. 이는 메르켈이 재임 중에 정말 아낌없이 활용한 유일한 총리직 혜택이었다. 바이로이트에서 열리는 바그너 페스티벌 초연 티켓을 구하는 것은 차치하더라도 말이다. 총리는 기업인과 노조 위원장, 주교, 페미니스트, 기후 운동가, 최고의 과학자, 노벨상 수상자, 각 방면 전문가, 그리고 국가 대표 감독까지 필요하면 언제든 만날 수 있었다. 그럴 때면 그들의 말에 열심히 귀를 기울였다. 그것도 4년이 아니라 16년 동안 멈추지 않고. 게다가 그녀는 기억력이 뛰어나 이런 기회를 통해 통치에 필요한 보편적 지식을 무한히 갖출 수 있었다. 아마 메르켈은 세계에서 가장 훌륭한 정보에 근거를 두고 결정을 내린 지도자일지도 모른다.

이런 점들도 독일 내에서 벌어지는 권력의 침식과 쇠퇴를 막을 수는 없었다. 반면에 대외 정책과 유럽 외교에서는 그간 축적한 경험과 지식을 바탕으로 적절한 순간을 기다릴 수 있었다. 국제 파트너들이 점점 어려움을 겪는 지금 이 순간에도 말이다. 메르켈은 견해 차이가 있을 때 조정의 달인이었다.

새로 취임한 마크롱 프랑스 대통령은 2017년 9월 26일 파리의 명문 소르본 대학교 연설에서 큰 목소리로 유럽을 부르짖었다. 「유럽은 우리의 역사이자 정체성이자 기준점입니다. 유럽은 우리를 보호하고 우리에게 미래를 제공합니다.」[4] 독일 총리는 이 말을 들으면서 아마 자신의 임기 첫 몇 해를 떠올렸을지 모른다. 그 당시는 장밋빛 환상을 담은 유럽 헌법의 잔해 더미를 유럽 연합이 그것으로 인해 와해되지 않도록 조심스럽게 치워야 했다. 유럽 헌법은 마크롱이 방금 제안한 〈주도권을 쥔 유럽〉과 마찬가지로 감동적이기는 하지만 실현 전망이 없는 프로젝트였다.

다음 날 유럽은 베를린을 바라보았다. 마크롱의 연설에 대한 반향은 폭발적이었다. 이 젊은 대통령은 첫날부터 얼마나 성숙하고 감동적인 모습을 보이는가! 답답하고 거칠기만 했던 전임 대통령과 얼마나 다른가! 많은 독일인의 입에서 탄식이 흘러나왔다. 메르켈에게도 이런 연설을 기대한 것이다.

유럽은 금융 위기 이후 새 출발을 위한 용기를 낼 수 있을까? 이주와 국방, 기후 정책을 공동으로 추진하고, 통일된 화폐로 공동 예산을 집행하고, 더 굳건한 결속력을 만들어 낼 수 있을까? 이는 메르켈의 대답에 달려 있었다. 그녀는 이제 유럽 통합을 위해 프랑스-독일 엔진을 다시 작동시킬지 결정해야 했다.

총리도 반응을 보였다. 몇 마디 우호적인 말을 하고, 여기저기 인터뷰를 했다. 그뿐이었다. 그러고는 침묵이었다. 2018년이 그렇게 지나갔다. 관찰자들은 조바심을 냈다. 총리가 마크롱을 잊은 것일까? 2019년이 다가오고 있었다. 유럽 총선을 앞두고 초조해진 마크롱은 〈유럽을 위한 행동 계획〉을 선언하고,[5] 그 안에 독일을 위한 선물을 숨겨 두었다. 미끼를 던진 것이다. 유럽이 힘을 합쳐 거대 디지털 기업들에 규제책과 과세 제도를 마련하자는 계획이었다. 그것은 독일이 오래전부터 원하던 일이었다. 유럽의 산업계 챔피언, 이것은 그전에 독일 경제부 장관이 이집트로 가는 지루한 여행 중에 고안해 낸 것이었다. 공동의 국경 수비는 독일 이민 정책에 대한 봉쇄를 해결할 수 있었다. 베를린의 최고 당국자는 보일 듯 말 듯 고개를 끄덕였다. 하지만 그게 동의의 표시일까? 안타깝지만 아직은 아니었다. 독일 정부는 미끼를 덥석 물지 않았다.

2020년 2월, 코로나 팬데믹이 유럽에 상륙했다. 2020년 5월 18일 메르켈은 마크롱에게 선언적 연설이 아니라 협정으로 응답했다. 독일과 프랑스가 유럽 연합에 5천억 유로 규모의 경제 재건 패키지를 제안하고, 그에 필요한 자금을 공동 부채로 마련하자는 것이었다. 나중에는 상황이 특히 심각한 나라들을 위해 2천5백억 유로의 자금이 추가되었다.

〈내가 살아 있는 한〉[6] 유로본드는 절대 안 된다던 메르켈의 강경한 입장은 정치생명의 마지막 큰 위기에서 유럽의 공동 부채 프로젝트로 바뀌었다. 기존의 신념에서 벗어나 새로운 현실을 받아들이고, 이를 정치적 행동으로 전환하며, 그에 필요한 과반의 찬성을 확보하려면 무엇보다 적절한 타이밍이 중요했다. 그게 가능해야만 총리도 위험을 걸었다. 설령 그녀의 정치 인생에서 몇 안 되는 정치적 약속 중 하나를 저버리게 되더라도 말이다. 시간은 메르켈뿐 아니라 때로는 유럽의 우군이기도 했다.

2018년 메르켈은 기민련 당 대표직을 내려놓고 당에 고별인 사를 하면서 지금껏 자신을 이끌어 왔던 원칙을 천명했다. 그것들은 반목과 집단 따돌림 없는 기민련을 위한 정치 선언 속에 숨겨져 있었지만, 여기서 총리의 개인적 준칙이 보편적 강령으로 천명되고 있음을 의심하는 사람은 없었다. 「우리는 (……) 기독교 민주주의의 품성이 어떤 것인지 결코 잊어선 안 됩니다. 우리는 (……) 서로 구별하기는 하지만 배제하지 않습니다. 우리는 (……) 서로 싸우지만 선동하거나 남을 압살하지 않습니다. 우리는 (……) 인간의 존엄성 면에서 누구도 차별하지 않고, 남을 이간질해서 자기 이익을 취하지 않습니다. 우리는 (……) 자기중심주의와 자아도취에 빠지지 않습니다. 우리는 (……) 오직 국민을 위해 봉사합니다.」[7]

메르켈은 정치적 힘이 사회적 관계에서 남을 존중하는 부드러운 어조에 있다고 믿는다. 자기중심주의 경향을 비판할 때는 관점을 바꿔 보라고 요구한다. 남의 입장이 되어 그들의 동기에 동감하면 이해의 문이 열릴 때가 많다는 것이다. 가끔은 자신의 입장을 되찾지 못하는 일도 감수한다.

그런데 이 전략이 기민련만큼 덜 먹힌 곳은 없었다. 이유는 분명했다. 위대한 정치적 행위에 대한 열망이 기민련만큼 강하고, 메르켈의 유연한 세계관에 대한 비통함이 기민련만큼 큰 정당은 없었기 때문이다. 그녀가 자당 의원들을 얼마나 신뢰하지 않는지는 전 원내 대표 카우더의 슬픈 운명이 잘 보여 준다. 그는 메르켈의 정치 방식을 이해하고 경탄했다. 그런데 그 경탄이 자당 의원들에게는 굴하지 않는 가혹한 방식으로 표출되었다. 기민련 의원들이 자발적으로 메르켈의 입장이 되고 싶은 마음이 없으면 강제로 그렇게 만들었기 때문이다. 그러다가 카우더는 결국 의원들의 투표로 쫓겨났다. 겉으로는 그렇게 온화해 보이는 총리의 숨은 이면이다. 사실 내부적으로는 강요가 없으면 되는 일이 없었다.

많은 사람이 동의하지 않았고 심지어 일부는 꺼려 했더라도 그녀는 콜이 이룰 수 없었고 슈뢰더는 이루고 싶어 하지 않았던 일을 해냈다. 독일을 유럽의 주도국으로 만든 것이다. 독일은 어쨌든 자신의 힘을 한동안 메르켈라우테* 뒤에 숨길 수 있었

* Merkel-Raute. 메르켈이 공식 석상에서 습관적으로 손을 배 위에 놓고 엄지와 검지를 맞대 마름모꼴을 만드는 특유의 손 모양. 영어권 매체에서는 〈메르켈 다

다. 총리가 자기 사람들 뒤에 숨은 것처럼 말이다. 그렇게 하면 독일이 패권을 노리는 것이 아니라 힘을 절제한다는 인상을 주기 때문이었다.

메르켈은 임기를 시작한 지 불과 한 달 만에 외교적으로 큰 성과를 거두었다. 그전까지 유럽 연합의 붕괴를 걱정할 정도로 대립이 극심했던 유럽 연합 예산안 갈등을 무난히 조정한 것이다. 알다시피 메르켈은 사전에 자료를 꼼꼼히 읽고 세부 사항을 상세히 파악하는 사람이었다. 게다가 당시 프랑스 대통령이던 시라크와 영국 총리이자 유럽 연합 이사회 의장이던 블레어의 자존심을 지켜 주었다. 그리고 밤늦게까지 일하고 아침 일찍 일어날 정도로 타협안 마련에 열심이었다. 그녀는 다른 지도자들과 너무나 달랐다. 「취임한 지 채 한 달이 안 된 오늘 오후, 세계는 벌써 〈메르켈 시대〉의 개막을 알렸다.」 영국 정치학자 매슈 크보트럽의 말이다.[8]

메르켈은 21세기 가장 현대적인 정치인이었다. 그녀의 친구인 유럽 중앙은행 총재 라가르드는 2019년 라이프치히 대학교 연설에서 메르켈을 이렇게 칭찬했다. 균형감이 뛰어나고, 매사에 꼼꼼하고, 사안에 대한 이해도가 높고, 에너지 넘치고, 목표 지향성이 뚜렷하고, 의무감이 강하고, 더 많은 협력과 더 적은 대립을 추구하는 사람이다. 이런 품성 덕분에 메르켈은 〈우리 모두가 따르고 싶어 하는〉 지도자가 되었다.[9]

굳이 라가르드 같은 총리의 팬이 아니어도 그녀의 말은 얼마

이아몬드〉 또는 〈힘의 삼각형〉이라고 부른다.

든지 이해할 수 있다. 20세기에 지도자들에게 당연히 기대했던 요소들, 즉 카리스마, 투지, 사명감, 그리고 실패를 두려워하지 않는 영웅적 정신 같은 것들이 바그너를 추앙하는 메르켈 총리에게는 없었다. 아니, 그녀 스스로 그런 품성을 배척했을 수도 있다. 대신 그녀는 이 결핍을 자신의 장점으로 만들었다. 작은 키에 빈약한 성량 같은 여성으로서의 단점과 동독 출신이라는 태생적 약점, 그리고 당에 자신의 지지 세력이 별로 없다는 점 등을 장점으로 바꾼 것과 마찬가지로 말이다. 이로써 서서히 21세기 새로운 지도자 유형이 생겨났다. 똑똑하고, 독립적이고, 목표 지향적이고, 격정이 없는 지도자상 말이다. 「영웅적 면모라고는 눈을 씻고 찾아봐도 없는 사람이다.」 총 네 번의 임기 동안 메르켈의 통치 스타일을 곁에서 지켜본 정치학자 코르테의 감탄이다. 특별할 것이 없는 것이 특별한 사람이라는 말이다.

공명심이 별로 없고 자연스러운 권위가 몸에 밴 사람은 은밀하게 통치한다. 여기서 권위는 네 번의 통치와 경이로운 기억력, 전문적 식견, 다양한 입장의 접점에 대한 탁월한 감각을 통해 형성되었다. 대신 의미를 만드는 일은 다른 사람들에게 맡겼다.

이것이 대외 정책에서는 문제가 되지 않았다. 이 영역에서는 환상적이고, 대담하고, 지적이고, 기발한 계획이 차고 넘쳤다. 이렇게 넘치는 아이디어 중에서 쓸 만한 것들을 끈기 있게 가려내고, 감당할 만한 타협책을 함께 찾아 나가는 것이 메르켈 정치의 핵심이었다.

라가르드는 다자주의, 즉 많은 국가와 지도자, 관심 영역의 협업을 지휘자 없는 앙상블에 비유했다. 메르켈은 그런 그룹의 불협화음을 견뎌 내고, 연주자들이 마지막에 모두 동의할 수 있는 리듬과 화음, 기본 멜로디를 찾으려고 끈질기게 노력하는 사람이었다. 국제 무대에서 그녀는 지휘자 없는 오케스트라를 이끌고 싶었을 뿐 아니라 실제로 이끌 수 있는 몇 안 되는 사람 중 하나였다. 『차이트』의 언론인이자 메르켈 전문가인 베른트 울리히는 그 음악을 〈재즈〉라고 불렀다.

메르켈이 당 대표직을 그만둘 때 기민련에서는 그녀에게 유명 지휘자 켄트 나가노의 지휘봉을 선물했는데, 이것만 보더라도 당이 그녀를 얼마나 모르고 있었는지 드러난다. 아니, 어쩌면 애초에 이해 불가능했을지도 모른다. 당 내부는 다른 규칙으로 돌아갔기 때문이다. 지휘자 없는 오케스트라가 조화로운 앙상블을 이루는 경우는 흔치 않다. 여기에는 다른 역학 관계가 작동한다. 즉, 모든 앙상블 구성원은 유권자들과 4년마다 새로운 고용 계약을 맺어야 한다. 2021년 4월 바이에른 주지사 죄더와 노르트라인베스트팔렌 주지사 라셰트의 총리 후보직 다툼이 당에 무척 해롭게 작용한 것도 그 때문이다. 이제 많은 의원이 9월까지 자신들에게 활기찬 교향곡을 가르쳐 줄 지휘자가 절실한데, 죄더가 적임자라고 생각했다.

메르켈과 정치적으로 무척 가까운 다른 지도자들과 비교하면 그녀의 현대성이 드러난다. 오바마는 미국을, 마크롱은 유럽을 개선하고자 했다. 둘 다 똑똑하고, 메르켈처럼 학습 능력이 뛰어났다. 그러나 메르켈이 『슈피겔』과의 인터뷰에서 총리직의 역할로 소박하게 내세운, 〈사람들을 한자리에 모아 결과를 찾는 것〉보다 훨씬 더 많은 것을 원했다.[10] 그들은 의미를 만들고자 했고, 자국민에게 자신이 필요한 이유를 다시 일깨우고 싶어 했다.

둘 다 교육받은 계층에겐 희망의 등불이었고, 그들 뒤에는 늘 열성적인 자원봉사자들로 이루어진 대중 운동이 버티고 있었다. 지적인 정치에 대한 갈망, 사회적 진보에 대한 열망이 그들을 국가 최고직으로 끌어올렸다. 하지만 선거전에서 이전의 그 어떤 정치인보다 소셜 미디어를 적극적으로 활용했음에도 그들에겐 여전히 시대에 뒤떨어지는 사명감 같은 것이 있었다.

오바마의 사명은 금융 위기 이후 미국의 재건이었다. 새로운 국가 의료 시스템이 구축되었고, 그와 함께 모든 미국인은 가까운 장래에 건강 보험에 가입해야 했다. 카리스마 넘치는 대통령, 똑똑한 퍼스트레이디, 반듯하게 자란 두 딸, 과연 누가 이들을 뛰어넘을 수 있을까?

그러나 오바마는 실패했다. 자유주의 정책으로 국가를 통합하는 대신 더 깊은 분열에 빠뜨렸다. 미국 동서부 해안 지대에는 세계화와 디지털화의 수혜자들이 살고 있었다. 이곳에는 좋은 학교와 훌륭한 의료 서비스, 명문 대학, 좋은 일자리가 있었다. 이 지역 주민들은 사회적 최저 생활 보장이라는 오바마의 아이디어에 매력을 느꼈다. 그러나 미국의 전통적인 산업 지대와 농업 지역에 사는 사람들은 완전히 다르게 보았다. 이 지역에는 가난한 사람이 많았다. 그럼에도 그들은 병원 진료비를 스스로 부담하거나, 아예 병원에 가지 않겠다고 고집했다. 미국 중서부와 남부 사람들은 대통령이 자신들의 특성과 선호에는 조금도 관심이 없다는 인상을 받았다. 결국 오바마의 후임자 트럼프는 전임자의 모든 정책을 180도 돌려놓겠다는 약속과 함께 백악관에 입성했다.

마크롱은 집권한 지 몇 달 안 돼 심각한 위기에 빠졌다. 단순한 유류세 인상으로 번진 노란 조끼 시위가 온 나라를 마비시켜 버렸다. 2018년 11월, 프랑스 전역에서 노란색 조끼를 입은 30여만 명이 대통령과 수도 파리의 엘리트들에게 거칠게 항의했다. 경유 1리터당 7센트의 세금 인상이 연간으로 따지면 시골 사람들에게는 제법 큰돈이라는 사실을 이해하지 못하는 웃대가리 인간들에 대한 격한 반발이었다.

카리스마가 시들해지자 마크롱은 베를린을 바라보고, 메르켈의 방식을 따라 했다. 노란 조끼 시위 사태로 촉발된 대국민 토론회인 〈그랑 데바grand debat〉는 뭔가 거창해 보이지만, 원칙적으로 메르켈의 〈시민과의 대화〉와 동일했다. 마크롱은 두 달간 전국을 순회하며 시민들과 시장, 교장, 경찰 등 각계각층의 의견과 고충을 듣고 실천 방안을 약속했다.

마지막에 오바마와 마크롱은 우익 포퓰리즘에 대응하느라 다른 정치적 동력을 잃었다. 그들의 카리스마와 광채는 극우들로만 향했다. 이렇게 해서 젊은 두 스타는 임기가 끝나기도 전에 벌써 훗날 자서전으로 베스트셀러 작가나 꿈꾸는 지치고 실망한 정치인으로 변해 버렸다.

메르켈이 오바마와 마크롱의 길을 선택한 적은 딱 한 번 있었다. 난민 위기 때였다. 그녀는 의미를 만들고자 했고, 유럽을 인도주의적인 길로 이끌고자 했으며, 적어도 잠시나마 자신과 조국의 일체감을 느끼고 싶어 했다. 그런데 일이 지독하게 잘못 흘러갔다. 독일인들은 그전 모습 그대로였고, 난민들도 모두 그들이 바라는 모습은 아니었으며, 메르켈 역시 본래의 메르켈이었다. 결국 그녀는 이 일을 완수하지 못했고, 결정을 내려야 할 시점에 결정을 내리지 못했으며, 위험도 걸지 않았다. 「솔직함의 순간은 위험의 순간입니다.」 총리가 2019년 하버드 대학교 졸업생들 앞에서 했던 말이다.[11] 자신의 심정을 그대로 드러낸 표현이다.

이렇게 메르켈은 단 한 번 위험을 걸었다. 그녀를 경탄하는 사람들은 총리의 진정한 면모를 엿볼 수 있는 순간이었다고 말한다. 몸에 밴 타인에 대한 불신을 극복하고, 공적 행동과 사적 신조 사이에서 조화를 이뤘다는 것이다.

임기 중 다른 큰 문제에서 그녀가 중요하게 생각했던 것은 시대 흐름보다 먼저 결정을 내릴 것인가, 아니면 나중에 내릴 것인가 하는 문제였다. 메르켈은 병역 의무, 탈원전, 모두를 위한 결혼 문제에서는 시대 뒤에 있었다. 그러나 이런 문제들에서 당의 영혼에 반하는 결정을 내렸기에 권력을 유지하고, 중도 쪽으로 연정 구성 능력을 키우고, 기민련의 집권 요구를 충족시킬 수 있었다. 사회적 이슈에 대한 이런 양면적인 정치적 리더십은 결코 보수적이지 않았다. 그녀는 매력적이지 않고 사람들의 감성을 건드리지 않았지만, 현대적이었다.

반면에 금융 위기와 유로화 위기에서는 시대보다 앞서 나아가는 아방가르드였다. 그녀는 유럽의 결속에 유로화가 얼마나 중요한지 알고 있었고, 이대로 방치하다가 모든 것이 돌이킬 수 없이 와해되는 티핑 포인트도 감지하고 있었다. 결국 긴 망설임 끝에 온갖 수단을 동원해 그리스를 유로존에 잔류시키는 데 성공했다. 현시점에서 유럽 연합에 가장 큰 폭발력을 가진 것으로 보이는 유로화를 회원국들이 공유하는 가장 큰 이익으로 본 것이다. 그녀는 자신이 열렬한 유럽 연합 지지자임을 능숙하게 숨겼다. 비전 대신 분석적 능력을 제공하고, 사명감 대신 투명 망토를 걸치고서.

현대 유럽 정치에는 더 이상 상부 구조가 필요 없다. 필요한 것은 동유럽과 서유럽, 북유럽과 남유럽의 거대한 이해 갈등을 끈기 있게 조정할 준비가 된 정부 수뇌들이다. 메르켈은 정상 회담 새벽에 체결된 세부 항목과 반대 제안들에서 득을 보고, 최소한 한 국가는(당연히 독일일 수 있다) 비상시 연합의 결속을 위해 자기 원칙을 포기할 용의가 있을 거라는 확신으로 버텨 낸다.

프랑스 대통령들은 드골 이후 〈프랑스에 좋은 것은 유럽에도 좋다〉는 원칙에 따라 움직였고, 이런 입장을 격정적인 연설로 즐겨 표현했다. 동유럽 국가들이나 오스트리아, 이탈리아도 수사학적 강도는 다소 떨어지지만 비슷한 생각이었다. 반면에 독일 총리는 마지막 임기 끝 무렵에 정반대로 이야기했다. 「유럽에 좋은 것은 독일에도 좋았고 지금도 좋습니다.」[12] 그전에 〈유로화가 실패하면 유럽도 실패할 것〉[13]이라는 냉정한 말과는 상당한 차이를 보인다. 이제야 그녀는 노골적으로 콜의 전통에 섰고, 동시에 지금까지는 어쨌든 통일 유럽에서 가장 혜택을 많이 본 나라가 독일임을 인정했다.

독일이 유럽 연합에서 참을 수 있는 고통의 한계는 부채 공동 부담이었다. 하지만 메르켈은 제2차 세계 대전 이후 최악의 위기에서는 그것조차 아무렇지 않다는 듯 뛰어넘어 버렸다.

코로나 팬데믹은 메르켈 방식의 한계를 보여 주었다. 자연 과학자이자 포퍼의 비판적 합리주의 지지자였던 그녀는 지식의 진보와 함께 무지의 심연도 더욱 깊어진다는 사실을 알고 있었다. 이는 모든 것을 더 잘 안다는 오만함으로부터 그녀를 지켜 주었지만, 주권자인 국민을 짜증스럽게 했다. 15년 동안 메르켈은 국민이 스스로 견딜 수 없다고 여기는 것을 요구해서는 안 된다고 생각했고, 그런 믿음 속에서 국민을 그냥 내버려 두었다. 난민 위기에서 여론의 방향이 바뀌자 결국 노선을 수정한 것도 그 때문이었다. 그녀에겐 국민이 견디지 못하는 것을 이해시킬 언어와 힘이 없었다. 게다가 코로나 바이러스는 협상이 불가능하고 타협을 모르는 아주 간교한 적이었다.

코로나 팬데믹이 총리의 전기에 재앙으로 기록될지 성공으로 기록될지는 미지수다. 메르켈 정부의 우유부단하고 모순적이고 초점이 빗나간 코로나 정책 때문에 얼마나 더 많은 사람이 죽어야 했는지는 나중에야 밝혀질 것이다. 다만 독일과 유럽이 세계 경제와 다른 패권국들과의 경쟁에서 자기 자리를 잘 지킨다면 그 판단도 한결 관대해질 것이다. 또한 이 재난 지원금이 정말 필요한 곳곳에 공정하게 분배되고 패자에 대한 사회적 배려가 존재한다면, 팬데믹 초기에 보건부 장관 슈판(기민련)이 예상했듯이 〈마지막엔 많은 것을 서로 용서할〉 수도 있다.

물론 총리는 이제 그에 대한 영향력이 없다. 예상되는 또 다른 위기를 위해 그녀가 남긴 것은 효용 가치가 제한적인 암시뿐이다. 그녀가 맞닥뜨린 것은 하나씩 차례대로 찾아온 위기들이기 때문이다. 그런 위기는 16년 동안 네 번 있었다. 후쿠시마 원전 위기, 금융 위기, 난민 위기, 그리고 코로나 위기. 그런데 만일 위기가 순서대로 찾아오지 않고 한꺼번에 닥친다면, 그래서 메르켈 후임자들이 과거처럼 유능하게 대응하지 못한다면 어떤 일이 벌어질까? 예를 들어, 전기와 인터넷, 교통, 수도 같은 중요한 사회적 기반 시설에 문제가 생기면 시민과 유권자들은 어떤 반응을 보일까?

〈분명히 말씀드리지만, 여러분의 자산은 안전합니다!〉라든지 〈아시지 않습니까? 저를 믿으세요!〉 같은 표현도 총리 후임자들은 쉽게 사용할 수 없다. 이런 말을 하려면 일단 신뢰부터 얻어야 한다.

말이 나온 김에 덧붙이자면, 메르켈의 소박한 생활 방식은 신뢰를 얻기 위한 중요한 포인트였다. 그녀는 취임 이후 명품 브랜드 코트를 입은 적이 없고, 프랑스의 사르코지처럼 억만장자 친구들과 함께 지중해로 호화 요트 여행을 다니지도 않았으며, 베를린에 빌라도 한 채 없고, 꿈에서라도 공직과 권력으로 금전적 이득을 취할 생각을 하지 않은 정치인이다. 물론 그것만으로 저절로 신망이 쌓이는 것은 아니지만, 최소한 공격의 빌미는 제공하지 않는다. 양극화되고 불신이 가득한 사회에서 금박을 입힌 스테이크나 최고급 샴페인을 즐기는 것은 생활고에 시달리는 사람에게 경멸과 오만의 신호로 인식될 수 있다. 〈이런 걸 해도 되나?〉 하는 의문이 드는 일은 아예 하지 않는 것이 똑똑하고 쓸데없는 에너지 낭비를 줄이는 정치인의 생활 태도다.

총리는 2019년 하버드 대학교 졸업식에서 축사 형태로 자신의 정치적 유언을 남겼다. 거기에는 후계자가 누가 됐든 귀담아들어야 할 조언이 담겨 있다. 「우리는 일방적이지 않고 다자적으로, 민족적이지 않고 글로벌하게, 고립주의가 아니라 세계에 열린 마음으로 생각하고 행동해야 합니다. 지금까지보다 더 많이.」[14]

메르켈의 당은 여전히 전국적으로 선출되는 거대 정당이다. 요즘 정치인들에게 아무리 민족 국가가 다시 중요한 기준점으로 떠오르는 것처럼 보이더라도, 금세기 모든 위기는 최소한의 다자간 협력이 있어야만 해결할 수 있음을 보여 준다. 협력은 많을수록 좋다. 그러기 위해서는 미리미리 준비하고, 원만한 대화 채널을 구축하고, 상대에 대한 존중과 중도의 태도를 견지하면 도움이 된다. 메르켈의 말이다.

트럼프, 푸틴, 에르도안 같은 정치인은 최근 몇 년 동안 국제 정치에서 인물이 얼마나 중요한지를 새삼 보여 주었다. 또한 정치 시스템은 생각보다 저항력이 약하다는 사실도 알려 주었다. 그렇다면 유럽은 강력한 품성의 인물들이 공동으로 이끌 때만 세계에서 계속 중요한 역할을 수행해 나갈 수 있다. 메르켈도 이 사실을 깨달은 게 틀림없다. 후임자가 누가 됐든 성공의 조건은 여기에 있다. 유럽에는 유럽 연합을 통합하고 결속시킬 수 있는 정치인이 필요하다. 그러려면 당분간 너무 거창한 계획을 내세우지 않는 것도 필요하다. 메르켈은 〈어떤 것도 당연시하지 말 것〉을 권고한다. 민주주의조차.

그녀는 하버드 대학교 졸업생들과 자기 자신, 그리고 미래 정치인들에게 결정적인 질문을 던진다. 「나는 옳기 때문에 하는 걸까요, 아니면 그게 지금 가능하기 때문에 하는 걸까요?」[15] 이것을 다음과 같이 바꿔 물을 수도 있다. 〈나는 그게 필요한 일이어서 하는 걸까? 혹은 필요한 일이 가능하기도 해서 하는 걸까?〉

메르켈은 정치 생활에서 이 문제를 시간 트랙 위에서 해결하고자 했다. 그녀의 메시지는 다음과 같다. 잘못된 시점에 올바른 일을 하는 것보다 때론 기다림이 더 낫다. 「나는 아무리 어려운 문제도 항상 남들과 함께 세상을 바라보면 답을 찾을 수 있다고 배웠습니다. (……) 게다가 결정에 대한 압력이 아무리 거세더라도 항상 첫 번째 충동에 따르는 것이 아니라 이따금 잠시 멈추고, 침묵하고, 숙고하고, 휴식을 취해야 합니다.」

〈휴식〉은 사실 위기 상황에서 정부 수반이 감당해야 할 업무량을 감안하면 정말 쉽지 않은 일이다. 일요일 이른 오후, 누군가 우커마르크의 별장으로 전화를 걸어 주말의 한가함과 자연을 즐기고 있는 총리를 붙잡고 뭔가 이야기할라치면 메르켈은, 오늘 자신에게 연락한 사람이 당신이 서른다섯 번째라고 슬쩍 지나가듯이 말한다. 측근이나 당직자, 장관, 주지사들이 분 단위로 보내는 수많은 문자 메시지는 말할 필요조차 없다.

집권자에게 휴식은 우연한 원기 회복의 시간이 아니라 의지 행위다. 오늘날에는 술에 취해 총리청 울타리를 붙잡고 〈나도 여기 들어가고 싶어〉라고 외치는 정치인은 없다. 총리가 되고자 하는 사람은 자신이 무엇을 감당해야 하는지 알아야 한다. 권력은 막대한 대가가 따르기 때문이다. 예를 들어, 막대한 업무량, 압박감, 끊임없는 비판과 지속적인 관찰, 타협으로의 강요, 사생활 포기 같은 것들이다. 일단 총리청에 들어가면 이런 것들에서 벗어날 길이 없다. 모두 자신이 져야 할 짐이다. 크람프카렌바워는 기민련 당 대표직을 사임한 후, 자신이 사실 총리직을 그렇게 원하지 않았을지도 모르겠다고 말한 적이 있다. 가까이서 보면 권력은 그렇게 매력적이지 않다.

2005년부터 2021년까지 현재는 숨 막히는 속도로 나아가고 있고, 향후 몇십 년 안에 이런 동력이 약화될 기미는 보이지 않는다. 위기는 이제 동시다발적으로 발생하고, 서로 원인이 되거나 영향을 끼친다. 한 곳에서 화재를 진압해도 전혀 다른 곳에서 다시 불이 날 수 있다. 철학자 헤르만 뤼베는 이런 현상을 〈현재의 축소〉*라고 불렀고, 총리는 거기다 복잡성이라는 말을

* 숨 가쁜 속도로 달려가는 변화 속에서 우리가 여전히 붙잡고 의지할 만한 것은

더했다.[16] 두 사람 모두 미래의 도전에 현명하게 대처하는 요소로 협력과 학습 능력을 추천했다. 그리고 하나의 재앙에 바로 다른 재앙이 뒤따르더라도 사회가 불안에 떨며 분노하지 않으려면 저항력과 낙관주의도 필요하다.

위기 상황에서 시민들은 안전을 원하고, 안전을 지켜 줄 거라고 믿을 수 있는 국가를 원한다. 사회학자 레크비츠는 저항력을 갖춘 사회의 전제 조건으로 〈국가 기관의 신뢰성과 공정성에 대한 신뢰〉[17]를 언급했다. 이런 신뢰 구축을 위해 총리와 그녀의 정부는 과거에 많은 일을 하지 않았다. 그것에 신경 써야 한다는 사실을 잊은 것이다.

지난 20년 동안 모든 주요 위기는 명백한 행정 실패에서 출발했거나, 그런 실패로 이어졌다. 밀레니엄 전환기에 노동부는 수백만 명의 실업자를 어떻게 처리해야 할지 몰라 손 놓고 통계만 작성했다. 금융 위기에서는 독일 금융 기관들에 대한 당국의 감독 실패가 명명백백하게 드러났다. 2015년의 난민 위기에서는 이주와 난민 문제를 다루는 주무 관청의 기능이 마비되었다. 코로나 팬데믹은 관련 부처와 보건 당국의 무능력을 선명하게 보여 주었다. 그때마다 관련 당국은 전면적인 구조 조정을 통해 업그레이드되었고, 새 지도부에 의해 분위기 쇄신이 이루어졌

무엇일까? 그게 무엇인지는 몰라도 그 수가 점점 적어진다는 사실은 명백하다. 이처럼 〈현재〉라고 부를 만한 것들이 점점 줄어드는 현상이 바로 〈현재의 축소〉다. 모든 게 점점 더 빨리 낡은 것이 될수록 우리가 우리의 시간으로 이해하는 현재는 짧아진다.

다. 게다가 이것이 개별 사례인지 아니면 구조적 문제인지에 대한 근본적인 질문도 제기되었다. 하지만 2021년 3월 25일 총리가 코로나에 관한 정부 성명에서 〈우리 사회 시스템의 기능에 심각한 약점〉을 발견했다고 하면서 〈(……) 우리는 더 나아져야 하고 (……) 무언가를 해야 한다〉는 말만 한 것은 과거 위기에서도 했던 말을 거의 그대로 되풀이한 것이나 다름없었다.

2014년에 연방 정부는 〈디지털 어젠다〉 계획을 수립했다. 공무원들이 부처와 관청 복도에서 무겁게 끌고 다니던 서류 카트를 전자 문서로 대체하고, 시민들도 머지않아 모든 행정 서비스를 전자 시스템으로 받게 하겠다는 내용이었다. 하나의 통일적 플랫폼에서 일사불란하게 일할 수 있도록 모든 공무원에게 새 컴퓨터가 곧 제공될 거라는 계획도 잡혀 있었다. 이 모든 과정이 끝나면 평상시는 물론이고 그 어떤 예외적 비상 상황에서도 시민들에게 신속하고 안정적이고 믿을 만한 서비스를 제공할 수 있는, 튼튼하고 위기에도 흔들리지 않는 행정부가 탄생할 거라고 예고했다.

그러나 실상은 달랐다. 『슈피겔』에 따르면 연방 감사원은 2019년 5월 보고서에서 각각 고유한 데이터 아키텍처를 갖춘 96개 데이터 센터와 1천245개 서버실에 대한 감사 결과를 발표했다. 2019년 9월, 감사원의 한 고위 간부는 이 잡지에 이렇게 토로했다. 「BER과 똑같아요. 드러나지만 않았을 뿐이지.」 BER은 원래 계획보다 9년이나 완공이 미뤄지고, 개항 시기가 여섯 번이나 연기되고, 비용도 세 배(60억 유로)나 더 들여 2021년에

문 연 베를린의 대형 공항이다. 아무튼 1년 후 감사원은 디지털 어젠다의 개별 분야에 대한 감사에 착수했는데, 결과는 참혹했다. 품질 관리는 부실했고, 비용 산정 시스템은 엉망이었으며, 이용자를 위한 교범도 만들어지지 않았고, 인터페이스도 정의되지 않았다. 정해진 시간표는 완전히 실현 불가능했다.

내무부 장관 제호퍼는 코로나 팬데믹 상황이 되어서야 1백 명 규모의 〈디지털국〉을 신설했다. 부처 내에서는 스포츠국 다음으로 작은 부서지만, 이번만큼은 유난히 〈기민한 업무 처리〉로 디지털 행정 프로젝트에 30억 유로의 예산이 책정되었다.[18] 그 밑에 〈경찰 2020〉 같은 하위 프로젝트가 있었는데, 2020년까지 경찰의 다양한 정보 시스템과 컴퓨터 프로그램을 통합하겠다는 계획이었다. 그런데 2020년을 넘어 2021년 초에도 프로젝트가 완수되지 않자 이 〈불행한〉 이름을 어떻게 바꿀지 고민에 빠져 또 시간이 흘러갔다. 어쩌면 이 프로젝트 자체가 중단될지도 모른다.

시민들의 안전을 보장하는 핵심 관청인 주민 보호 및 재난 구호청도 제대로 돌아가지 않았다. 2020년 9월 오전 11시, 독일이 통일된 이후 처음으로 이 기관에서 전국적으로 시험 경보를 발령했을 때 이미 모든 것이 삐걱거렸다. 사이렌은 울리지 않았고, 재난 경보 앱은 오후에나 작동했으며, 라디오 뉴스에서는 이 경보를 〈가십〉 정도로 다루었다. 시스템 과부하, 불명확한 의사소통, 책임자 부재 등 총체적 난국이었다. 결국 안정청장은 자리에서 물러나야 했다.

독일에서는 당국이 재난에 따른 국민의 불안을 완화하는 게 아니라 오히려 부추기고 있다. 2020년 코로나 때 똑같은 메시지를 잇달아 보낸 것은 보건 관청만이 아니었다. 보건부 장관도 경제부 장관도 총직원 2천2백 명으로 이루어진 자기 부처 안에서 1년 안에 적절한 위기 대응 팀을 구성하는 데 실패했다. 보건부는 마스크 조달 과정에서 사기를 당했고(사기 친 사람 중에는 기민련 의원도 있었다), 테스트 기기와 백신, 유리병을 구매할 때는 관할권을 두고 불필요한 논쟁을 벌였다. 대부분의 지방 부처들은 제1차 예방 접종 날짜를 정할 때 민간의 콘서트 기획자들보다 더 형편없는 조직력을 보여 주었다. 경제부 장관은 〈11월 원조〉라는 이름이 무색할 정도로 2021년 3월이 다 가도록 기업의 생존에 필수적인 긴급 자금을 모두 지급하지 않았다. 기업인들의 생존 공포와 분노, 무력감이 그해 봄 여론의 분위기를 결정했다. 「집단적으로 깊은 절망에 빠질 때가 많다.」『베회르덴슈피겔*Behördenspiegel*』이 한숨을 내쉬며 보도한 내용이다.

속을 알 수 없는 베냐민 네타냐우와 충동적인 존슨, 포퓰리스트 트럼프가 이끄는 이스라엘과 영국, 미국이 모범적인 독일과 상식이 통하는 유럽보다 백신 접종 면에서 성적이 더 좋다는 사실은 독일로선 참담한 패배 이상의 의미를 지닌다.

「가능한 것으로 우리 자신을 놀라게 합시다! 우리가 할 수 있는 것으로 우리 자신을 놀라게 합시다!」메르켈 총리의 정치적 유언 말미에 나온 이 모토는 연방 정부의 일상적 표어로도 손색이 없을 듯하다. 그녀의 후임자들은 향후 수십 년 안에 발생하는 온갖 위기를 극복할 핵심 열쇠가 여기 있음을 분명히 깨달아야 한다. 자신의 아이디어나 사명감이 아니라. 게다가 위기 상황에서 국가가 저지른 〈실패들〉이 빠르게 잊혔던 메르켈 시대의 운 좋은 외적 환경을 기대해서도 안 된다. 후임자들에게 필요한 것은 분명하다. 힘에 부치는 어떤 상황에서도 실용적으로 행동하고, 학습 능력과 적응력을 갖추고, 국민의 최고 종복으로서 자신의 정부도 국민의 충실한 종복으로 만들어야 한다.

콜 집권 16년 후 나라는 마비되었다. 여당은 피를 철철 흘리며 스캔들로 휘청거렸고, 경제와 노동 시장, 사회 보장 시스템은 깊은 위기에 빠졌다. 당시 독일은 〈유럽의 병자〉였다. 그때 동독 출신 한 여성 정치인이 나타나 서독에 전환점이 되어 주었다. 메르켈의 집권 16년이 지난 지금, 코로나 팬데믹에도 불구하고 경제와 노동 시장, 사회 보장 시스템은 잘 돌아가고 있다. 독일은 다른 나라가 되었다. 그러나 국가 자체는 위기에 더 취약해진 듯하고, 사회적 결속력은 떨어졌으며, 양극화는 증가하고 있다. 여당은 기력을 잃고 스캔들로 둘러싸여 있다. 다시 한번 시스템 쇄신이 필요해 보인다. 정치적 목표 없이는 이룰 수 없는 일이다.

주

1 퇴장

1 Brigitte Talk 2013, 인용: Spiegel, https://www.spiegel.de/politik/deutschland/kanzlerin-im-wahlkampf-merkel-beim-brigitte-talk-a-897824.html.

2 Evelyn Roll: *Die Kanzlerin, Angela Merkels Weg zur Macht*, 5쇄, Berlin, 2019, 34면.

3 Angela Merkel, Der Partei Schaden zugefügt, FAZ 1999년 12월 22일: https://ghdi.ghi-dc.org/docpage.cfm?docpage_id=4595&language=german.

4 2016년 11월 22일, 메르켈 기자 회견, https://www.youtube.com/watch?v=yX0osniWglA.

5 2017년 6월 26일, 잡지 『브리기테*Brigitte*』와의 인터뷰, https://www.youtube.com/watch?v=Nf-2exo0nOs. 2021년 3월 9일 검색.

6 2020년 12월 9일, 연방 예산에 관한 일반 토의, https://www.youtube.com/watch?v=pV2j-QGqBGg.

7 2020년 12월 17일, 영상 회의, https://www.bundeskanzlerin.de/bkin-de/mediathek/merkel-biontech-1829810!mediathek?query=.

8 귄터 바나스 기사 인용, 메르켈의 긴 그림자, FAZ.net 2017년 8월 16일, https://www.faz.net/aktuell/politik/bundestagswahl/parteien-undkandidaten/angela-merkel-meidet-aussagen-um-ihre-nachfolge-15152896.html.

9 Roll: *Die Kanzlerin*, 162면.

10 1991년 10월 28일, 가우스와의 대화, 메르켈이라는 인물에 대해, https://www.youtube.com/watch?v=YQBslPEZceI.

11 Herlinde Koelbl: *Spuren der Macht, Die Verwandlung des Menschen durch das Amt, Eine Langzeitstudie*, München, 1999, 61면.

12 Giovanni di Lorenzo: *Vom Aufstieg und anderen Niederlagen. Gespräche*, 4쇄, Kölln, 2014, 217면.

2 생애

1 Werner Schulz: Angela Merkel ist eine ehrliche Ostdeutsche, Zeit.de 14. 5. 2013, https://www.zeit.de/politik/deutschland/2013-05/angela-merkel-ddr-vergangenheit-fdj-werner-schulz.

2 Alexander Osang: Das Eiserne Mädchen, Spiegel Reporter 3/2000.

3 Jana Hensel: Parität erscheint mir logisch, Interview mit Angela Merkel, Die Zeit 5/2019.

4 Guido Felder: Er gab ihr den Tipp: Geh ins Offene, Theaterintendant Michael Schindhelm über seine gemeinsame Zeit mit Angela Merkel, Blick. ch 7. 10. 2018, https://www.blick.ch/ausland/theaterintendant-michael-schindhelm-ueber-seine-gemeinsame-zeit-mit-angelamerkel-er-gab-ihr-den-tipp-geh-ins-offene-id7379315.html.

5 Christian Grimm, Jana Hensel: Für Ostdeutsche hat die Ara Merkel nicht viel gebracht, Augsburger-Allgemeine.de 25. 10. 2019, https://www.augsburger-allgemeine.de/special/mauerfall/Jana-Hensel-Fuer-Ostdeutschehat-die-Aera-Merkel-nicht-viel-gebracht-id55802576.html.

6 Osang: Das Eiserne Mädchen.

7 캄피노와의 인터뷰, Zu viel von dem Kirsch-Whisky, Spiegel.de 1. 2. 1994, https://www.spiegel.de/spiegel/spiegelspecial/d-52691500.html.

8 Koelbl: *Spuren der Macht*, 49면.

9 1991년 10월 28일, 가우스와의 대화, 메르켈이라는 인물에 대해.

10 같은 곳.

11 Alexander Osang: Der Systemsprenger, Spiegel.de am 1. 10. 2020, https://www.spiegel.de/kultur/berliner-zeitung-verleger-holgerfriedrich-und-seine-ddr-geschichte-a-00000000-0002-0001-0000-000173324622.

12 1991년 10월 28일, 가우스와의 대화, 메르켈이라는 인물에 대해.

13 Gerd Langguth: *Angela Merkel, Aufstieg zur Macht, Biografie, Aktualisierte und erweiterte Neuausgabe*, Munchen 2007, 112면.

14 Jacqueline Boysen: *Angela Merkel, eine Karriere*, Berlin 2005, 32면.

15 1991년 10월 28일, 가우스와의 대화, 메르켈이라는 인물에 대해.

16 Angela Merkel: *Mein Weg, Angela Merkel im Gespräch mit Hugo Müller-Vogg*, Hamburg 2004, 68면.

17 Frankfurter Allgemeine Zeitung, Fragebogen, Angela Merkel, 27. 3. 1992, in: Archiv für Christlich-Demokratische Politik der Konrad Adenauer Stiftung, ACDP PA P12952.

18 1991년 10월 28일, 가우스와의 대화, 메르켈이라는 인물에 대해.

19 Merkel: *Mein Weg*, 55면.

20 Georg Scholl: Die Kunst war, morgens noch in den Spiegel schauen zu können, Interview mit Joachim Sauer, Humboldt Kosmos 96/2010, https://service.humboldt-foundation.de/web/kosmos-titelthema-96-3.html.

21 Merkel: *Mein Weg*, 58면.

22 Merkel: *Mein Weg*, 62면.

23 Merkel: *Mein Weg*, 62면.

24 Michael Schindhelm: *Roberts Reise*, Stuttgart 2000, 286면.

25 Hans-Christoph Keller: Aufbruch und Abschied, Wie sich die Humboldt-Universität vor 30 Jahren zwischen zwei Systemen neu positionierte, Interview mit Joachim Sauer, 25. 9. 2020, https://www.youtube.com/watch?v=6wIjdhhvTMg.

26 Merkel: *Mein Weg*, 59면.

27 Boysen: *Angela Merkel*, 54-55면.

28 Wolfgang Stock: *Angela Merkel, eine politische Biographie*, München 2000, 56-57면.

29 Roll: *Die Kanzlerin*, 91면.

30 2006년 10월 3일, 킬에서 열린 메르켈 총리의 독일 통일 기념식 연설, https://www.bundesregierung.de/bregde/service/bulletin/rede-von-bundeskanzlerin-dr-angela-merkel-797168.

31 2019년 5월 30일, 메르켈 총리의 미국 하버드 대학교 졸업식 연설, https://www.bundesregierung.de/breg-de/aktuelles/rede-von-bundeskanzlerin-merkel-bei-der-368-graduationsfeier-der-harvard-universityam-30-mai-2019-in-cambridge-usa-1633384.

32 Michael Schindhelm: *Roberts Reise*, 291면.

33 2000년 4월 10/11일, 에센에서 열린 기민련 13차 전당 대회 의사록, 113면,

https://www.kas.de/c/document_library/get_file?uuid=06d8881e-126e-6009-3062-ef79043f2a23&groupId=252038.

34 2006년 10월 3일, 통독 기념식 총리 연설.

35 Felder, Er gab ihr den Tipp…

36 자료와 사진으로 보는 독일 역사 제9권, *Zwei deutsche Staaten*, Internet-Version, https://germanhistorydocs.ghidc.org/pdf/deu/Chapter13Doc8.pdf.

37 1991년 10월 28일, 가우스와의 대화, 메르켈이라는 인물에 대해.

38 Merkel: *Mein Weg*, 77면.

39 일메나우 대학 협회(엮음): *30 Jahre Deutsche Einheit, ein Beitrag von Wissenschaftlern und Absolventen der TU Ilmenau in Politik und Verwaltung beim Aufbau der neuen Länder*, Ilmenau 2020, 43면.

40 Merkel: *Mein Weg*, 77면.

41 Steffen Mau, Lütten Klein: *Leben in der ostdeutschen Transformationsgesellschaft*, Berlin 2019, 121면.

42 1991년 10월 28일, 가우스와의 대화, 메르켈이라는 인물에 대해.

43 Mau: *Lutten Klein*, 122면.

44 1989년 12월 16/17일, 〈민주주의 새 출발〉 창당 대회에서 쇼를레머의 발언, http://1989.dra.de/themendossiers/politik/neue-parteien.

45 Merkel: *Mein Weg*, 79면.

46 같은 곳.

47 Boysen: *Angela Merkel*, 107면; Ralph Bollmann: Die Kanzlerin und der Kapitalismus, faz.net 20. 7. 2013, https://www.faz.net/aktuell/wirtschaft/wirtschaftspolitik/angela-merkel-die-kanzlerin-und-der-kapitalismus-12289017.html.

3 남자들

1 Andreas Reckwitz: *Die Gesellschaft der Singularitäten, Zum Strukturwandel der Moderne*, Berlin 2017, 440면.

2 Ivan Krastev: *Europadämmerung, Ein Essay*, Berlin 2017, 20면.

3 Andreas Reckwitz: *Die Gesellschaft der Singularitäten*, 383면.

4 2020년 3월 18일, 총리의 TV 대담, https://www.bundesregierung.de/breg-de/themen/coronavirus/ansprache-derkanzlerin-1732108.

5 2015년 8월 31일, 메르켈 총리의 여름 기자 회견, https://www.bundes
regierung.de/breg-de/aktuelles/pressekonferenzen/sommerpressekonferenz-
von-bundeskanzlerin-merkel-848300.

6 Gerd Langguth: *Angela Merkel*, 391면.

7 Ralf Neukirch, Christoph Schult: Der Männerbund, Der Spiegel
27/2003, 29. 6. 2003, https://www.spiegel.de/politik/der-maennerbund-a-
2475e027-0002-0001-0000-000027497155?context=issue.

8 Hans Peter Schütz, Wolfgang Schäuble: *Zwei Leben*, München 2012,
11면.

9 1993년 12월 1일, 함부르크 여성 동지회가 기민·기사 연합 원내 대표 쇼이
블레에게 보낸 서신, ACDP 08-012-350/8.

10 Der Spiegel, 10. 8. 1992, Im Spagat, Des Kanzlers Zögling wird
widerspenstig: Frauenministerin Merkel kämpft um Profil, in ACDP PAP1
2952.

11 1992년 9월 29일 자「Hannoversche Allgemeine Zeitung」기사, Zu Gast
in Hannover, Die Aufsteigerin, in ACDP PA P1 2952.

12 Wolfgang Schäuble: *Mitten im Leben*, München 2001, 60면.

13 1997년 6월 17일 『프랑크푸르터 룬트샤우』와의 인터뷰, Ökosteuer,
Greenpeace-Positionspapier zur Ökosteuer, Kurzfassung, 10/2002, https://
www.greenpeace.de/themen/umweltgesellschaft/wirtschaft/okosteuer.

14 2018년 10월 19일 『노이엔 취리허 차이퉁』과의 인터뷰, http://www.
wolfgang-schaeuble.de/ich-habe-meineneigenen-kopf-ich-bin-loyal/.

15 Schäuble: *Mitten im Leben*, 60면.

16 헌법 제44조에 따라 연방 의회 제1조사위원회의 결정 권고 및 보고서,
165면, http://dipbt.bundestag.de/dip21/btd/14/093/1409300; Wolfgang
Schäuble: *Mitten im Leben*, 20-21면.

17 Angela Merkel, Der Partei Schaden zugefügt, FAZ 22. 12. 1999,
https://ghdi.ghi-dc.org/docpage.cfm?docpage_id=4595&language=german.

18 Hans Peter Schütz: *Wolfgang Schäuble*, 158면.

19 2019년 9월 25일, 베르톨트 콜러와의 인터뷰, https://www.faz.net/
aktuell/politik/f-a-z-kongress-bundeskanzlerin-angela-merkel-im-
interview-16402441.html.

20 Schäuble: *Mitten im Leben*, 212면.

21 https://www.presseportal.de/pm/6329/104181.

22 Stefan Willeke: Die Unverwüstlichkeit der Schildkröte, Die Zeit Nr. 21/2015, 21. 5. 2015, https://www.zeit.de/2015/21/wolfgangschaeuble-finanzminister-portrait/komplettansicht.

23 2004년 10월 12일, 메르츠가 메르켈에게 보낸 서신, Spiegel.de, https://www.spiegel.de/politik/deutschland/merz-ruecktrittsschreiben-im-wortlaut-liebe-angela-a-322748.html.

24 1991년 10월 28일, 가우스와의 대화, 메르켈이라는 인물에 대해, https://www.youtube.com/watch?v=YQBslPEZceI.

25 1994년 21/23일, 함부르크에서 열린 기민련 제5차 전당 대회 의사록, https://www.kas.de/c/document_library/get_file?uuid=f8687b42-7d73-9c7e-e9d5-e2290057f862&groupId=252038.

26 Ralf Neukirch, Christoph Schult: Der Männerbund, https://www.spiegel.de/politik/der-maennerbund-a-2475e027-0002-0001-0000-000027497155?context=issue.

27 Langguth: *Angela Merkel*, 237면.

28 〈Das soziale Gewissen der CSU streikt〉, spiegel.de 17. 6. 2003, https://www.spiegel.de/politik/debatte/seehofer-und-diegesundheitsreform-das-soziale-gewissen-der-csu-streikt-a-253406.html.

29 Nico Fried, Wolfgang Wittl, Seehofer: Ich lasse mich nicht von einer Kanzlerin entlassen, die nur wegen mir Kanzlerin ist, Sueddeutsche. de 2. 7. 2018, https://www.sueddeutsche.de/politik/seehofer-merkel krisengipfel-1.4037923.

30 Franz Walter: Hybrid, unchristlich, CDU/CSU im Abschied von sich selbst, in Suddeutsche Zeitung vom 12. 8. 2004, dokumentiert in ACDP Nachlass Langguth, 01-365/251/2.

31 Gerd Langguth: Machtspiele, Die 〈leadership〉 von Kohl, Schröder, Merkel und Köhler, Manuskript, open source 08-apg in Hamburg, 30. 6. 2008, dokumentiert in ACDP Nachlass Langguth, 01-365/257/4.

32 Gerd Langguth: Angela Merkel, Zwischen Führung und Moderation, Universität München, 15. 1. 2007, in ACDP Nachlass Langguth 01-365-257/4.

33 Ralph Bollmann: Wenn Schwarz und Grün fein schlemmen gehen, taz 6. 10. 2010, https://taz.de/Wenn-Schwarz-und-Gruen-fein-schlemmengehen/!471944/.

34 〈Der Getriebene〉, Porträt in Cicero.de, https://www.cicero.de/innenpolitik/der-getriebene/48739.

35 Lars Geiges: 〈Muttis Klügster〉 wärmt die CDU-Seele, Spiegel.de 6. 11. 2010, https://www.spiegel.de/politik/deutschland/roettgens-startin-nrw-muttis-kluegster-waermt-die-cdu-seele-a-727690.html.

36 Daniela Vates: Kanzleramtsminister im Portrait, Peter Altmaier ist Angela Merkels Mann für die schwierigen Themen, ksta.de 8. 7. 2015, https://www.ksta.de/politik/kanzleramtsminister-im-portraet-peter-altmaierist-angela-merkels-mann-fuer-die-schwierigen-themen-22763244.

37 Dieter Löffler, Angelika Wohlfrom, Mirjam Moll, Volker Kauder über Angela Merkel, Sind befreundet auf immer, Augsburger-Allgemeine.de 7. 2. 2019, https://www.augsburger-allgemeine.de/politik/Volker-Kauder-ueber-Angela-Merkel-Sind-befreundet-auf-immer-id53417306.html.

38 Christian Lindner: *Schattenjahre, Die Ruckkehr des politischen Liberalismus*, Stuttgart 2017, Ausgabe fur Kindle, Position 957.

39 Axel Vornbäumen: Der coole Baron, Stern.de 18. 7. 2009, https://www.stern.de/politik/deutschland/wirtschaftsminister-karl-theodorzu-guttenberg-der-coole-baron-3810956.html.

40 Ulrike Demmer, Markus Feldenkirchen, Dirk Kurbjuweit, René Pfister, Der Bürgerkonig, Der Spiegel 42/2010, 17. 10. 2010, https://www.spiegel.de/politik/der-buergerkoenig-a-d70be129-0002-0001-0000-000074549664.

41 슈피겔 제목: Die fabelhaften Guttenbergs, Paarlauf ins Kanzleramt, Ulrike Demmer, Markus Feldenkirchen, Dirk Kurbjuweit, René Pfister, Der Bürgerkonig.

42 Joachim Schucht: CSU und FDP, Das Niveau der Beleidigungen sinkt, in: Die Welt 8. 6. 2010, https://www.welt.de/politik/deutschland/article7957025/CSU-und-FDP-Das-Niveau-der-Beleidigungen-sinkt.html.

43 Margaret Heckel: *So regiert die Kanzlerin, Eine Reportage*, München 2009, 239면.

44 Michael Brandt, Armin Himmelrath, Konstantin Zurawski: Versuch eines geordneten Rückzugs, Deutschlandfunk 1. 3. 2011, https://www.deutschlandfunk.de/versuch-eines-geordneten-rueckzugs.724.de.html?dram:article_id=100119.

45 Merkel: *Mein Weg*, 98면.

46 Gregor Schöllgen: *Gerhard Schröder, Die Biographie*, München 2015, 292-293면.

47 같은 책, 305면.

48 Koelbl: *Spuren der Macht*, 57-58면.

49 같은 책, 58면.

50 Schöllgen: *Gerhard Schröder*, 290면.

51 Gerhard Schrooöder, Schlage die Trommel, 2020년 7월 14일 〈Dokumentation Arte〉 방송 프로그램, https://programm.ard.de/TV/arte/gerhard-schr-der---schlage-die-trommel-/eid_287243199185795, in der ARD-Mediathek am 20. 3. 2021 nicht mehr abrufbar.

52 2005년 ZDF 방송 프로그램 〈Berliner Runde〉, https://www.youtube.com/watch?v=pHYbZRFptZM.

53 비싱거가 랑구트에게 보낸 메일, ACDP Nachlass Langguth, 01-365-236/6.

54 Schöllgen: *Gerhard Schröder*, 858면.

4 여자들

1 2017년 4월 25일, 여성 정상 회담, https://www.youtube.com/watch?v=huOuFuODHnc.

2 Jana Hensel: Parität erscheint mir logisch, Die Zeit 5/2019, 24. 1. 2019, https://www.zeit.de/2019/05/angela-merkel-bundeskanzlerin-cdu-feminismus-lebensleistung/komplettansicht.

3 Angela Merkel fordert Recht auf Kita-Platz, Frankfurter Allgemeine Zeitung 27. 7. 1991, ACDP P1 2950.

4 1992년 8월 3일, 메르켈의 「Leipziger Volkszeitung」 편집국 방문, ACDP PA P1 2952.

5 Merkel: *Mein Weg*, 85면.

6 Boysen: *Angela Merkel*, 141-142면. 다른 출처들에서는 메르켈에게 귀띔해 준 사람으로 데메지에르와 마스를 지목하기도 한다. 콜 자신은 그 사람이 크라우제 라고 말했다. Wolfgang Stock: *Angela Merkel*, 87면.

7 Ministerinnen, Ein bisschen zustandig, Der Spiegel 8/1991 17. 2. 1991, https://www.spiegel.de/politik/ein-bisschen-zustaendig-a-2e7db8

6f-0002-0001-0000-000013489095.

8 Der Tagesspiegel 1.8.1992, ACDP PA P1 2952.

9 Die Bunte, 2.4.1992, ACDP PA P1 2952.

10 1991년 10월 28일, 가우스와의 대화, 메르켈이라는 인물에 대해.

11 Georg Paul Hefty: Die normalste Sache der Welt, Frankfurter Allgemeine Zeitung 4.4.1992, ACDP PA P1 2952.

12 Joachim Neander: Ein Ausflug an die Macht als Selbstexperiment, Die Welt 23.10.1992, ACDP PA P1 2152.

13 Merkel: *Mein Weg*, 91면.

14 Werner Bajohr: Ohne Scheu durch vermintes Gelände, Christ und Welt 19.7.1991, ACDP PA P1 2950.

15 2017년 6월 28일, 『브리기테』와의 인터뷰, https://www.youtube.com/watch?v=Nf-2exo0nOs.

16 1991년 10월 28일, 가우스와의 대화, 메르켈이라는 인물에 대해.

17 2005년 9월 4일, 메르켈과 슈뢰더의 TV 양자 토론, https://www.youtube.com/watch?v=Hybsgj1MIZ4.

18 Friedbert Pfluger: Der falsche Mann, das falsche Signal, Die Zeit 41/1993, https://www.zeit.de/1993/41/der-falsche-mann-dasfalsche-signal/komplettansicht.

19 Friedemann Weckbach-Mara: Ganz Bonn spottet über das Emanzipationsgesetz von Frau Merkel: Würden Sie diese Frau einstellen? Bild am Sonntag 16.2.1992, ACDP P1 2952.

20 Karin Janker, Susanne Klein: Die Union genügt "nicht den Ansprüchen einer Volkspartei", Sueddeutsche.de vom 5.5.2018, https://www.sueddeutsche.de/politik/merkel-zum-frauenanteil-in-der-cdu-dieunion-genuegt-nicht-den-anspruechen-einer-volkspartei-1.3968783.

21 Roll: *Die Kanzlerin*, 176면.

22 2019년 5월 30일, 제368회 하버드 대학교 졸업식 연설, https://www.bundesregierung.de/breg-de/aktuelles/rede-von-bundeskanzlerinmerkel-bei-der-368-graduationsfeier-der-harvard-university-am-30-mai-2019-in-cambridge-usa-1633384.

23 Merkel: *Mein Weg*, 98면.

24 Mariam Lau: die CDU und die Frauen, in: Norbert Lammert(엮은이): *Christlich Demokratische Union, Beiträge und Positionen zur Geschichte der*

CDU, München 2020, 397-418면, 411면.

25 1월 15/16일, 제33차 기민련 전당 대회에서 메르츠의 당 대표직 출마 연설, https://www.cdu-parteitag.de/reden-berichte.

26 Christian Rickens: Friedrich Merz' Sprache gibt Einblicke in sein Weltbild-und das ist eines von gestern, Handelsblatt.de am 17. 1. 2021, https://www.handelsblatt.com/meinung/kommentare/kommentarfriedrich-merz-sprache-gibt-einblicke-in-sein-weltbild-und-das-ist-einesvon-gestern/26825216.html.

27 Merkel: *Mein Weg*, 88면.

28 「Märkischen Oderzeitung」과의 인터뷰, Roll: 『Die Kanzlerin』, 284면.

29 Roll: *Die Kanzlerin*, 376면.

30 Langguth: *Angela Merkel*, 300면.

5 성공

1 Hans-Peter Schwarz: Die neueste Zeitgeschichte, in: Vierteljahrshefte für Zeitgeschichte, 51/2003, Heft 1, S. 5-28, S. 5, https://www.ifz-muenchen.de/heftarchiv/2003_1_2_schwarz.pdf.

2 Heinrich August Winkler: *Der lange Weg nach Westen*, 제2권, Deutsche Geschichte vom "Dritten Reich" bis zur Wiedervereinigung, München 2002, 393면.

3 1988년 6월, 콜 총리가 세계 경제 정상 회담 참석차 토론토로 가던 비행기 안에서 기자들에게 한 말이다. Nina Grunenberg: Endlich wieder ein Pilot im Flugzeug, Die Zeit 26/1988 24. 6. 1988, https://www.zeit.de/1988/26/endlich-wieder-ein-pilot-im-flugzeug/komplettansicht.

4 Der Spiegel 37/1998 6. 9. 1998, https://www.spiegel.de/politik/richtig-gut-drauf-a-35d49bf6-0002-0001-0000-000007971254?context=issue.

5 『독일 미래를 위한 대화록*Dialog über Deutschlands Zukunft*』 출간 기념으로 2012년 7월 2일 총리청에서 열린 토론회, https://archiv.bundesregierung.de/archiv-de/mediathek/videos/diskussionsveranstaltung-im-bundeskanzleramt-816342.

6 Kai Diekmann, Rolf Kleine: Interview mit Altkanzler Gerhard Schröder, Die heutige Regierung hat mit dem Aufschwung nicht viel zu tun, Bild.de 27. 10. 2010, https://www.bild.de/politik/2010/bild-interview-

regierungaufschwung-14435778.bild.html.

7 Economist, The sick man of the euro, Special, 5. 6. 1999.

8 2005년 11월 30일, 메르켈 총리가 연방 의회에서 발표한 정부 성명, 고시 93-1호, https://www.bundesregierung.de/breg-de/service/bulletin/regierungserklaerung-von-bundeskanzlerin-dr-angela-merkel-795782.

9 1969년 10월 28일, 브란트 총리가 연방 의회에서 발표한 정부 성명, https://www.willybrandt-biografie.de/wp-content/uploads/2017/08/Regierungserklaerung_Willy_Brandt_1969.pdf.

10 Gerd Langguth: *Angela Merkel*, 344면.

11 Jochen Wegner: Angela Merkel, der schwarze Schwan, Zeit.de 16. 7. 2014, https://www.zeit.de/politik/deutschland/2014-07/angela-merkelzum-60-geburtstag/komplettansicht.

12 Peter Sloterdijk: Der Merkel-Faktor, Neue Zürcher Zeitung(Online-Ausgabe) 18. 9. 2017, https://www.nzz.ch/feuilleton/der-merkel-faktor-ld.1316870.

13 Dirk Koch, Sylvia Schreiber: Viele Ideen, aber kein Konzept, Der Spiegel 22/1999 30. 5. 1999, https://www.spiegel.de/politik/viele-ideen-aber-kein-konzept-a-ca9f5701-0002-0001-0000-000013470362?context=issue.

14 Stefan Kornelius: *Angela Merkel, Die Kanzlerin und ihre Welt*, Berlin 2013, 218-219면.

15 Barack Obama: *Ein verheißenes Land*, München 2020, Kindle-Ausgabe, 472면.

16 Margaret Heckel: *So regiert die Kanzlerin, Eine Reportage*, München 2009, 18-19면.

17 Finanzkrise, Bundesregierung rügt Ackermann, Zeit-online.de 20. 10. 2008, https://www.zeit.de/online/2008/43/ackermann-kritik.

18 2008년 4월 22일 화요일 저녁 7시 아커만의 생일 축하연, netzpolitik.org, https://netzpolitik.org/wp-upload/ackermann-abendessen.pdf.

19 Der Tagesspiegel, Kanzlerin knallhart, tagesspiegel.de, 26. 6. 2012, https://www.tagesspiegel.de/politik/kanzlerin-knallhart-merkel-keineeurobonds-solange-ich-lebe/6802298.html.

20 2012년 8월 31일, 총리청에서 배포한 언론 자료, China, Gute wirtschaftliche Zusammenarbeit, https://www.bundeskanzlerin.de/bkin-de/angela-merkel/terminkalender/reiseberichte/gute-wirtschaftliche-

zusammenarbeit-604546.

21 Michael Brocker: Ronald Pofalla, Raufbold, Stratege, Merkel-Vertrauter, rp-online.de 14. 12. 2013, https://www.bundeskanzlerin.de/bkin-de/angela-merkel/terminkalender/reiseberichte/gute-wirtschaftlichezusamme narbeit-604546.

22 Barack Obama: *Ein verheißenes Land*, 471면.

23 Karl Rudolf Korte: Neue Berliner Armutsasthetik, in: Internationale Politik 2, Februar 2006, 78-79면, https://internationalepolitik.de/de/neue-berliner-armutsaesthetik.

24 Sebastian Graf von Bassewitz, Laurence Chaperon: 『Angela Merkel, Das Portrait』, München 2009.

25 Andreas Kynast: Vorkehrungen bei Merkel-Reisen, Bloß nichts Weißes hinter der Kanzlerin, zdf.de 7. 5. 2019, https://www.zdf.de/nachrichten/heute/kanzlerin-exklusiv-vorkehrungen-bei-merkel-reisen-100.html.

26 Merkel: *Mein Weg*, 131면.

27 Miriam Hollstein, Dancia Bensmail: Ich bin Merkels Selfie-Flüchtling, bild.de 27. 8. 2016, https://www.bild.de/politik/inland/angela-merkel/ich-bin-merkels-selfie-fluechtling-47531686.bild.html.

6 실수

1 2013년 6월 12일, 연방 대통령 가우크가 전 독일 의회 의원들과 유럽 의회 의원들을 만나서 한 말이다. bundespraesident.de, https://www.bundespraesident.de/SharedDocs/Reden/DE/Joachim-Gauck/Reden/2013/06/130612-Empfang-ehemaliger-MdB.html?nn=1891680.

2 Margaret Heckel: *So regiert die Kanzlerin*, 239면.

3 메르켈이 2013년 10월 23일 유럽 연합 정상 회담에서 했던 말이다. Marlies Uken, Für Merkel geht Abhören unter Freunden gar nicht, zeit.de 24. 10. 2013, https://www.zeit.de/wirtschaft/2013-10/eu-gipfel-datenschutz/komplettansicht.

4 Giovanni di Lorenzo: Ich bin in Schuld verstrickt, Gespräch mit Altbundeskanzler Helmut Schmidt, Die Zeit 30. 8. 2007: zeit.de 30. 8. 2007, https://www.zeit.de/2007/36/Interview-Helmut-Schmidt/komplettansicht.

5 Florian Flade, Geord Mascolo: Kanzleramt hält Geheimdienst-Buch

zurück, Tagesschau.de 3. 2. 2020, https://www.tagesschau.de/investigativ/ndr-wdr/bnd-schindler-memoiren-101.html.

6 2014년 10월 31일, 메르켈 총리가 연방 헌법 수호청에서 기자들에게 한 발언. https://www.bundesregierung.de/breg-de/aktuelles/pressestatement-von-bundeskanzlerinmerkel-im-bundesamt-fuer-verfassungsschutz-am-31-oktober-2014-844896.

7 2008년 3월 18일, 메르켈 총리의 이스라엘 의회 연설, https://www.bundes regierung.de/breg-de/service/bulletin/rede-von-bundeskanzlerin-dr-angela-merkel-796170.

8 Angela Merkel, Schroeder doesn't speak for all Germans, in: Washington Post 20. 2. 2003, https://www.washingtonpost.com/archive/opinions/2003/02/20/schroeder-doesnt-speak-for-all-germans/1e88b69d-ac42-48e2-a4ab-21f62c413505/.

9 Stefan Kornelius: *Angela Merkel*, 155면.

10 2010년 10월, 연방군 구조 조정 위원회 보고서 *Vom Einsatz her denken, Konzentration, Flexibilitat, Effizienz*, 34면, https://www.roderich-kiesewetter. de/fileadmin/Service/Dokumente/20101026-weise-kommisionsbericht.pdf.

11 국방부 장관 데메지에르가 기민·기사 연합 원내 집행부 회의에서 내놓은 말이다. Sueddeutsche.de 18. 5. 2011, https://www.sueddeutsche.de/politik/bundeswehrreformrede-in-berlin-de-maiziere-beklagt-gravierende-maengel-bei-armee-1.1098936.

12 Erich Vad: Angela Merkel und das Dilemma deutscher Sicherheitspolitik-eingeklemmt zwischen Pazifismus und maroder Bundeswehr, in: Philipp Plickert(엮은이): *Merkel, eine kritische Bilanz*, München 2017, 237-248면.

13 sueddeutsche.de 29. 7. 2020, https://www.sueddeutsche.de/politik/verteidigung-trump-deutschland-schuldet-der-nato-abermilliarden-dollar-dpa.urn-newsml-dpa-com-20090101-200729-99-969677.

14 Alison Smale, Steven Erlanger: Donald Trump's Election Leaves Angela Merkel as the Liberal West's Last Defender, New York Times 21. 11. 2016.

15 2020년 세대 화합 위원회 보고서, https://www.bmas.de/SharedDocs/Downloads/DE/Rente/Kommission-Verlaesslicher-Generationenvertrag/bericht-derkommission-kurzfassung.pdf?_blob=publicationFile&v=1, S. 4.

16 Robin Alexander: *Die Getriebenen, Merkel und die Flüchtlingspolitik*,

Report aus dem Innern der Macht, München 2017, Kindle-Ausgabe, Position 305.

17 Peter Stauber, David Cameron: Das waren noch Zeiten, zeit.de 20. 9. 2019, https://www.zeit.de/politik/ausland/2019-09/davidcameron-ex-premierminister-grossbritannien-autobiografie.

18 2015년 8월 25일, 연방 대통령이 베를린의 한 난민 숙소를 방문했을 때 한 말이다. https://www.bundespraesident.de/SharedDocs/Berichte/DE/Joachim-Gauck/2015/08/150825-Besuch-Fluechtlinge-Wilmersdorf.html.

19 제19대 연방 의회에서 의원들의 질문에 연방 정부가 답변하던 중에 나온 말이다. https://dip21.bundestag.de/dip21/btd/19/085/1908570.pdf.

20 Jana Hensel: Mein Angela-Merkel-Gefühl, Zeit im Osten 45/2018 31. 10. 2018, https://www.zeit.de/2018/45/bundeskanzlerin-angelamerkel-staatsfrau-abschied/komplettansicht.

21 Justus Haucap: Wettbewerb auf dem Energiemarkt, Standpunkt für die Ludwig-Erhard-Stiftung, 24. 8. 2017, https://www.ludwig-erhard.de/erhard-aktuell/standpunkt/wettbewerb-auf-dem-energiemarkt/.

22 Katrin Göring-Eckardt: Was die Grünen verändert hat, in: Michael Wedell, Georg Milde(엮은이): *Avantgarde oder angepasst, Die Grünen-eine Bestandsaufnahme*, Berlin 2020, 122-128면.

23 Ralph Bollmann: *Die Deutsche Angela Merkel und wir*, Stuttgart 2013, 72면.

24 같은 책, 72면.

25 Merkel: *Mein Weg*, 99면.

26 Sven Afhüppe, Michael Sauga: Gemurre im Schnee, Der Spiegel 5/2006 29. 1. 2006, https://magazin.spiegel.de/EpubDelivery/spiegel/pdf/45624805.

27 Ralph Bollmann, Georg Meck: Die Entfremdung, faz.net 4. 2. 2018, https://www.faz.net/aktuell/wirtschaft/angela-merkel-und-die-managerdie-entfremdung-15431453.html.

28 2010년 6월 30일, 제호퍼, sueddeutsche.de 30. 6. 2011, https://www.sueddeutsche.de/politik/zitate-zur-atomdebatte-hoch-lebe-die-kernkraft-die-kernkraft-muss-weg-1.1072431.

29 2011년 3월 12일, 일본 지진에 대한 메르켈 총리와 외무부 장관 베스터벨레의 기자 회견 및 보도 자료, bundeskanzlerin.de, https://www.bundeskanzlerin.de/bkin-de/aktuelles/pressestatements-von-bundeskanzlerinangela-merkel-

und-bundesminister-guido-westerwelle-zum-erdbeben-injapan-am-12-maerz-2011-846942.

7 실망

1 2021년 3월 24일, 제33차 기민련 전당 대회에서 당 대표 크람프카렌바워의 보고, https://www.cduparteitag.de/reden-berichte.

2 같은 곳.

3 Florian Harms: Merkels Machtwort zum Thüringen-Tumult, t-online.de 6. 2. 2021, https://www.t-online.de/nachrichten/deutschland/id_87289464/thueringen-wahl-angela-merkels-machtwort-imvideo-klare-worte.html.

4 Tatjana Heid: Krise des Konservatismus?, "Ein echter Konservativer weiß, dass alles immer schlechter wird", Interview mit Andreas Rodder, faz.net 4. 5. 2018, https://www.faz.net/aktuell/politik/inland/konservativ-was-ist-das-andreas-roedder-im-interview-15570489.html.

5 2017년 6월 26일, 『브리기테』와의 총리 인터뷰, https://www.youtube.com/watch?v=Nf-2exo0nOs.

6 Tilman Kuban, Carsten Linnemann: Aufbruch für einen neuen Konservatismus, 2021년 2월 14일 기자 회견, https://www.junge-union.de/aktuelles/aufbruch-fuer-einen-modernen-konservatismus/.

7 Matthias Geyer, Merkels Hirn, spiegel.de 25. 7. 2004, https://www.spiegel.de/panorama/merkels-hirn-a-82768727-0002-0001-0000-000031617109.

8 Peter Müller: Das Gehirn würfelt nicht, Der Spiegel 29/2014 13. 4. 2014, https://magazin.spiegel.de/EpubDelivery/spiegel/pdf/128101525.

9 2015년 9월 15일, 메르켈 총리와 파이만 오스트리아 총리의 기자 회견, https://www.bundesregierung.de/breg-de/aktuelles/pressekonferenzen/pressekonferenz-von-bundeskanzlerin-merkel-und-dem-oesterreichischen-bundeskanzler-faymann-844442.

10 같은 곳.

11 메르켈 총리, 시민과의 대화 〈독일에서 잘살기〉, 2015년 7월 15일, 로스토크. bundeskanzlerin.de, https://www.bundeskanzlerin.de/bkin-de/mediathek/merkel-im-dialog-mit-jugendlichen-1518450!mediathek?query=.

12 Chantal Schäfer: Merkels Flüchtlingsmädchen Reem (14), "Ich bin die Einzige in meiner Klasse mit einer 1 in Deutsch", Bild am Sonntag 19. 7. 2015,

bild.de 19. 5. 2015, https://www.bild.de/politik/inland/fluechtling/jetzt-
erzaehlt-reem-der-welt-ihre-geschichte-41847636.bild.html.

13 Jesse Coburn, Tearful Moment with Merkel turns Migrant Girl into
a Potent Symbol, New York Times 20. 7. 2015, nytimes.com, https://www.
nytimes.com/2015/07/21/world/europe/legislationgives-hope-to-girl-who-
shared-plight-with-merkel.html.

14 2015년 8월 31일, 메르켈 총리의 여름 기자 회견, bundesregierung.
de, https://www.bundesregierung.de/bregde/aktuelles/pressekonferenzen/
sommerpressekonferenz-von-bundeskanzlerin-merkel-848300.

15 Deutschland-Auenland, Kulturzeit 3Sat 13. 9. 2017, https://www.3sat.
de/kultur/kulturzeit/deutschland-auenland-100.html.

16 예를 들어, 2014년 2월 19일 파리에서 열린 OECD 회의에서 메르켈
총리의 연설, bundeskanzlerin.de, https://www.bundeskanzlerin.de/bkin-
de/aktuelles/rede-von-bundeskanzlerin-merkel-im-rahmen-der-oecd-
konferenz-478208.

17 2005년 9월 18일, 푀닉스 텔레비전 선거 방송, 슈뢰더에서 메르켈로의 정
권 교체, https://www.youtube.com/watch?v=AzuQgnnPRCA.

18 2015년 9월 3일, 메르켈 총리의 베른 대학교 방문, https://www.youtube.
com/watch?v=-7Y-3vOMKQs.

19 같은 곳.

20 레조: 기민련의 파괴, 2019년 5월 18일, https://www.youtube.com/
watch?v=4Y1lZQsyuSQ.

21 Christian Lindner, Statement zum Ende der Sondierungsgespräche,
liberale.de 20. 11. 2017, https://www.liberale.de/content/besser-
nichtregieren-als-falsch.

22 2011년 6월 9일, 제114차 연방 의회 본회의 속기록 17/114, https://dipbt.
bundestag.de/dip21/btp/17/17114.pdf.

23 2018년 12월 7/8일, 기민련 제31차 전당 대회, 기민련 당 대표이자 연방
총리 메르켈의 보고, kas.de, https://www.kas.de/documents/291599/29164
8/31.+Parteitagsprotokoll_2018_Internet.pdf/62e3c155-8af0-5cb7-8004-
900323d2ad32?t=1560859494371.

8 재앙

1 Jens Kersten, Stefan Rixen: *Der Verfassungsstaat in der Corona-Krise*, München 2020, 148면.

2 부활절 셧다운 계획은 실수였다. 2021년 3월 24일 메르켈 총리의 공식 발언, https://www.bundeskanzlerin.de/bkin-de/mediathek/videos/merkel-statement-osterruhe-1881092!mediathek?query=.

3 Andreas Schäfer, Michael Zürn: *Die demokratische Regression, Die politischen Ursachen des autoritären Populismus*, Berlin 2021, 133면.

4 2020년 4월 19일, 라디오 방송 「도이칠란트풍크」〈이 주의 인터뷰〉에서 라셰트(기민련)는 다음과 같이 말했다. 「내가 어떤 결정을 내려야 할지는 바이러스 학자들이 말해 주는 것이 아닙니다.」 https://www.deutschlandfunk.de/lockerung-der-coronavirus-massnahmen-laschet-cdu-mir-sagen.868.de.html?dram:article_id=474970.

5 Ministerpräsident Winfried Kretschmann am 13. 12. 2021 im Heute Journal, zdf.de, https://www.zdf.de/nachrichten/politik/corona-shutdown-kretschmann-100.html.

6 Bodo Ramelow am 7. 1. 2021 in der Sendung "Markus Lanz", zdf.de, https://www.zdf.de/gesellschaft/markus-lanz/markus-lanz-vom-7-januar-2021-100.html.

7 2020년 11월 26일, 메르켈 총리의 정부 성명에 관한 질의 응답, 기민·기사 연합의 브링크하우스, 본회의 속기록 19/195, https://www.bundestag.de/resource/blob/810584/cdebb649c7a6121290fb6aa38c953899/19195-data.xml.

8 Katja Gloger, Georg Mascolo: *Ausbruch, Innenansichten einer Pandemie, die Corona-Protokolle*, München 2021, Kindle-Ausgabe, 279면.

9 2020년 6월 16일, 총리청장 브라운 박사가 코로나 경보 앱을 공식 소개했다. bundesregierung.de, https://www.bundesregierung.de/breg-de/aktuelles/corona-warn-app-1760936.

10 Bertelsmann-Stiftung, ePA-Einführung, Lehren aus den Erfahrungen mit der Corona-Warn-App, Spotlight Gesundheit, Daten, Fakten, Analysen 2/2021, bertelsmann-stiftung.de, https://www.bertelsmann-stiftung.de/fileadmin/files/user_upload/SG_ePA_Einfuehrung_final.pdf.

11 European Medicines Agency, Update on assessment of the BionTech and Pfizer BNT162b2 vaccine marketing authorization application,

Pressemitteilung von 15. 12. 2020, ema.europe.eu, https://www.ema.europa.eu/en/news/update-assessment-biontech-pfizer-bnt162b2-vaccine-marketing-authorisation-application.

12 Cordula Eubel, Nantke Garrelts, Hans Monath: 총리의 권위가 〈거의 비극적으로 파괴되다〉, 하베크와의 인터뷰, Tagesspiegel.de 31. 5. 2020, https://www.tagesspiegel.de/politik/roberthabeck-zur-corona-politik-autoritaet-der-kanzlerin-auf-fast-tragischeweise-zerstoert/25874684.html.

13 Peter Graf Kielmansegg, Belagerte Demokratie: Legitimität in unsicheren Zeiten, in: Martin Florack, Karl-Rudolf Korte, Julia Schwanholz: *Coronakratie, Demokratisches Regieren in Ausnahmezeiten*, Frankfurt/NewYork 2021, 43-49면.

14 정치학자 구나르 폴케 슈페르트Gunnar Folke Schuppert는 현대 공법 연감에 발표할, 자신의 법률적 문화사적 에세이 「눈을 뜨게 해준 코로나 위기」를 2020년 12월에 필자가 사용할 수 있도록 허락해 주었다.

15 Herlinde Koelbl: *Spuren der Macht*, 56면.

16 Dirk Kurbjuweit: *Angela Merkel, Die Kanzlerin für Alle?*, München 2009, 154면.

9 유산

1 2019년 5월 30일, 하버드 대학교 제368회 졸업식에서 메르켈의 연설, https://www.bundesregierung.de/breg-de/aktuelles/rede-von-bundeskanzlerin-merkel-bei-der-368-graduationsfeier-der-harvard-universityam-30-mai-2019-in-cambridge-usa-1633384.

2 2016년 11월 17일, 메르켈 총리와 오바마 대통령의 공동 기자 회견, bundesregierung.de, https://www.bundesregierung.de/breg-de/aktuelles/pressekonferenz-vonbundeskanzlerin-merkel-und-dem-praesidenten-der-vereinigten-staatenvon-amerika-barack-obama-am-17-november-2016-844476.

3 Stefan Kornelius: *Angela Merkel*, 273면.

4 2017년 9월 26일, 소르본 대학교에서 마크롱의 연설, 〈주도권을 쥔 유럽〉, https://www.diplomatie.gouv.fr/IMG/pdf/macron_sorbonne_europe_integral_cle4e8d46.pdf.

5 Emmanuel Macron, Fuür einen Neubeginn in Europa, Die Welt

4. 3. 2019, https://www.welt.de/debatte/kommentare/plus189751165/Emmanuel-Macron-Wir-Europaeer-muessen-uns-gegen-die-Nationalisten-zur-Wehrsetzen.html.

6 〈내가 살아 있는 한〉 유로본드는 절대 안 된다는 메르켈의 말은 다음에서 인용했다. tagesspiegel.de, https://www.tagesspiegel.de/politik/kanzlerin-knallhart-merkel-keine-eurobonds-solange-ich-lebe/6802298.html.

7 2018년 12월 7/8일, 함부르크에서 열린 기민련 제31차 전당 대회 의사록 27면, 당 대표 보고서. kas.de, https://www.kas.de/documents/291599/291648/31.+Parteitagsprotokoll_2018_Internet.pdf/62e3c155-8af0-5cb7-8004-900323d2ad32?t=1560859494371.

8 Matthew Qvortrup: *Angela Merkel, Europe's Most Influential Leader*, New York 2017, 217면.

9 Christine Lagarde: Angela Merkel-Striking the right Note on Leadership, HHL Leipzig Graduate School of Management, August 31, 2019, imf.org, https://www.imf.org/en/News/Articles/2019/08/31/sp083119-Angela-Merkel-Striking-the-Right-Note-on-Leadership.

10 Alexander Osang: Die deutsche Queen, Spiegel 20/2009 10. 5. 2009, spiegel.de, https://www.spiegel.de/politik/die-deutschequeen-a-25f444a0-0002-0001-0000-000065330394.

11 2019년 5월 30일, 하버드 대학교 제368회 졸업식에서 메르켈의 연설, https://www.bundesregierung.de/breg-de/aktuelles/rede-von-bundeskanzlerin-merkel-bei-der-368-graduationsfeier-der-harvard-universityam-30-mai-2019-in-cambridge-usa-1633384.

12 「유럽에 좋은 것은 독일에도 좋았고 지금도 좋습니다」, 2020년 6월 27일, 유럽 신문들과의 인터뷰, bundesregierung.de, https://www.bundesregierung.de/breg-de/themen/europa/interview-kanzlerin-sz-1764690.

13 유로화 안정화 조치에 대한 정부 성명, 2010년 5월 19일, 연방 의회 속기록, archiv.bundesregierung.de, https://archiv.bundesregierung.de/archiv-de/regierungserklaerung-von-bundeskanzlerin-merkel-zu-den-euro-stabilisierungsmassnahmen-1122352.

14 2019년 5월 30일, 하버드 대학교 제368회 졸업식에서 메르켈의 연설, https://www.bundesregierung.de/breg-de/aktuelles/rede-von-bundeskanzlerin-merkel-bei-der-368-graduationsfeier-der-harvard-universityam-30-mai-2019-in-cambridge-usa-1633384.

15 같은 곳.

16 Hermann Lübbe: Gegenwartsschrumpfung, in: Ralph Kray u. a.: *Autorität*, *Spektren harter Kommunikation*, Opladen 1992, 78-91면.

17 Andreas Reckwitz: Die Politik der Resilienz und ihre vier Probleme, in: Der Spiegel 10/2021.

18 2020년 5월 29일, 내무부 언론 발표, bmi.bund.de. https://www.bmi. bund.de/SharedDocs/pressemitteilungen/DE/2020/05/abteilung-dv.html.

옮긴이의 글
특별함이 없는 특별한 총리

불쑥 이런 생각이 든다. 우리가 통일이 되었다고 가정했을 때 북한 출신의 누군가가 통일 한국의 대통령에 당선되는 게 가능할까? 그것도 지금껏 공부만 해온 북한 여성이? 상상이 가지 않는다. 아니, 불가능해 보인다. 그런데 저 멀리 독일 땅에서는 그게 현실이 되었다. 동독 출신의 여성 물리학자가 서독 정계 진출 15년 만에 통일 독일의 정부 수반에 올라 16년 동안 독일을 통치하고 유럽 연합을 호령한 것이다. 앙겔라 메르켈의 이야기다. 어떻게 그런 일이 가능했을까?

수수한 옷차림, 화장기 없는 순진한 얼굴, 자분자분한 말투, 주인공이 되기보다 한쪽 구석에 서서 전문가의 의견을 경청하는 조연 같은 주인공, 어느 것 하나 특별해 보이지 않는 동독 출신의 촌스런 여성이 경제와 노동 시장, 사회 보장 제도 면에서 유럽의 병자 취급을 받던 독일을 국제적 모범국으로 끌어올렸다. 사실 메르켈은 극우와 포퓰리즘의 바람이 거세진 21세기의 다른 주요국 지도자들과 비교하면 정말 놀라울 정도로 특별함이 없다. 예를 들어 전 미국 대통령 도널드 트럼프를 비롯해 블라디미르 푸틴, 에마뉘엘 마크롱, 영국의 보리스 존슨은 어떻게든 자신을 부각시켜 선거 승리와 정치적 주도권을 잡으려는, 카리스마 넘치고 가끔은 대중 선동도 마다하지 않는 정치인들이었다. 이런 이들에 둘러싸여 그녀는 어떻게 자신의 의지를 관철할 수 있었을까?

동독에서 목사의 딸로 태어나 물리학을 공부한 메르켈 박사는 통일 격동기에 갑자기 정치판에 뛰어들었고, 통일 뒤에는 헬무트 콜 총리에 의해 일약 여성부 장관에 발탁되어 본격적으로 정치를 시작했다. 뒤이은 부상은 놀라웠다. 환경부 장관에 이어 기민련 당 부대표, 사무총장, 당 대표로 수직 상승하다가 마침내 독일 총리직을 거머쥐었다. 여기엔 운이 많이 따라 주었다. 통일 독일의 내각에는 통합이라는 명분하에 동독 출신의 인물이 필요했는데, 거기다 소수자 배려 차원에서 여성이면 금상첨화였다. 이렇게 해서 낙점된 것이 메르켈이었다. 그러니까 그녀는 인맥과 정치적 상황이 만들어 낸 시대의 행운아였다. 게다가 총리에 연속으로 네 번 당선된 것도 독일의 특수한 정치 제도가 아니었으면 불가능했을 것이다. 의원 내각제인 독일은 의회에서 총리를 선출했다. 만일 직접 선거로 정부 수반을 뽑는 나라였다면 메르켈처럼 수사적 재능도 원대한 비전도 확고한 신념도 카리스마도 없는 정치인은 당선될 리 만무했다. 또한 여당인 기민·기사 연합은 단독으로 과반을 넘긴 적이 없음에도 늘 의회 제1당을 유지했기에 다른 정당과의 연정 협상을 통해 자당 후보를 총리에 올릴 수 있었다. 의회 의석 분포에 따른 절묘한 결과다.

그렇다면 이 모든 걸 행운으로만 돌릴 수 있을까? 사실 살면서 누구에게나 한 번쯤은 운이 찾아온다. 하지만 실력이 받쳐주지 않으면 그건 일회성에 그친다. 운을 부여잡고 성공을 거두었다면 그 뒤엔 분명 노력과 능력이 자리하고 있다. 메르켈 역시 그랬다. 그녀에게는 어떤 재능이 있을까?

통일 독일에서 그녀의 정치 생활은 온통 가시밭길이었다. 서독은 여전히 남성 중심의 사회였고, 권력자들도 대부분 남성이었다. 이런 상황에서 자식이 없고 재혼한 동독 출신의 여성에게 당내 기반과 우군이 있을 리 없었다. 동료 정치인들과 언론은 기껏해야 약간의 경멸을 담은 너그러운 미소로 바라볼 뿐이었다. 메르켈은 어떻게 대처했을까? 자신을 드러내지 않고 참을성 있게 기다렸다. 그리고 결정적인 기회가 왔을 때 남들보다 한발 먼저 움직였다. 게다가 자신의 신념을 고집하지 않고 타협 정신과 사고의 유연성을 보여 주었다.

그녀에게 부동의 원칙은 없다. 인류의 미래가 달린 기후 위기 같은 예외적인 경우만 제외하고 다른 영역에서는 상황이 바뀌면 얼마든지 기존의 신념을 포기한다. 그걸 보고 기회주의적이라고 비난할 수는 있지만, 그녀는 원칙을 버림으로써 현실을 바꿀 수만 있으면 타협을 마다하지 않는다. 이런 실용주의적 태도 때문에 기민련의 전통적인 정신을 무너뜨렸다는 비판이 나오지만, 시대가 바뀌었다. 21세기는 거창한 이념의 시대가 아니다. 원대한 비전을 앞세워 세상을 바꾸는 영웅의 시대도 아니고, 잘못된 세상을 올바로 이끌겠다는 사명감의 시대도 아니다. 메르켈은 이념 대신 냉철한 합리성으로 그때그때의 위기와 난맥상을 잘 관리하고, 실행 가능한 것만 추구하면서 나라를 안정시키고, 사회 각계와 국제 사회의 갈등을 끈기 있게 조정하고, 자신의 실수를 스스로 수정해 나가는 지도자였다. 달리 말하자면, 특별함이 없는 것이 특별한 지도자이자, 탁월함이 아닌 평범성의 천재였다. 어쩌면 여전히 이념을 강조하고 사명감을 부르짖는 오늘날의 우리 정치인들에게 미래의 정치인상을 보여주는 게 아닐지 모른다.

끝으로 덧붙이자면, 언론인 출신의 우르줄라 바이덴펠트가 쓴 이 책은 단순히 메르켈에 대한 찬양서가 아니다. 그녀의 강점 및 업적은 물론이고 약점과 과오까지 냉정하게 분석하면서 현대 정치사에서 메르켈이 갖는 의미를 평가한다.

2022년 10월
박종대

인물 찾아보기

지은이 우르줄라 바이덴펠트 Ursula Weidenfeld

1962년에 태어나 본과 뮌헨에서 경제사와 독문학, 경제 이론을 공부했다. 경제 잡지 『비르트샤프츠보헤Wirtschaftswoche』의 베를린 특파원을 지냈고, 일간지 『타게스슈피겔Tagesspiegel』의 경제부장, 부편집장을 역임했다. 지금은 경제 분야 프리랜서 저널리스트이자 텔레비전과 라디오 방송국의 사회자, 해설자로 일하고 있다. 2007년 경제 저널리즘 분야에서 루트비히 에르하르트상을 받았고, 2017년에 『국민 없는 정부Regierung ohne Volk』를 출간했다.

옮긴이 박종대

성균관대학교 독어독문학과와 동 대학원을 졸업하고 독일 쾰른에서 문학과 철학을 공부했다. 사람이건 사건이건 겉으로 드러난 것보다 이면에 관심이 많고, 환경을 위해 어디까지 현실적인 욕망을 포기할 수 있는지, 그리고 어떻게 사는 것이 진정 자신을 위하는 길인지 고민하는 제대로 된 이기주의자가 꿈이다. 리하르트 다비트 프레히트의 『세상을 알라』, 『너 자신을 알라』, 『사냥꾼, 목동, 비평가』, 『의무란 무엇인가』를 포함하여 『콘트라바스』, 『승부』, 『어느 독일인의 삶』, 『9990개의 치즈』, 『데미안』, 『수레바퀴 아래서』 등 1백 권이 넘는 책을 번역했다.

앙겔라 메르켈

지은이 우르줄라 바이덴펠트 **옮긴이** 박종대 **발행인** 홍예빈·홍유진
발행처 사람의집(열린책들) **주소** 경기도 파주시 문발로 253 파주출판도시
대표전화 031-955-4000 **팩스** 031-955-4004
홈페이지 www.openbooks.co.kr **email** webmaster@openbooks.co.kr
Copyright (C) 주식회사 열린책들, 2022, *Printed in Korea.*
ISBN 978-89-329-2292-8 03340 **발행일** 2022년 10월 15일 초판 1쇄